L'Offrande aux dieux
dans le temple égyptien

Photographies et dessins Sylvie CAUVILLE

Les photographies prises dans le temple d'Osiris à Abydos et dans le temple d'Hathor à Dendara m'ont été confiées gracieusement par Alain LECLER.

Les textes hiéroglyphiques ont été composés avec le logiciel Jsesh (élaboré par Serge Rosmorduc) téléchargeable gratuitement (http://jsesh.qenherkhopeshef.org/fr).

Mise en page et maquette Soheir LOTFALLA

Couverture Ismaïl SEDDIQ

D/2011/0602/85
ISBN 978-90-429-2568-7

SYLVIE CAUVILLE

L'Offrande aux dieux
dans le temple égyptien

PEETERS
LEUVEN – PARIS – WALPOLE, MA
2011

INTRODUCTION

Introduction

Il est toujours quelque peu déroutant d'assister à l'engouement des visiteurs pour les temples égyptiens, alors que les hiéroglyphes qui recouvrent les parois leur demeurent par force lettre morte : il semble qu'ainsi on ne peut que voir sans comprendre. Pourtant les amoureux du vieux pays sont attirés, voire fascinés, par la succession des face-à-face entre le roi et la divinité. Telle est une des grandes originalités de l'art égyptien : les hiéroglyphes aussi décoratifs qu'explicatifs pallient l'ignorance de la langue. En Égypte, par ailleurs, le touriste ne cherche pas les racines de la civilisation occidentale, comme à Rome, ni l'origine de la pensée philosophique, comme à Athènes ; l'attirance vient du mystère et de cette beauté qui, ayant atteint très tôt la perfection, se perpétua pendant trois millénaires.

Les temples égyptiens charment par leur position au bord du Nil (Philæ, Kom Ombo) ou leur parfait état de conservation qui donne l'impression que l'on met ses pas dans ceux des derniers grands prêtres (Edfou, Dendara) ; à Karnak, plus que nulle part ailleurs, les parois exsudent le sacré.

D'emblée, le visiteur aura constaté que les sanctuaires de la période artistiquement la plus belle, celle du Nouvel Empire, renferment assez peu d'inscriptions, alors que ceux des dernières époques sont remarquablement diserts : point de pierre sans hiéroglyphes ! C'est ainsi que des temples comme ceux de Karnak, d'Abydos ou de Medinet Habou demeureraient en partie hermétiques si nous n'avions pas conservé les textes rédigés sous la domination étrangère, quand Ptolémée, Cléopâtre, Auguste ou Néron perpétuaient le cérémonial antique ; l'appellation « gréco-romaine » caractérise cette période de grande effervescence scripturaire pendant laquelle Philæ, Kom Ombo, Edfou, Esna,

Philæ

Dendara furent édifiés. Le pouvoir pluriséculaire (IIIe siècle av. J.-C. - IIIe siècle ap. J.-C.) des Macédoniens et des Romains n'a pour ainsi dire pas eu d'impact sur le plan religieux : les prêtres sont toujours égyptiens ; ils pensent et construisent « égyptien ». Qu'un Ptolémée ou un César ait remplacé sur les murs un Thoutmosis ou un Ramsès n'a, pour l'égyptologue ou le visiteur, aucune importance.

Si le décor et les textes des temples égyptiens disparaissaient, il ne resterait de ces derniers que des masses de pierre assez lourdes. Sans les inscriptions, les sanctuaires, vidés de paroles encore vivantes, décourageraient par une succession de pièces obscures et n'offriraient guère, à l'occasion, que le charme d'un site plaisant à la vue ; ils n'auraient plus d'âme. C'est la beauté équilibrée du décor qui plaît tant à l'œil ; quand, de surcroît, on peut lire et comprendre ce que décrivent les parois, le cerveau cumule plaisirs esthétique et intellectuel, rationnel et émotif.

Le présent ouvrage a pour ambition de faire partager l'information recueillie et traduite par l'égyptologue au visiteur désireux de savoir ce qui se dit dans les monuments qu'il contemple.

Le temple égyptien n'était pas un lieu de culte pour Zeus ou Athéna, il n'était pas davantage une cathédrale où les fidèles venaient prier. Dès l'origine, à l'époque prédynastique (vers 3000 av. J.-C.), une simple hutte de terre et de branchages, il accueillait le dieu local, le plus souvent un totem fiché sur un bâton ; le chef du clan faisait office de prêtre. Le passage à l'architecture de pierre a donné un cadre durable à la divinité, assurant la perpétuation de l'existence de celle-ci et empêchant les forces maléfiques de l'atteindre. Seuls les initiés, purs de cœur et de corps, possédant le savoir et revêtus des habits requis pour voir le dieu, accèdent à la présence auguste. Le populaire inculte n'était convié qu'en de rares et solennelles occasions à faire acte de piété.

Medinet Habou

De la pureté des reliefs de la Chapelle blanche de Karnak à la densité d'écriture des derniers sanctuaires qu'il visite, le touriste même non averti dispose d'un fil conducteur : celui du face-à-face d'un roi et d'un dieu. L'identité du souverain n'importe pas ; quant à son interlocuteur divin, il se laisse reconnaître à son iconographie et à son nom inscrit en hiéroglyphes. L'offrande qui unit les deux acteurs constitue un code demeuré identique d'une époque à l'autre : l'immuable échange entre l'homme et le dieu se déroule au milieu des offrandes de pains ou de fleurs dans des réjouissances ininterrompues.

Karnak

La rencontre avec l'Égypte est à la fois simple et immédiate : le Nil est omniprésent ; on imagine sans peine les processions qui l'empruntent, le voyage de la barque divine, les purifications, l'exultation à la venue de la crue. Plusieurs récoltes annuelles assurent la prospérité de cette *Terre noire* appelée *Kemet*, mot dont dérive notre *alchimie*, source de toutes les imaginations. Le Soleil domine le jour, il est Rê qui donne la vie ; Osiris est la Lune, il veille sur les morts et leur garantit une existence éternelle. Il faisait bon vivre au bord du Nil, les tombes le montrent dans des scènes familières et réalistes qui guident aisément le visiteur. Les temples en revanche demandent une initiation.

Le temple

Construire un temple consiste à enfermer une parcelle du divin sur la terre des vivants ; il s'agit ensuite d'entretenir cette force qui assure la prospérité du pays. D'autre part, ce précieux réceptacle, préservé des assauts du mal par un arsenal magique, garantit l'intégrité de l'Égypte entière, car la divinité installée dans cet inexpugnable univers en réduction est douée d'ubiquité. Point n'est question par ailleurs pour le serviteur du dieu de décrire sa foi ; il adore simplement cet être en faisant la louange de sa bienfaisance et de son pouvoir. Dans la maison du dieu, le roi est le médiateur entre les hommes et celui-ci. C'est lui seul qui édifie les constructions sacrées et qui les fait vivre par des offrandes quotidiennes.

Edfou

Les temples égyptiens n'ont pas l'élégance du Parthénon. Toutefois, la science de leurs constructeurs n'est pas en cause : comment, par exemple, ne pas admirer la prouesse que constitue l'alignement parfait du grand mur extérieur d'Edfou long de cent trente mètres ? Comment non plus ne pas s'étonner de la maîtrise des poussées architectoniques qui a permis d'installer des dalles de quarante tonnes sur le toit du mammisi de Dendara ? L'architecte égyptien possédait l'art des verticales et des horizontales ; les édifices vieux de plusieurs millénaires et toujours debout en témoignent amplement. Pour les derniers d'entre eux, nous connaissons le jour et l'heure de la pose de la première pierre ; ainsi, pour le temple d'Hathor de Dendara, ce fut le 16 juillet 54 av. J.-C., un peu avant 6 heures du matin, lors de l'apparition de l'étoile Sirius. En moins d'une décennie, le cœur du sanctuaire était édifié avec ses cryptes et ses nombreuses chapelles ; à peine dix ans plus tard, il était décoré. L'éclairage nuancé par de subtiles variations dans l'ouverture des fenêtres, permet de constater que la qualité de la gravure des textes égale celle des techniques de construction.

L'Égypte ancienne était beaucoup plus marécageuse que ne peut le faire croire l'aspect actuel de la vallée du Nil. À une époque où les crues du fleuve n'étaient pas régulées par une série de barrages comme elles le sont de nos jours, chaque district comportait un arrière-pays, aux confins des cultures et du désert, où les eaux résiduelles entretenaient des marais riches en poissons et en oiseaux. Les soubassements des parois, élément primordial du temple, décrivent la variété de ce sol fécond grâce aux figures de dieux-Nils apportant leurs bienfaits. Les salles hypostyles, quant à elles, constituent une véritable forêt de tiges végétales dessinées à leur sortie du sol, liées aux deux tiers de leur envol et épanouies en chapiteaux floraux à l'approche de la lumière. Le temple est considéré comme un *horizon* (ainsi que les prêtres le définissent) et son plafond est un ciel ; des étoiles et des planètes

Gourna

y prennent place, ainsi que Nout dont le corps allongé et reposant sur les bras et les jambes délimite la voûte céleste.

D'une certaine manière, le temple s'inscrit en outre dans le temps : on creuse le sol jusqu'à la nappe phréatique, premier état de la création, puis on comble les tranchées avec le sable des origines (le sable est le plus compressible et le plus solide des matériaux de construction).

L'édifice est la propriété des dieux, le roi étant le desservant qui assure à lui seul et perpétuellement toutes les fonctions sacerdotales : les images sur les parois sont gravées pour l'éternité et le maître mot est *pour toujours et à jamais*. Rien enfin de ce qui tient à la divinité ne peut être détruit ; les statues hors d'usage sont ainsi enfouies dans les fondations des constructions plus récentes – pour le plus grand bonheur des archéologues. Les grands temples sont le plus souvent construits en grès, avec certaines parties en calcaire ou en granit. Le style architectural n'en a pas changé au fil des siècles et seul le décor permet un classement chronologique : avec un peu d'expérience, on distingue immédiatement un relief de Kom Ombo d'un tableau d'Edfou ou de Dendara. Que ces demeures divines montrent une unité temporelle et décorative, comme Abydos et Medinet Habou, ou un agglomérat résultant de siècles de constructions successives, comme à Karnak, le roi fait toujours offrande au dieu ; tel sera donc notre fil d'Ariane dans ce livre.

Les temples de Karnak, de Medinet Habou ou d'Abydos couvrent la glorieuse période du Nouvel Empire (environ 1500-1100 av. J.-C.) ; ceux d'Abydos surpassent tous les autres en beauté. Leurs textes, toutefois, sont peu explicites : l'esthétique prime sur le langage. Ce sont les édifices gréco-romains, un millénaire plus tard, qui permettent de déchiffrer le passé ; sans leur version parlante, on l'a vu, bon nombre de scènes du Nouvel Empire ne révéleraient rien du contenu d'un récipient, de la cause de la présence d'animaux ou d'un geste royal. Rien en effet n'est nouveau, et Philæ, Edfou ou Dendara, ultimes maillons de la chaîne, ne font que perpétuer une tradition antique ; leurs bibliothèques regorgeaient de manuscrits, leurs prêtres étaient imprégnés des vieilles formules ; il suffisait de donner à celles-ci une forme adaptée graphiquement au goût du temps, une écriture

Abydos

Philæ

qui permît aux prêtres d'exercer leur intelligence et leur besoin créatif.

L'évolution commença de Nectanébo Ier jusqu'au règne des premiers Ptolémées (IVe-IIIe siècles av. J.-C.) – elle est aisément visible à Philæ depuis le kiosque de Nectanébo jusqu'à l'intérieur du temple d'Isis. L'apogée, quant au fond et à la forme, se produisit au IIe siècle sous le règne de Ptolémée VIII Évergète II, particulièrement dans l'écrin que représente le temple d'Edfou ; c'est l'âge d'or de l'écriture dite « ptolémaïque ». L'égyptologue spécialiste fait son bonheur du raffinement des allitérations, du vocabulaire rare, de la subtilité théologique : les scènes se répondent d'une paroi à l'autre, de l'intérieur à l'extérieur ; pour ainsi dire, chaque mot est pensé et écrit en fonction de l'ensemble. Comme dans toute civilisation, une hiérarchie se dessine entre les petits temples locaux et les grands centres religieux d'importance nationale, tels Edfou et Dendara, des « filiales » d'Héliopolis qui ont drainé les meilleurs artistes et les lettrés du plus haut niveau. Voilà pourquoi, outre leur état de conservation quasi parfait, ces deux temples ont fourni la plus grande moisson des exemples de ce livre ; à cet égard, les parois extérieures du temple d'Horus (dans le corridor à ciel ouvert) fournissent à elles seules le plus riche corpus : celui-ci eût presque pu suffire à faire connaître le sens de la totalité des offrandes ; ces parois correspondent au volume IV de la magistrale publication d'Émile Chassinat (*E.* IV, dans les pages qui suivent).

Les petits sanctuaires en revanche sont très décevants ; d'une part, les parois sont souvent en mauvais état, d'autre part et surtout, force est de constater le bien moindre intérêt de textes mal rédigés et mal compris dont la traduction mot à mot conduit souvent à des non-sens ; il faut alors rechercher la source de l'incompréhension du scribe. Pour mieux faire comprendre ce point essentiel, il est préférable d'avoir recours à l'image : la coupe de l'ivresse, ainsi, est normalement surmontée d'une vache passant au milieu des fourrés de papyrus.

Deux temples, dans les campagnes reculées de Thèbes, n'ont pas compris cette figure, celui de Deir Chelouit montre le bovin dans une barque, celui de Tôd, dans une sorte de contenant de forme grossièrement rectangulaire ; le résultat est pareillement abscons.

Nous savons par les textes d'Edfou que le grand temple de cette ville est une réplique de celui d'Héliopolis ou que la charte de fondation de Dendara était conservée dans les archives nationales à Memphis ; grâce aux prêtres pénétrés d'un savoir immémorial, certains hymnes vieux de deux millénaires resurgissent avec leur vocabulaire archaïque ; des dieux défunts retrouvent une nouvelle vie dans les profondeurs des cryptes. Le temple est le lieu privilégié de l'activité intellectuelle, à l'instar des monastères de l'Europe médiévale. La raison pour laquelle les hommes des dieux ont éprouvé le besoin de confier à la pierre ce qui, jusqu'alors, figurait sur papyrus à l'abri des *maisons de vie* demeure une question sans réponse. Réaction contre la présence de souverains étrangers, conscience de la fin d'un monde ?

Le dieu prend place dans son temple en s'incarnant dans ses statues et dans les images pariétales. Sa vie pourrait être celle du roi : il est éveillé par des hymnes, il reçoit sa toilette, ses vêtements, ses parures, ses repas lors de rituels immuables ; il respire des effluves d'encens, on lui offre les parfums des contrées lointaines, des fleurs, des libations d'eau ; le temple prend vie tous les jours. L'âme du dieu s'envole alors dans le ciel et regagne sa demeure le soir, les portes se ferment et les veilleurs font des rondes pour préserver l'intégrité du lieu sacré.

Le roi, quant à lui, entre dans le temple, marchant toujours de l'extérieur vers l'intérieur, à la rencontre du dieu ; celui-ci siège au fond du sanctuaire, la place d'honneur est à sa droite. Les hiéroglyphes suivent ces deux directions, ils sont toujours tournés dans le même sens que le roi ou que le dieu. En cas de doute entre les deux personnages, le visiteur peu accoutumé reconnaîtra le pharaon grâce aux cartouches disposés au-dessus de sa tête.

Les tableaux d'offrandes rythment les parois de manière verticale et horizontale ; ils se « lisent » de l'entrée (du temple ou d'une chapelle) vers l'axe du lieu ; de part et d'autre de cet axe médian, les représentations du dieu sont dos à dos, chacune regardant vers la sortie, d'où vient le roi.

Au bas des parois, les soubassements, on l'a vu, sont décorés d'une frise végétale ou de dieux-Nils (coiffés d'une touffe de papyrus) qui tiennent des vases ou des plateaux d'offrandes. Une ligne horizontale d'hiéroglyphes de grande taille surmonte ce décor ; il décrit la fonction de la salle. Puis plusieurs étages – ou

Dendara

registres dans le jargon des égyptologues – divisent la paroi en trois ou quatre bandes horizontales. Cette disposition est définitivement établie dans les temples de l'époque gréco-romaine.

La « lecture » d'une paroi commence par le bas avec les scènes en quelque sorte les plus banales, telles les purifications ou l'omniprésente offrande de Maât. Les plus symboliques ou cosmiques occupent volontiers les parties hautes des lieux sacrés.

Chacun discerne aisément les divers pains ou viandes, apprécie la richesse des bouquets de fleurs ou contemple les riches parures. Ces tableaux ne sont toutefois pas un simple décor : chaque couronne, chaque geste, chaque mot répond à un code décoratif ; toute scène est conçue pour la salle dans laquelle elle prend place. Le roi répète le geste antique, les mots qu'il prononce figeant le temps en une éternité cyclique.

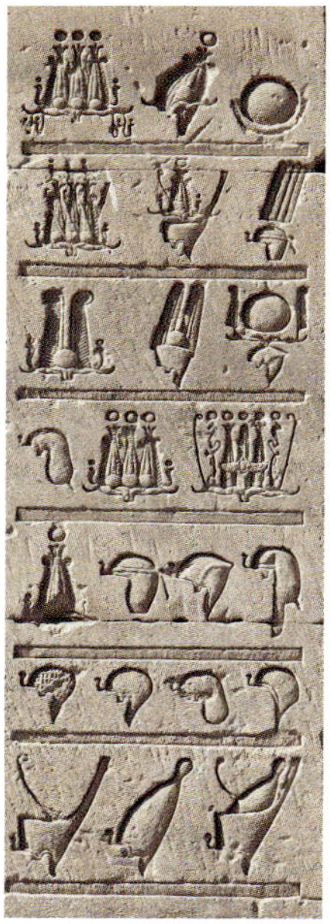

À l'époque où est construit le temple d'Horus d'Edfou, le signe d'écriture va déjà de pair avec l'image et le nombre des hiéroglyphes avec la multiplicité des possibilités de lecture de ceux-ci. À Dendara, dans le seul sanctuaire d'Hathor, sur une période de vingt ans, les scribes utilisent deux mille hiéroglyphes distincts qui recouvrent cinq mille valeurs différentes ; certains signes (par exemple, l'enfant, le babouin, le chacal ou l'oie) ont une vingtaine d'interprétations possibles. La graphie se veut suggestive et décorative, les allusions

Dendara

mythiques étant toujours sous-jacentes, même dans les offrandes les plus prosaïques. Ainsi, dans le carcan des traditions et des règles, les prêtres trouvent dans l'écriture le moyen d'utiliser leurs facultés intellectuelles – tout particulièrement dans les textes qui laissent une certaine latitude à la créativité, ceux qui racontent l'histoire et la construction du temple. Malgré son apparente complexité, le système graphique de l'époque gréco-romaine est logique et, avec une pratique régulière, de lecture facile ; de plus, les hiéroglyphes transcrivent une langue dont la grammaire est embryonnaire et la pensée simple et purement concrète.

La part personnelle du rédacteur antique se limite à l'invention graphique et aux jeux de vocabulaire ; pour le reste, il demeure dans la ligne de ses prédécesseurs. En revanche, chaque clergé jouissait d'une certaine autonomie dans l'agencement des tableaux dont il pouvait varier à loisir les correspondances et les liens réciproques ; ainsi, sur deux parois, se faisant face, le même dieu reçoit des offrandes complémentaires (vin et bière ou barques matinale et vespérale), ou bien deux divinités aux affinités multiples figurent en vis-à-vis (Isis et Nephthys).

La qualité intellectuelle et artistique ne s'est pas démentie pendant trois millénaires : fort rares sont les œuvres d'art de niveau médiocre, exceptionnelles les fautes des scribes dans l'espace divin. Dans ces centres de la pensée, il se dégage toutefois des hiérarchies : de même qu'on ne compare pas les chantiers de Notre-Dame de Paris et les modestes églises de province, de même, les capitales de nomes (ceux-ci sont l'équivalent de nos départements) font montre d'une maîtrise plus grande que les sanctuaires régionaux ; la rédaction des textes de ceux-ci, on l'a vu, témoigne parfois d'incompréhension. À cela s'ajoute qu'elle ne puisait pas dans les archives de la plus grande bibliothèque de l'histoire de l'Égypte, celle d'Héliopolis-Memphis.

Les offrandes

La majorité des offrandes se reconnaissent aisément quant à leur objet ; cependant une coupe, par exemple, peut contenir aussi bien un liquide que de la viande, des pierres fines ou du natron. Certaines représentations n'ont pas évolué dans leur iconographie, ainsi la figurine de Maât, que nous avons déjà rencontrée, apparaît immuable entre les compositions de Karnak et celles de Philæ ;

Kherouef

Abydos

pourtant quinze siècles ont passé. Les bouquets végétaux ou les plateaux d'offrandes présentent toute sorte de variantes, à l'intérieur d'un temple et d'une époque à l'autre. Le choix se fait plus large au fur et à mesure des temps, de la relative pauvreté de Karnak à la surabondance d'Edfou par exemple. La plus grande palette s'observe, lors de la période gréco-romaine, dans le massacre des animaux dangereux et des ennemis. Les innombrables scènes de destruction des forces hostiles, qui sont des rites protecteurs – « apotropaïques » pour employer le terme technique –, constituent une des grandes nouveautés de la période pharaonique finissante ; jusqu'alors, le roi n'annihilait le mal que sur les pylônes, ainsi dans les grands temples de Medinet Habou ou de Karnak. La diversité dans l'iconographie va de pair avec la multiplicité des hiéroglyphes, ainsi pour les animaux massacrés.

Par leur vocabulaire varié, les textes échappent à la monotonie ; d'autre part, aucune scène n'est rigoureusement identique à une autre. Enfin, le nombre des différents types d'offrandes dépasse le chiffre de deux cents, celles-ci se répartissent en grandes catégories :

– purifications, boissons (une vingtaine) ;
– nourritures, produits des champs (une quarantaine) ;
– parures, étoffes et onguents (une cinquantaine) ;
– rites spécifiques pour les déesses et les dieux (une vingtaine) ;
– rites symboliques, cosmiques, funéraires et défensifs (une cinquantaine) ;
– rites cultuels royaux (une trentaine).

Tout en se dédoublant en quelque sorte avec le temps pour atteindre leur variété la plus grande dans le temple d'Edfou. Sur les mille huit cents tableaux que recèle ce sanctuaire, on observe la répartition suivante (dans les scènes bien conservées) :

– purifications, boissons (420) ;
– nourritures, produits des champs (320) ;

– parures, étoffes et onguents (260) ;
– rites spécifiques pour les déesses et les dieux (180) ;
– rites symboliques, cosmiques et funéraires (250) ;
– rites cultuels royaux (250).

Les offrandes sont présentées en général à une seule divinité, qu'elle soit escortée ou non d'un ou plusieurs autres dieux. Il arrive parfois que le roi s'adresse à un couple, plus rarement à un groupe de dieux. Les tableaux constituent un hommage perpétuel, ils sont aussi et surtout une demande de réciprocité : « Je te donne du pain pour que tu me garantisses la nourriture ». Souvent aussi, le roi fait offrande à un dieu pour que celui-ci transmette le présent à un autre dieu : Chou et Tefnout reçoivent le symbole de l'éternité et Thot la couronne de victoire ; tous trois vont remettre ces objets à Osiris installé dans la même chapelle. Le roi présente les symboles du couronnement (maât, vin, onguent) à Amon de Thèbes, Rê d'Héliopolis, Ptah de Memphis ; c'est une manière d'indiquer que ces dieux vont à leur tour couronner Horus, puis le pharaon lui-même.

Dans les tableaux qui occupent les parois des temples, les colonnes d'hiéroglyphes placées au-dessus de la divinité donnent le nom de celle-ci, sa particularité religieuse, le lieu auquel elle se rattache et les qualifications apportées par l'offrande. Ainsi Hathor *la grande, maîtresse de Dendara, l'Œil de Rê, souveraine de tous les dieux* se pare des épithètes suivantes quand le roi lui présente un collier : *l'Or des dieux, le Lapis-Lazuli des déesses, la Merveille véritable parmi l'ennéade*. Horus *d'Edfou, le grand dieu maître du ciel* est quant à lui *le guerrier, le maître du harpon, celui qui abat les ennemis, qui piétine le dos de ses opposants*, lorsqu'il massacre un animal malfaisant.

Le choix des offrandes, leur répartition et leur plus ou moins grande fréquence dépendent du dieu auquel est principalement consacré le temple. Rê a dominé trois millénaires de politique religieuse. Son principal rival auprès de la population fut Osiris. Pour le premier, on a élaboré des spéculations religieuses raffinées, des prières plus

Abydos

humaines pour le second ; le ciel et le cosmos sont pour Héliopolis, la terre et l'eau pour Osiris. Malheureusement, le grand temple d'Héliopolis a disparu, il reste cependant Karnak, capitale de l'empire où règne Amon-Rê, création héliopolitaine destinée à dominer le Sud. À Philæ, on célèbre l'arrivée de la crue ; à Edfou, la royauté masculine ; à Dendara la royauté féminine. Un peu partout, on apaise Sekhmet, la protectrice de la royauté dont le bras armé est redoutable.

Philæ

Les dieux bénéficiaient d'offrandes adaptées à leurs spécificités religieuses ou géographiques. Ceux de la Cataracte d'Assouan (Khnoum, Satis et Anoukis, Osiris et Isis) reçoivent une libation d'eau ; ils donnent la crue en retour. Les dieux-enfants (Harsiesis, Harsomtous, Ihy) se voient donner du lait, ainsi qu'Anubis le vacher et chef du troupeau. À Geb, le dieu qui symbolise la terre, le roi offrira des bouquets de fleurs, des pains ou du vin. À Min, qui protège les expéditions dans les contrées lointaines, on présente les fards, l'encens et la myrrhe, mais aussi la laitue aux références mythiques. Les déesses seront parées au milieu des manifestations de réjouissance ; on joue du sistre devant elles et elles se contemplent dans le miroir que leur tend le roi. Quant à Thot, le législateur et greffier divin, il préside aux rites de construction du temple, il est le garant de Maât et reçoit ce qui est son instrument par excellence : la palette du scribe.

Le roi, en retour de ces offrandes, attend un contre-don :

– la crue est garantie par les diverses purifications ;

– la pureté et la protection le sont par les purifications, les pectoraux et les amulettes ;

– le contre-don l'est par l'offrande elle-même, le lait par le lait, les sceptres par les sceptres ;

– la fécondité et la fertilité s'obtiennent par les nourritures, les produits du sol, la course royale et le rite d'ouverture de la bouche ;

– la joie et l'ivresse, par les boissons, la couronne de fleurs et la danse de Chou ;

– les produits miniers et les aromates, par l'encens, les fards, les pierres fines ;

– la domination sur le cosmos par l'œil-*oudjat* et le symbole de l'éternité ;

– la réunion du pays, par les couronnes, les uræus et les plantes de Haute et Basse Égypte ;

– la royauté et la légitimité, par les couronnes, les uræus, les titres de propriété, le miel et les figues, l'étoffe du Nouvel An, les offrandes funéraires, le massacre de l'hippopotame ;

– la descendance, par le tour de potier ou le modelage de l'œuf ;

– la protection contre les ennemis, par la bière, les viandes, le collier-*menit*, les rameaux de la nécropole, les étoffes et onguents, les fards et les divers rites apotropaïques ;

– de rares originalités émergent : des embarcations nombreuses sur le Nil sont promises au roi quand celui-ci offre les barques célestes ; la protection magique est assurée par la destruction de la pupille de l'oryx, et l'anéantissement du nom de l'ennemi par le massacre de la tortue ;

– certains dons sont inspirés par une caractéristique du dieu, comme la fécondité de Min.

Abydos

Comme les divinités garantissent la perpétuation de ce qui leur est offert, elles sont les parents virtuels du pharaon : le roi est *l'héritier de Geb* quand il offre la campagne, *le fils d'Anubis* quand il présente le lait, etc. Il existe aussi tout un peuple de déités intermédiaires, serviteurs, artisans, préparateurs divins ; ainsi les déesses-vaches (Akhet, Hesat, Sekhathor) ou les « laitières » divines, les céréaliers (Ackyt, Nepy) à qui l'on doit des pains variés, les brasseuses (Menket et Tenemyt) qui ont fixé la recette de la bière, les gardiens des marécages (Hekes, Hepou), le dieu du pressoir (Chesemou) qui officie tant pour le vin que pour les huiles d'onction, le boucher divin (Imenhou) ou les préposés aux étoffes (Tayt, Hedjhotep, Serket) qui sont chargés de la vêture divine, sans oublier Seth à qui l'on a attribué les vignobles des oasis ! Tous interviennent par l'intermédiaire du mot dans les scènes d'offrandes ou prennent place sur les soubassements du temple : ils y forment une sorte de ceinture de prospérité :

> *Sekhathor, souveraine du troupeau, apporte les cruches de lait, le lait blanc provenant des pis des génisses d'Hathor* (*D.* IV, 189).
> *Nepy, qui fait le pain, façonne les céréales et inonde le pays de récoltes* (*E.* II, 168).
> *Menket, la déesse qui la première a brassé de la bière* (*D.* VII, 195).
> *Hekes, régent des marécages, dont les filets sont remplis de volatiles et de poissons* (*E.* IV, 199).

Chesemou, maître du laboratoire, qui confectionne l'onguent (*D.* VIII, 91).
Le Boucher, chef du billot de Rê, porteur des bons morceaux préparés par sa main (*D.* IV, 189).
Serket, qui habille le corps divin, apporte le tissu qu'elle a confectionné elle-même (*E.* I, 566).
Seth, porteur de ses flacons remplis du bon vin des coteaux de Kenemet (*Opet*, 203).

Allaité par les vaches divines, le pharaon a acquis une puissance qui le distingue à jamais des simples mortels. Il est *le dieu bon*, dont la mission est d'assurer la présence bienfaisante de Maât auprès de la population et de rendre compte aux dieux dans leurs temples. Par ses offrandes quotidiennes et éternellement répétées, il maintient l'univers et garantit la vie de l'Égypte. Quand il sort de son palais, des divinités le purifient, le couronnent et l'introduisent auprès du dieu maître du temple ; Thot fixe sa titulature et inscrit ses noms sur l'arbre sacré d'Héliopolis. Les limites de son empire sont fixées, depuis les zones lointaines d'où viennent les vents jusqu'aux régions où se couche le soleil, en un mot elles embrassent l'univers. Autour de sa personne, sans cesse, on célèbre l'union du pays, exorcisant à l'infini une période de guerre civile qui a marqué à jamais l'imaginaire politique : la réunion du Delta et de la Vallée du Nil (deux couronnes, deux plantes héraldiques, deux uræus) – effectuée pour la première fois à la fin du quatrième millénaire av. J.-C. – fut l'obsession du pouvoir jusqu'aux derniers moments de la civilisation égyptienne.

Karnak

Le souverain est le maître (le roi, le régent, le maître unique) sur terre et le défenseur du pays (il est un *mur de fer*). Il incarne la bonté, l'intelligence, la discrétion et le courage ; on vante l'efficience et la compétence de sa bouche, de son bras, de sa main et de ses doigts. Dans le temple, la principale fonction du pharaon est d'assurer le service divin ; elle se définit par ces simples mots : le roi est le grand-prêtre, *le maître des offrandes*. Tour à tour, le pharaon endosse les titres propres à l'offrande : il est un catalyseur qui transmute le profane en divin ; les céréales deviennent breuvage sacré et l'encens introducteur de la divinité. Les titres, utilisés à l'époque gréco-romaine uniquement, remettent en honneur de vieux mots (parfois propres à l'Ancien Empire) appartenant aux divers domaines concrets inséparables de la civilisation des bords du Nil ; ainsi, dans les offrandes du sol, le roi-paysan est *le cultivateur, le jardinier, le tenancier, le vigneron, le gardien des chais, le brasseur, le pêcheur, le chasseur, l'oiseleur, le vacher, le chef du troupeau, le laitier*. Quand il apprête la table divine, le roi est *le purificateur, l'échanson divin, le panetier, le confiseur, le boucher*. Pour faire la toilette divine, le fils des dieux *se fera camériste et parfumeur* ; il est *l'orfèvre* des parures ; c'est lui qui va chercher les pierres fines et l'or, il est *l'explorateur, le contrôleur des carrières, le chercheur de trésor*. Enfin, ce *préposé au mystère divin* est le seul qui *voit le dieu*.

Les textes gravés devant lui décrivent le geste royal : le roi *apporte* telle ou telle offrande ; il *présente* un plateau, *consacre* une offrande, *empoigne* un sistre, *attache* un collier, *conduit* les troupeaux, *plante* un arbre, *porte* le ciel et *massacre* inlassablement les forces du mal. Il tient souvent un objet d'une main, l'autre, en protection derrière ou devant, constitue un témoignage d'adoration. Un plateau chargé de pains ou de parures est saisi à deux mains ; les deux mains reçoivent aussi les objets offerts par paire, tels les plantes, les uræus, les sistres, les miroirs, ou même encore les deux branches d'un collier. Rares sont les autres attitudes cultuelles : petit doigt tendu pour l'onction ou jambes en mouvement pour la course rituelle. Quand il massacre, le pharaon tient une lance, un couteau ou une massue. Enfin, quand il se présente devant la divinité, il a les bras le long du corps ou les deux mains devant lui faisant adoration au dieu.

Le catalogue qui suit, constituant l'essentiel de cet ouvrage, est accompagné dans le corps du texte de dessins illustrant gestes et offrandes.

Dendara

Textes cités au cours de l'ouvrage

Chelouit III = Chr. Zivie, *Le temple de Deir Chelouit* III, Institut français d'archéologie orientale, Le Caire, 1986.

D. = É. Chassinat - Fr. Daumas - S. Cauville, *Le temple de Dendara* I-XII, Institut français d'archéologie orientale, Le Caire, 1934-2007.

D. XIII-XV = S. Cauville, www.dendara.net, 2007-2008.

MD. = Fr. Daumas, *Les Mammisis de Dendara*, Institut français d'archéologie orientale, Le Caire, 1959.

T.Isis = S. Cauville, *Dendara - Le Temple d'Isis*, Institut français d'archéologie orientale, Le Caire, 2008.

E. = M. de Rochemonteix - É. Chassinat - S. Cauville et D. Devauchelle, *Le temple d'Edfou* I-XV, Institut français d'archéologie orientale, Le Caire, 1934-1985.

ME. = É. Chassinat, *Le Mammisi d'Edfou*, Institut français d'archéologie orientale, Le Caire, 1939.

Esna = S. Sauneron, *Le temple d'Esna* I-VII, Institut français d'archéologie orientale, Le Caire, 1963-2009.

KO. = J. de Morgan, *Catalogue des monuments et inscriptions de l'Égypte antique*, II-III, Vienne, 1895-1909.

Opet = C. De Wit, *Les inscriptions du temple d'Opet à Karnak* I, *Bibliotheca Aegyptiaca* XI, Bruxelles, 1958.

Philæ I = H. Junker, *Der grosse Pylon des Tempels der Isis in Philä*, Vienne, 1958.

Philæ II = H. Junker et E. Winter, *Das Geburtshaus der Isis in Philä*, Vienne, 1965.

Urk. VIII = K. Sethe et O. Firchow, *Thebanische Tempelinschriften aus griechisch-römischer Zeit*, Berlin, 1957.

La série de l'université de Würzburg (*Studien zu den Ritualszenen altägyptischer Tempel*) fournit un catalogue exhaustif des offrandes dans les temples de l'époque gréco-romaine, ainsi qu'une bibliographie complète.

H. Beinlich et J. Hallof, *Einführung in das Würzburger Datenbanksystem SERaT*, 2007.

J. Hallof, *Verzeichnis der hieroglyphischen Schreibungen der Szenentitel in den griechisch-römischen Tempeln Ägyptens*, 2008.

H. Beinlich, *Handbuch der Szenentitel in den Tempeln der griechisch-römischen Zeit Ägyptens*, 2008.

PURIFICATIONS

Purifications

Les purifications forment l'indispensable préalable de tout rituel. L'encens chasse les démons, installe la sérénité et favorise la venue de la divinité ; les fumigations sont placées sous la protection des déesses-uræus que porte le roi sur son front. L'eau de la Cataracte est sous la tutelle des dieux d'Assouan et du Nil lui-même. Le roi est alors *le thuriféraire qui fait des fumigations en portant l'encensoir, le purificateur divin qui porte la cruche*. Les textes précisent que ses bras, ses mains, ses doigts sont purifiés ; sa bouche, qui récite les paroles divines, est purifiée avec l'eau de natron. Il est, d'ailleurs, impératif que tous les prêtres soient purifiés avant de pénétrer dans l'espace sacré ; ils devaient être rasés, tondus et revêtus de lin. La pureté représente l'ordre, l'impureté le triomphe du chaos. Le Nil-dieu est le plus pur des liquides ; puisée directement dans la nappe phréatique, par le nilomètre qui communique directement avec les profondeurs liquides non encore souillées, l'eau était apportée au temple dans des vases en or et en argent. Le prêtre descend jusqu'au *noun* pur d'impureté, il récite en même temps les formules magiques qui vont extirper de cette eau, pourtant dans sa pureté originelle, les miasmes dont elle aurait pu néanmoins être infectée.

Les temples de l'époque gréco-romaine renferment à eux tous environ mille tableaux de purification, dont deux cent cinquante à Edfou ; ces scènes sont explicitées par de longs textes rituels anciens.

L'eau du Nil est aussi le corps d'Osiris, la crue suinte des humeurs de celui-ci et se répand dans toute l'Égypte ; le dieu est la vie du pays :

Je coule au début de l'année et j'inonde les champs desséchés, je me dresse sur la campagne, je m'élève sur

Karnak

les rives, de telle sorte qu'il n'y a pas de famine ; j'enfouis mon corps pour fertiliser la terre (*E.* II, 48).

Le flot dévale plus vite que le vent (*E.* IV, 63).

Isis est assimilée à Sirius-Sothis, l'étoile qui réapparaît juste avant le lever du soleil à peu près au moment où la crue arrivait à Éléphantine :

elle *est la maîtresse du début de l'année ;* elle *fait s'écouler la crue de la caverne de la jambe pour faire vivre le pays, pour revigorer les cœurs de ceux qui étaient dans la chaleur de la tourmente* (*D.* II, 18).

Sur les soubassements des temples, on voit les génies du Nil, pourvus de mamelles et gras à plaisir ; ils tiennent des vases remplis de l'eau de la crue ; à Edfou comme à Dendara, ils investissent le sanctuaire, la salle des offrandes, d'autres salles liturgiques et le pronaos.

1. Libations d'eau avec des aiguières *kebehou, kebeb, â en mou*

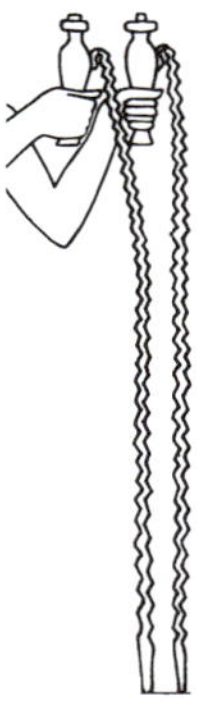

Le roi tient une, deux, voire quatre aiguières, d'où part un filet d'eau. En se répandant sur le sol, celle-ci purifie les lieux saints, l'autel, le dieu ou le roi. De ce rite essentiel, les maîtres divins sont les premiers bénéficiaires, ainsi Horus à Edfou ou Hathor-Isis à Dendara.

Faire une libation : Je te présente les aiguières remplies d'eau primordiale, je verse la libation pour arroser ton visage (*D.* IV, 86).

Je saisis le dressoir aux trois vases qui contiennent l'eau de jouvence, je verse celle-ci sur l'autel de ton ka, cette libation provient des deux cavernes, les dieux vivent de ses exsudations (*E.* VII, 205 - *E.* I, 114).

Edfou

Dans un temple de l'oasis de Dakhlah, l'empereur Titus (79-81 ap. J.-C.) verse l'eau directement d'Assouan et arrose cet endroit reculé (Deir el-Hagar).

Loin des modèles des grands temples de la Vallée, le décorateur a innové en utilisant un hiéroglyphe symbolisant, par un serpent, la Cataracte. D'Assouan, la crue poursuit sa course jusqu'au Delta.

Cette libation, elle provient d'Assouan, elle arrive dans le lac d'Horus (*E.* IV, 218).

Je t'apporte l'aiguière pure de miasmes, tu en bois afin d'étancher ta soif (*E.* II, 141).

L'eau provient d'Assouan, elle va dans ton canal sacré, tu en bois, tu en vis, ton cœur est sain grâce à elle (*E.* IV, 218).

Le roi invoquait aussi la divinité Nil :

Salut à toi, eau primordiale, salut à toi, flot, salut à toi, crue, toi, le père des dieux (*E.* II, 143).

Le premier devoir du fils est d'honorer son père, le roi s'assimile ainsi à Horus l'héritier : *Reçois l'eau de ma main, car je suis ton héritier, le successeur au trône* (*E.* II, 258). Le dieu fils et héritier officie lui-même ; ainsi à Thèbes, Amonope se rend tous les dix jours sur la tombe des ancêtres près de Medinet Habou : *il verse l'eau et dispense les offrandes à ceux qui ont créé son corps, traverse le fleuve à l'ouest de Thèbes, jusqu'à la butte de Djemé, tous les dix jours, afin de déposer les offrandes devant la Grande Âme d'Égypte* (*Opet*, 25, 262).

Les deux déesses de la Cataracte régulent le flot, *l'une fait monter l'eau primordiale, l'autre la fait diminuer* (*E.* IV, 277) ; on joue sur le sens premier de leur nom : Satis signifie « celle qui lance », Anoukis « celle qui retient ». *Elles gardent la barrière de pierre noire* (= la Cataracte).

Contre-don au roi

Crue et fertilité (flot contrôlé, pas de famine)

Je te donne la crue qui surgit de la caverne afin d'abreuver le pays des effluents de ton corps (*E.* IV, 218).

Je fais couler pour toi la crue en son temps, elle inonde les champs au bon moment (*E.* I, 115).

Nous lançons pour toi le flot afin d'inonder les champs, nous le contrôlons afin de rendre fertile ta campagne (*E.* IV, 278).

Je fais couler la crue en hâte en son temps, elle inonde les terres asséchées (*E.* VII, 106).

2. Purification des plaquettes de natron

Faire la purification

Le roi tient une aiguière dont le bouchon est formé par un disque solaire, il verse de l'eau sur cinq plaquettes de natron : cette scène unique se trouve à Edfou dans la petite soupente placée sous l'escalier est (*E.* I, 590).

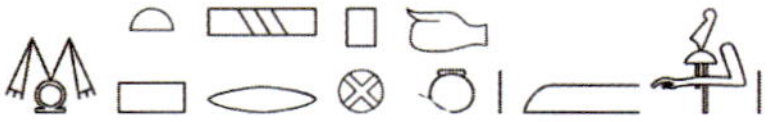

Les plaquettes de natron septentrional, je les porte dans ma main droite.

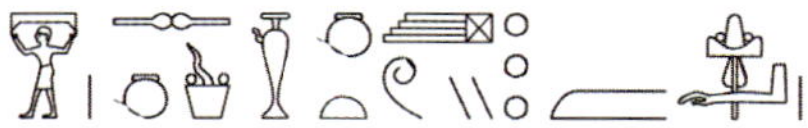

Je tiens l'aiguière d'or dans ma main gauche.

Il est précisé que *l'orifice de son bec verseur est très fin* ; ce genre de détail, fort rare dans les textes, est emprunté à de vieux textes.

Edfou

3. Purifications rituelles

Lors du rituel férial de la salle des offrandes, il était d'usage de faire une grande purification en quatre étapes. Celle-ci ne s'adresse qu'aux maîtres du temple, ainsi Osiris dans ses chapelles placées sur le toit du temple d'Hathor à Dendara.

Offrir la deuxième libation : Prends l'eau qui sort à Assouan et qui resurgit du côté d'Héliopolis (*D.* VII, 70).

Faire la troisième libation : Prends pour toi cette libation que tu as faite pour toi jadis avec les dieux primordiaux (*D.* X, 180).

4. Purifier le territoire d'Horus dans le Delta

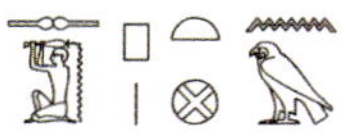

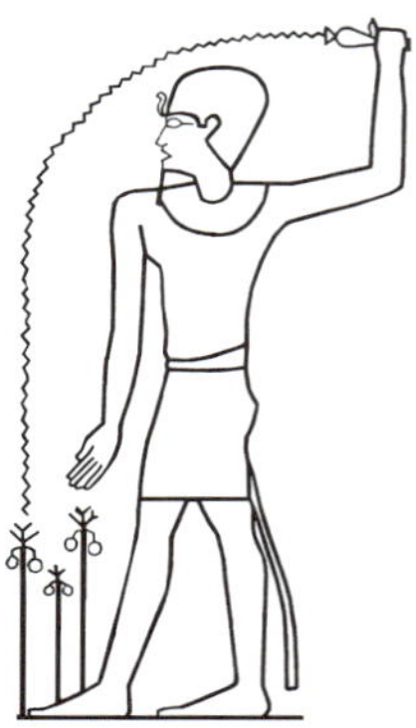

Deux tableaux d'Edfou (colonne de la cour, paroi ext. ouest) présentent l'originalité de montrer le pharaon en train de purifier des palmiers dattiers. Une aiguière dans la main droite, au-dessus de la tête, le roi fait couler l'eau sur le domaine d'Horus dans le Delta.

Purifier le Trône d'Horus maître de Bouto (*E.* V, 236).
Je prends l'aiguière remplie d'eau du flot, je lève mon bras qui tient le vase, ma main droite l'empoigne, je purifie ton sanctuaire avec l'eau de jouvence (*E.* VII, 77).
Horus, fils d'Isis et d'Osiris, caché dans les fourrés de papyrus du Delta, est l'enfant élevé par les deux sœurs pour être le maître (*E.* VII, 78).

Edfou

Contre-don au roi

Purification et royauté (pour l'enfant héritier du trône)

Je purifie tes membres du mal, je te protège chaque jour, sans cesse (*E.* V, 236).
Je te donne le palais royal purifié, ton trône demeurera stable comme le ciel (*E.* VII, 78).

5. Apporter l'eau dans le temple

Avant de déposer les offrandes alimentaires sur l'autel, le roi doit s'assurer que ce dernier est lui aussi immaculé. L'eau est apportée dans des cruches par une des portes latérales, la plus proche du puits. La chambre du Nil, à Edfou, est une véritable sacristie consacrée à l'eau ; tout y est consigné, y compris sur les portes : *Porte d'accès par laquelle passe le chambellan qui porte les cruches, trois fois par jour, le matin, à midi et le soir* (*E.* II, 141).

Le roi-prêtre apporte d'abord l'autel en bois dans lequel sont encastrés les vases, il *entre en portant l'autel à vases*. Puis il purifie les autres autels et apporte les divers récipients ; il se sert aussi de vases précieux qui étaient conservés dans le trésor, des aiguières en lapis-lazuli et turquoise, également en argent et or, *remplies jusqu'au bord de l'eau primordiale* (*E.* II, 274). Le nom de cette eau, qui se lit *noun*, est parfois écrit de manière très imagée :  (*E.* II, 139) ; le lotus émerge de l'eau de la création et l'enfant solaire apparaît de l'intérieur de sa corolle.

Contre-don au roi

Protection contre l'impureté

Je reçois ton dressoir, je prends ta cruche, je purifie mon corps avec tes coupelles d'eau (*E.* II, 244).
Je te donne ton corps pur de mal (*E.* II, 138).
Je fais que ton corps rajeunisse comme la crue au début de l'année (*E.* II, 140).

6. Répandre de l'eau sur le sol, sur les autels *khaout, oudehou*

Le prêtre purifie les autels, puis enlève le récipient fiché sur le pied d'un de ceux-ci pour le nettoyer après le service cultuel.

Ô Hathor, ton autel est nettoyé par l'eau, ton autel est purifié par l'encens, tu es nettoyée par Horus, tu es purifiée par Thot (*D.* VII, 33).

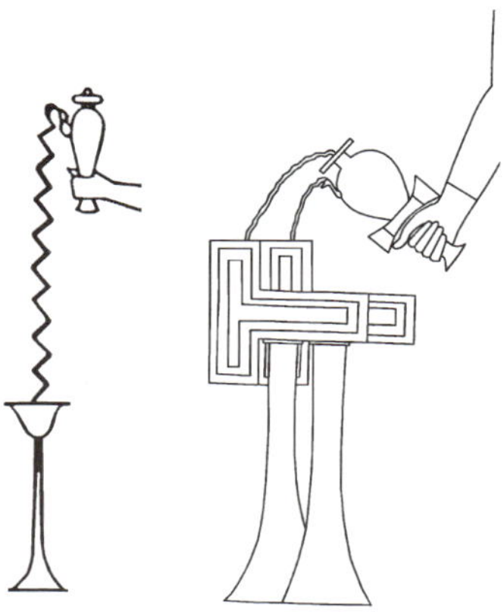

Abydos

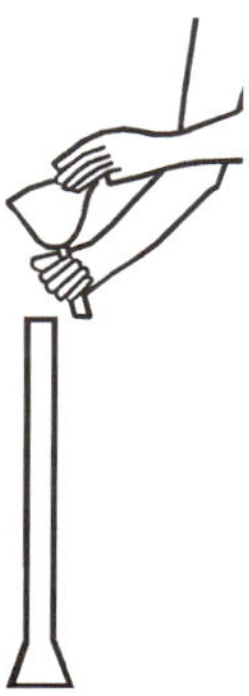

Edfou

7. Purification avec la cruche-*nemset*

nedj-her em nemset

Le rite s'accompagne d'une récitation et s'intitule saluer avec la cruche-*nemset*. Il existe, selon le dieu adoré, différents types de vases de ce nom ; par exemple, le récipient affecte la forme d'une tête de bélier d'Amon à Karnak ou celle du faucon Horus à Edfou.

Le roi tient le vase et s'incline devant le dieu :

Offrir la cruche : Salut à toi, l'eau primordiale en ce tien nom d'Eau primordiale ! Salut à toi, le flot en ce tien nom de Flot ! Salut à toi, la crue en ce tien nom de Crue ! Salut à toi, l'eau des ténèbres en ton nom d'Eau des ténèbres! Salut à toi, l'eau de l'inondation en ton nom d'Eau de l'inondation ! (*D.* II, 154).

La cruche est remplie de l'eau primordiale, l'aiguière remplie d'eau de jouvence, le vase riche de ce qui sort de l'eau primordiale, je purifie ta statue dans ta place, je rends pur ton corps, je purifie ton corps, je repousse le mal dirigé contre toi hors du pays (*D.* II, 144).

Prends la cruche remplie du flot afin de purifier ton image en tant qu'Hathor-Isis (*D.* VII, 129).

Ces cruches sont parfois au nombre de huit :

Purifier avec les huit cruches d'eau : Prends ces cruches d'eau, fille du Noun dans le temple-de-la-purification ; je purifie ton effigie avec ce qui provient de la crue, je purifie ton image dans Dendara ; tu es pure, la belle, la souveraine et maîtresse du sanctuaire-de-l'eau ; les dieux maîtres de la purification sont purs (*D.* II, 218).

Karnak

Contre-don au roi

Crue et purification

Je te donne le Nil qui vient en crue, il inonde le pays sans qu'il y ait d'année de famine (*Esna* II, 30).
Je fais qu'il y ait une bonne crue en ton temps, sans fin (*D.* XII, 149).
Je purifie ton palais de toute agression mauvaise, je purifie ton corps dans la salle du trône (*E.* VII, 203).

8. Purifier avec les quatre cruches d'eau *âb em nemset fedout net mou*

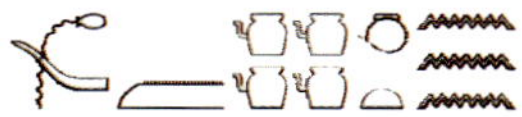

Purifier avec les quatre cruches d'eau : je t'apporte l'eau qui s'y trouve, ta tête et tes os étant réunis, que disparaisse le mal contre toi, ta purification est la purification de ces quatre dieux qui purifient Rê et qui purifient les dieux (*D.* III, 110).
Je reçois l'eau de l'inondation rendant jeune ma statue, je purifie mon corps avec le flot, je te donne tes membres purifiés d'impureté, je purifie les êtres qui sont malsains pour toi avec l'eau de la crue (*D.* I, 49).

9. Quatre vases *decheret, nemset*

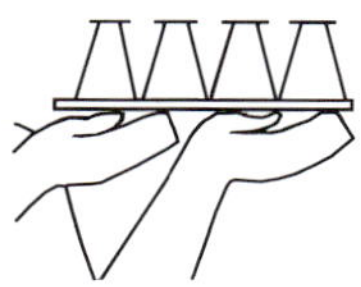

Sur un plateau sont posés quatre vases qui servent aux purifications processionnelles. Le prêtre tourne quatre fois autour de la statue du dieu en aspergeant chaque direction avec l'eau d'un des vases. Ce vieux rituel est emprunté aux capitales religieuses du Nord, Memphis et Héliopolis, ce qui entraîne que le roi *vient de Memphis et d'Héliopolis* (*Esna* II, 30).

Dendara

La phrase habituelle est la suivante : *Ta purification est la purification d'Horus et vice versa.* Les dieux antiques de la purification (Thot, Horus, Geb, Dounânouy) garantissent l'efficacité du geste. Plusieurs déesses sont aussi impliquées, elles s'assimilent aux vases : *Les quatre cruches sont les quatre déesses qui purifient Rê de leurs seins, elles sont Tefnout, Nout, Isis, Nephthys* (*E.* II, 247).

Voici les cruches remplies de l'eau primordiale, ensemble elles sont quatre : Neith, Serket, Isis, Nephthys (*D.* XIV, 17).

Deir el-Medina

> *La première d'entre elles est Serket, la deuxième est ta mère Neith, la troisième est Isis, la quatrième est Anoukis ; elles sont placées sur ma main afin de purifier ton corps* (*E.* IV, 214).
>
> *J'apporte les quatre vases rouges pour purifier ta statue, le premier d'entre eux est Bastet de Bubastis, le deuxième est l'Uræus d'Héliopolis* (*E.* III, 122).

En procédant à ces purifications, le roi garantit la pérennité du lieu : *Le trône d'Horus demeurera comme Héliopolis, consacré comme Edfou, garni d'offrandes comme Memphis* (*E.* III, 45).

Contre-don au roi

Protection contre l'impureté

> *Je purifie ton sanctuaire de toutes fautes mauvaises* (*E.* III, 203).
>
> *Je purifie tes émissaires avec l'eau de la crue* (*D.* II, 203 - *D.* III, 219).
>
> *Je protège tes chairs, je rends sain ton corps, je purifie tes membres du mal* (*E.* III, 46).

10. Purifier le roi, purifier le dieu au matin du Nouvel An

Dans la salle hypostyle de Karnak (paroi sud-ouest, milieu), Ramsès II tient quatre vases-*nemset* de chacun desquels part un filet d'eau ; deux sont placés au-dessus de la tête de son père Séthi Ier, deux sur ses pieds : il s'agit d'une purification funéraire effectuée sur l'image de l'ancêtre décédé. À Karnak toujours, Ramsès II procède au même rituel pour Horus.

À Edfou, dans une petite salle du pronaos dénommée « maison du matin » ou purgatorium, le roi, un Ptolémée assis, est purifié par quatre filets d'eau, non par son fils, mais par Horus et Thot : *Ta purification est la purification d'Horus et vice versa ; ta purification est la purification de Geb et vice versa ; ta purification est la purification de Thot et vice versa ; ta purification est la purification de Dounânouy et vice versa* (*E.* III, 334). Ce rituel royal, qui précédait le couronnement par les déesses de la Haute et de la Basse Égypte, se déroulait le premier jour d'une nouvelle année, avant que fût renouvelé le pouvoir royal.

Puis, après les divers rituels royaux, le *nouveau* roi purifiait à son tour Horus ou Hathor dans la *salle-pure* de leur temple, Edfou ou Dendara. Deux filets d'eau provenaient de l'eau du ciel, deux de la crue du Nil.

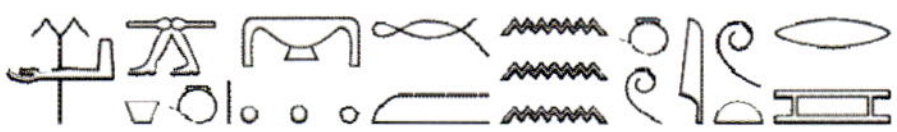

Présenter le vase d'or rempli d'eau du fleuve, purifier la Maîtresse de Dendara au jour du Nouvel An : Ô eau, tu repousses toute impureté mauvaise de la fille du Créateur, ô eau, tu purifies son visage (*D.* IV, 249). *Offrir le vase de faïence rempli d'eau du ciel, purifier Hathor. L'eau donne vigueur à ton corps, c'est Rê qui vient à toi dans le palais où tu sièges en ce beau jour du Nouvel An* (*D.* IV, 267).

Les rites ont été inaugurés à Héliopolis et à Memphis, puis répétés dans les temples nationaux, Philæ, Edfou, Karnak ou Dendara. Le purgatorium, ou *maison du matin*, l'indique de manière précise : *Maison du matin, remarquable et pourvue des ustensiles nécessaires à la purification, pour purifier le roi conformément à ce qui existe à Memphis.*

Karnak

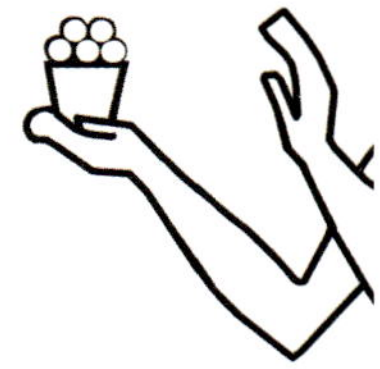

Les quatre cruches, les quatre vases rouges et les aiguières sont en or, ils sont semblables à ceux qui sont conservés à Héliopolis (*E.* III, 329).

Est aussi originaire d'Héliopolis le rituel par lequel est purifiée l'accouchée, en l'occurrence Hathor, après qu'elle a mis au monde son fils dans le mammisi d'Edfou ; la déesse tient son enfant sur ses genoux, le roi verse de l'eau au-dessus d'elle. *La déesse est la nourrice dans Héliopolis* (*ME*, 93), *elle est purifiée après l'accouchement, elle est comme le ciel pur sans nuage, son enfant est la pupille de l'œil*-oudjat (*ME*, 77).

Contre-don au roi

Protection contre l'impureté

> *Je te donne ton corps pur de mal sans qu'il y ait de miasmes dans ton corps* (*E.* I, 418).
> *Je repousse les miasmes qui te menacent avec ce qui provient de l'eau primordiale* (*E.* I, 428).

11. Briser les vases rouges *sedji decherty*

La plus ancienne mention de cet étrange rituel provient des Textes des Pyramides (vers 2500 av. J.-C.) ; l'eau coulant des vases symbolise le sang de l'ennemi, rouge comme l'argile du vase. On brisait ces vases à l'entrée des tombes, principalement au Nouvel Empire. Il existe un seul exemple de cette action, dans le temple de Louxor.

12. Purifier avec huit coupelles d'eau *âb em khemenou âou en mou*

Purifier avec les huit coupelles d'eau : Prends les huit coupelles d'eau ; je purifie ton corps avec l'eau qui est à l'intérieur des vases, je purifie ton corps avec l'eau primordiale (*D.* II, 209).

Dendara

Contre-don au roi

Purification de l'impureté

Je purifie ton corps de toute impureté mauvaise (*D.* II, 210).

13. Cruche pour Khnoum  *khenem*

Le jeu de mots est limpide : le nom de la cruche-*khenem* est de la même racine que celui du dieu Khnoum. La cruche, remplie de l'eau qui provient de la Cataracte, est offerte à Khnoum d'Assouan, et à tous les Khnoum du pays, qui protègent ainsi successivement le cours du Nil. Recevant la crue, le dieu-bélier continuera à alimenter le grand fleuve. Comme il façonne aussi les humains sur son tour de potier, il est le garant de la vie.

Khnoum *façonne les créatures, tourne sur son tour les hommes, édifie les êtres, la volaille et le bétail ; on l'invoque dans la maternité, il donne le souffle de vie sur les briques de naissance, il sauve le naufragé dans le flot* (*Philæ* I, 195).

Le rite apparaît à l'époque gréco-romaine ; sur les vingt-cinq exemples attestés, huit figurent à Philæ, huit à Edfou, et deux à Dendara. Dans ces trois temples, les textes sont très proches, parfois presque identiques.

La cruche *est remplie de l'eau des deux cavernes* (*E.* III, 263).

Prends le vase rempli des effluents de ton ka, c'est ce qui sort de toi (*E.* IV, 146).

Prends la cruche, cette tienne image mystérieuse ; ce qui surgit du Premier des nomes, tu en bois, tu en vis, cela est pur (*E.* VII, 297).

Dendara

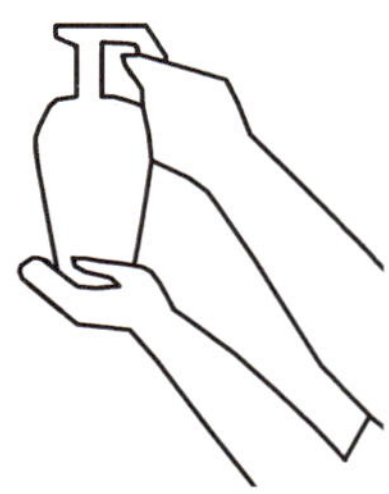

Contre-don au roi

Crue et fécondité

Je te donne la crue qui vient en hâte en son temps, elle reflue en paix en son moment (*E.* V, 199).
Je fais s'écouler pour toi la crue apportant l'orge et le blé de telle manière que tu enrichis les autels des dieux (*E.* IV, 146).

14. Vase de vie et vases précieux

À partir d'un signe *ânkh*, qui signifie *vivre*, il a été façonné un vase pourvu d'un bec verseur. Dans le trésor de Medinet Habou, le vase de vie est dévolu à Mout. Les deux autres membres de la triade thébaine reçoivent l'un (Amon) l'aiguière, l'autre (Khonsou) la cruche-*nemset*.

Le pharaon fait du vase un usage bien précis. Il le tient quand il quitte le sanctuaire à reculons, en aspergeant le sol qu'il balaie par ailleurs avec une plante répulsive.

Les vases de cérémonie étaient conservés dans les trésors, à Medinet Habou, comme à Philæ, à Edfou ou à Dendara. Les cruches-*nemset* étaient en or ; les aiguières en argent ou en électrum.

Présenter les aiguières en électrum qui contiennent le vin et l'eau primordiale (*E.* II, 295).

Les vases dont les bouchons étaient pourvus d'une tête divine accompagnaient les barques sacrées lors des fêtes, particulièrement celle du Nouvel An. Ils étaient emplis de la nouvelle crue et manipulés avec précaution.

Gourna

15. Purification par l'eau et par l'encens *kebehou seneter*

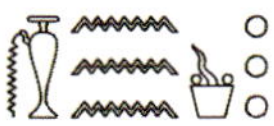

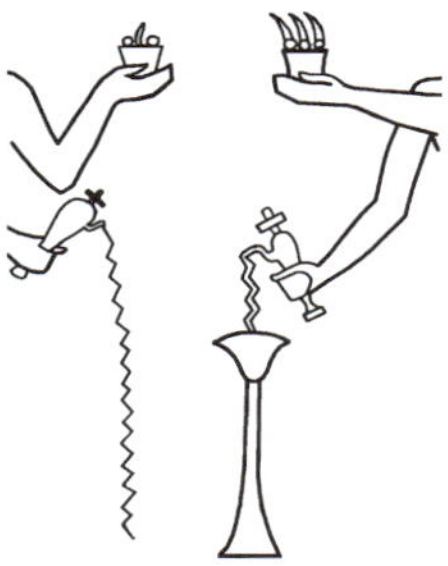

L'eau purifie, revigore et désaltère le dieu, l'encens chasse les démons, apaise et fait venir l'âme de la divinité. Les deux actions combinées sont fréquemment représentées ; on en compte deux cents exemples à la période gréco-romaine.

Faire des fumigations et des libations : L'encens vient, il imprègne tes narines, il encense ta chapelle par son parfum ; je verse pour toi l'eau primordiale pour satisfaire ta statue, ton cœur est revigoré par l'eau de jouvence (*D.* I, 133).

Le rituel est quotidien pour les dieux vivants et maîtres du temple. Il honorait aussi les ancêtres comme Osiris ou les dieux morts, vieilles entités reposant dans les nécropoles divines autour des grands temples : *Les âmes vivantes qui sont dans leurs tombes, les grands et vénérables cadavres qui reposent à Edfou, reçoivent les offrandes dans leurs sépultures et écoutent les prières* (*E.* II, 51).

Ramesseum

Les pharaons décédés, ancêtres du roi régnant, sont aussi honorés : *Recevez les bienfaits, momies divinisées, ancêtre et mère qui ont fait ceux qui m'ont fait* (*E.* III, 181).

Prenez l'eau qui vient du flot, qui sort de la jambe d'Assouan ; le parfum divin est sur la flamme, son exhalaison se développe, vos narines respirent sa fragrance (*E.* III, 130).

Deir el-Medina

Imhotep, l'architecte savant en toute chose de Djeser (pharaon de la IIIe dynastie, vers 2750 av. J.-C.), qui fut élevé au rang de dieu, bénéficiait également de ce rituel : *Faire des purifications par l'encens et par l'eau, dispenser des offrandes pour le prêtre-lecteur en chef Imhotep* (*E.* II, 270).

Contre-don au roi

Crue

Je te donne une eau primordiale étale chaque année (*D.* XIV, 28).

Je te donne l'uræus de Rê sur ta tête, la crue vient en hâte en son temps (*E.* II, 270).

Karnak

Ce dernier don s'explique par le fait que l'uræus de Rê est l'objet d'un antique rituel d'encensement destiné à apaiser sa fureur.

Par ailleurs, les dieux *entendent les implorations, écoutent les prières qui émanent des prêtres* (*E.* VII, 282).

16. Purification par l'encens seul *seneter*

Les scènes de fumigation d'encens sont au nombre de trois cents dans les temples de l'époque gréco-romaine, dont une centaine à Edfou et soixante-dix à Dendara ; l'ustensile principal en est un bol contenant du charbon brûlant sur lequel le roi jette des grains d'encens. Cet encensoir est désigné par l'expression *bras d'Horus* ; en effet, une tête de faucon décore l'extrémité d'un manche en forme de bras qui mesure une coudée, soit une cinquantaine de centimètres de longueur. Un petit réceptacle est fixé au milieu du bras et contient les boules d'encens.

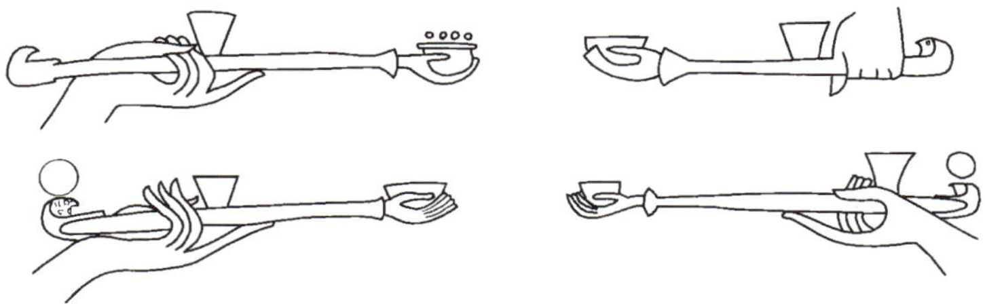

Abydos

Prends l'encens qui se diffuse sur la flamme, il est placé sur les bras des dieux, il transfigure ton cœur par sa perfection. Je t'apporte l'encens pour mettre en fête ton temple, j'apaise ton corps (*E.* IV, 152 et *D.* XI, 157).

Le roi est généralement *le thuriféraire* dans ces tableaux ; il purifie dans les quatre directions, parfois même avec quatre encensoirs.

Le temple est parcouru par le parfum de l'encens (*E.* IV, 138).

L'encens se répand dans ton sanctuaire, il sanctifie ton trône, il purifie ton ka du mal (*Philæ* II, 308).

L'encens vient des contrées méridionales, de Nubie et du légendaire pays de Pount. Les dieux qui siègent dans les villes caravanières protègent les expéditions et le précieux produit, ce sont Min de Coptos et Nekhbet d'Elkab. Cette dernière est le vautour qui prend place sur la tête du roi avec le cobra Ouadjyt du Delta : toutes deux réunissent la Haute et la Basse Égypte, elles éloignent les ennemis et sont les protectrices par excellence de la royauté. Nekhbet est donc particulièrement honorée et invoquée lors de ces fumigations.

Le parfum du Sud est pour toi, tu respires ce qui vient de toi, ton corps est purifié par les suintements mêmes de ton ka. Ta Majesté prend place sur mon front (*E.* IV, 91).

Cette déesse, qui va sagement se poser sur le front du pharaon, est potentiellement inquiétante ; *on tremble de la voir, elle qui boit le sang de Seth* (*E.* IV, 91).

Lors des sorties royales, le roi est précédé du petit prêtre Iounmoutef, *le purificateur du grand-sanctuaire* qui tient un encensoir et récite un texte neutralisant les aspects négatifs de l'uræus-vautour et implorant celui-ci de protéger la personne royale.

Abydos

La résine, importée des contrées lointaines, est préparée dans le laboratoire du temple, elle est ainsi divinisée ; son nom – *seneter* – signifie aussi *rendre divin*.

Les résines de Pount transformées par le travail des laborantins (*D.* IX, 148).

Les vapeurs de l'encens imprègnent la chapelle et son parfum est celui des *dieux qui se manifestent au parfum de leur propre odeur*.

Le roi récite en même temps des formules magiques.

Faire une fumigation d'encens devant le Bélier, transfigurer son ka avec ses formules magiques, présenter les objets du rituel divin, faire tout le rituel par le grand prêtre en son jour, chaque jour, sans fin (*Esna* II, 226).

L'encens favorise aussi l'érection de l'animal divin.

Prends l'encens, bélier maître des béliers, il fait dresser ton phallus, bélier éjaculateur transcendé par l'odeur de l'encens ; tu ensemences les femmes, tu crées un embryon pour la femme stérile (*E.* IV, 303).

Le bélier *se place sur les belles* (*E.* V, 88) *et fixe la semence dans les os pour engendrer un héritier, il crée l'embryon pour la femme stérile* (*E.* V, 185).

Karnak

L'encens est également une émanation du Bélier.

Ta sueur, c'est ce qui sort de ton corps ; le parfum des suintements qui provient de tes chairs, il embaume ton nez (*E.* VII, 171).

À Mendès dans le Delta, où est adoré le Bélier, était installé un laboratoire célèbre pour ses parfums.

Dans ces textes, on trouve de vieux formulaires, parfois sibyllins, empruntés par tous les clergés.

Le roi est le chef des prophètes de l'ennéade des dieux, lui qui creuse un sillon dans le sol, qui consacre l'offrande, et répand la terreur parmi les singes (*E.* IV, 250 ; *D.* IX, 193 ; *D.* XI, 44).

Le scarabée vole vers tes narines, il rend suave le parfum de la chapelle de Memphis (*E.* IV, 93 et *D.* XI, 153).

Contre-don au roi

Résines odorantes, purification et uræus

Je te donne Pount et ce qu'il contient (*D.* XII, 156).

Je te donne les habitants du Pays des aromates qui t'apportent leurs tributs (*D.* XI, 112).

Je te donne le palais royal purifié et pur de tout miasme (*E.* VII, 172).

Je reçois ton encens que tu places sur la flamme, j'installe ta terreur dans les terres étrangères (*E.* V, 197).

Je te donne la déesse-vautour protégeant ton corps (*E.* VII, 109).

17. Natron et styrax

bed, besen

Le natron est un carbonate de soude qui fut une des spécialités d'Égypte exportées dans tout le Proche-Orient antique. L'une de ses variétés provient du Ouadi Natroun, l'autre de la région d'Elkab, comme l'encens. Les prêtres procédaient ainsi à une

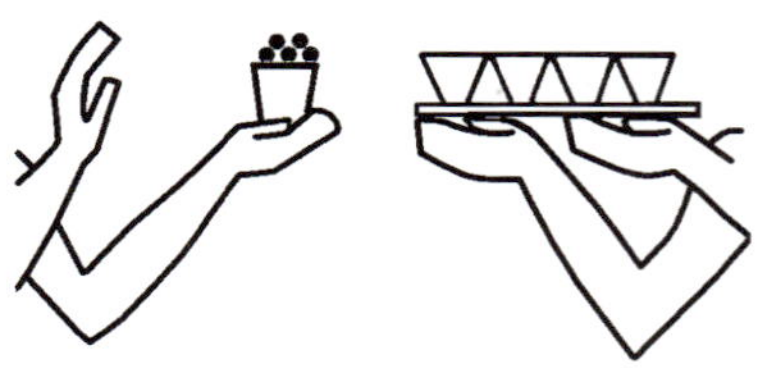

fumigation avec chacune d'elles, pour la Haute et pour la Basse Égypte. Dix fois moins fréquente que celle de l'encens, cette fumigation fait toutefois partie du rituel quotidien des temples. On voit le roi, à Abydos, qui tient un petit récipient dans lequel se trouvent les cinq boulettes de natron réglementaires.

Apporter les cinq boulettes, purifier l'ennéade. Prescription pour faire les cinq boulettes, on les fait à partir du natron d'Elkab : broyer parfaitement, filtrer dans une gaze, en garder quatre mesures, ajouter une mesure d'encens pulvérisé puis congloméré, assembler parfaitement de manière à en faire cinq boulettes (*E.* II, 226).

Ces boules de natron sont présentées soit dans un seul vase soit dans quatre récipients, alors qu'il est toujours question de « cinq » variétés. À cet égard, l'offrande énigmatique (sans inscription) du sanctuaire de Louxor représente sans doute les cinq coffrets dévolus aux cinq spécialités.

Chacune des cinq a une vertu magique qui est renforcée par les sonorités allitératives du substantif et du verbe (*ouser ouâ, senou seneter, khem kheres khouou, fedou fenedj fedek, diou debdeb debehou*).

Tu es puissant avec la première boulette, la deuxième est sur ton vase à encens, la troisième repousse les impuretés, la quatrième s'impose afin de faire obstacle aux miasmes, la cinquième supprime les forces hostiles (*E.* IV, 216).

Je tourne autour de vous avec les cinq boulettes de natron méridional qui provient de la vallée d'Hiérakonpolis ; le natron vous purifie, il chasse le mal dirigé contre vous, il purifie vos corps (*D.* III, 126).

Prends les cinq boulettes de natron septentrional du Ouadi Natroun ; le natron purifie vos corps du mal, vos bouches sont pures comme celle du jeune veau le jour où sa mère l'a enfanté (*D.* III, 117).

Louxor

Le natron est assimilé au premier lait, le colostrum, que le jeune animal tète et qui l'immunise. La pureté de la bouche fait référence à l'utilisation du natron lors du rituel funéraire de l'ouverture de la bouche : quand la momie est prête, la bouche du mort est magiquement mise en service pour que celui-ci se nourrisse dans l'autre monde.

La formule complète sert également pour Osiris, le mort ressuscité par excellence.

Je viens vers ta place pour affermir tes membres avec les cinq boulettes de natron du Sud qui sont dans mes mains ; tu vois, tu entends, ton nez respire, tu avales, tu craches, ton corps est transfiguré, ta bouche est ouverte par cela (*D.* X, 341).

Dans le temple, les prêtres eux-mêmes se rinçaient la bouche avec du natron :

Ta bouche est la bouche du jeune veau non sevré le jour où sa mère l'a enfanté (*E.* III, 338).

Ils sont également revêtus de l'étoffe imprégnée d'huile de lotus et purifiée par le natron (*D.*V, 89).

Contre-don au roi

Protection magique

Je te donne les boulettes de natron bien denses dans ton sanctuaire, elles divinisent ton corps (*E.* IV, 216).

Je détourne de toi le mal vers le sol (*ME*, 82).

Je défais les magies noires, je dénoue les maléfices dirigés contre toi, je protège ton corps des abominations (*E.* IV, 61).

Karnak

BOISSONS

Boissons

L'ALCOOL est source de joie, de musique, de réjouissance ; il donne la force contre les ennemis. Le lait nourrit les enfants, il légitime aussi le pouvoir de l'héritier. Le roi est *vigneron, brasseur* ou *vacher* ; il sert également d'*échanson* au dieu.

1. VIN

irep, iret-Hor ouadj

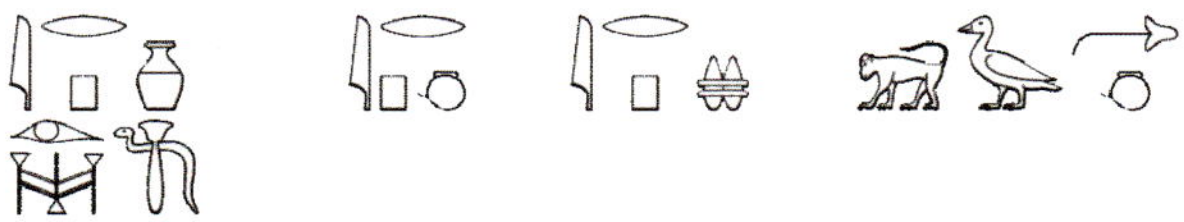

Les offrandes liquides sont très fréquentes dans les temples, celle du vin tout particulièrement. Sur les quatre cents tableaux qui sont consacrés à celle-ci dans les temples de l'époque gréco-romaine, on en compte cent vingt à Philæ (qui possédait de nombreux vignobles), quatre-vingt-dix à Dendara, soixante-cinq à Edfou.

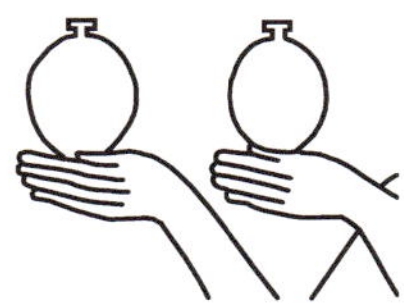

Le vin est présenté aux maîtres du temple, aux divinités venues d'une région productrice de vin et aux dieux héliopolitains. Ce sont les grands temples de Dendara et d'Edfou qui livrent les textes les plus fournis. Dans les autres sanctuaires, le titre de l'offrande est parfois réduit à quelques mots : *Offrir le vin à son père vénérable, apaiser son cœur avec ce qu'il aime.*

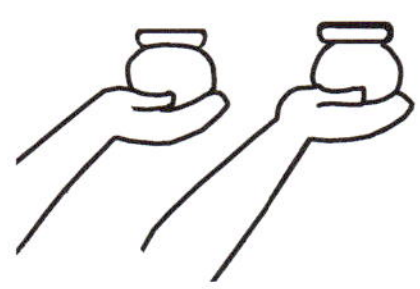

Les plus anciens restes fossiles de vignobles datent du quatrième millénaire avant l'ère chrétienne et la première amphore de 3000 environ. Les scènes de vendange apparaissent dès les tombeaux de l'Ancien Empire : le raisin y est foulé et pressé. Dans une tombe thébaine du Nouvel Empire, à Thèbes, des hommes cueillent les grappes, d'autres se

Abydos

tiennent par des cordes suspendues à une poutrelle ; ils piétinent les grappes, et de longues jarres au fond pointu sont prêtes à recueillir le jus. Le moût est versé dans des jarres où il fermentait, il était ensuite filtré et placé dans d'autres jarres scellées par un bouchon d'argile servant aussi d'étiquette : ces inscriptions sont très précieuses pour l'égyptologue ; elles lui font connaître les provenances, les bonnes années et les quantités.

Seth et une Hathor du Nord devinrent les patrons du vin, car leur territoire possédait la terre appropriée. Les vignobles étaient essentiellement situés dans le Delta (Nebecheh, Imaou, Péluse) et dans les oasis (Kharga, Baharia) ; du vin était aussi importé de Phénicie.

Le roi est ainsi *le régent de la Phénicie, qui dirige les vaisseaux de Byblos sur la mer ; la Phénicie vogue vers Ouadjyt en apportant son vin, on débouche pour elle les barriques, les amphores et les jarres, des produits d'importation* (*E*. III, 241).

En dehors de ces régions viticoles cependant, des domaines divins disposaient de vignes propres.

Le vignoble est florissant à travers la campagne ; il pousse en effet dans ta place de prédilection, il regorge de grappes de raisin, ployant sous sa charge et s'alourdissant sous les raisins ; on te les fait porter devant toi, on les offre à ton ka – l'œil d'Horus à savoir le vin, il est pur (*E*. IV, 113 ; *E*. VII, 278 ; *D*. II, 15, etc.).

Le jus coule des grappes, en plus grande quantité que le sable, il est pressé en vin pour tes chais (*E*. VII, 141, 211 ; *MD*, 53 ; *D*. VII, 151).

Le roi, maître des vignobles, *apporte Kharga et Baharia avec leur vin cuit, Nebecheh*

Karnak

et Péluse apportant leurs vins, le lac Maryout réuni au Temple-de-la-vache avec l'œil d'Horus vert qui en provient, les rivages de Phénicie venus en hâte avec leurs tributs, à savoir tous les vins provenant de leurs coteaux (*D.* II, 200).

Sous la domination romaine, le 29 avril 149 ap. J.-C., Antonin le Pieux a fait présent au temple de Philæ de cinquante-cinq hectares de vignobles au nord d'Assouan, confirmant ainsi la donation de Ptolémée Sôter II datant du 4 octobre 112 av. J.-C., deux siècles et demi plus tôt.

Le vin est généralement présenté dans deux petits vases ronds (qui étaient aussi utilisés pour l'eau) ; pour les fêtes, il était servi dans une coupe appelée *dedet* surmontée d'un fourré végétal sur lequel passe une vache :

Ce type de récipient est représenté, à Karnak, dans les tributs mentionnés par les Annales de Thoutmosis III (vers 1450 av. J.-C.) ou rapportés par Séthi Ier (vers 1300 av. J.-C.). La vache symbolise Hathor, la déesse des réjouissances dont la grande fête de l'ivresse était célébrée le vingtième jour du premier mois de l'année. Le vin, offert à la fille de Rê, était coloré en rouge par de la poudre d'hématite (le nom de celle-ci, *didi*, fait allitération avec le nom de la coupe-*dedet*) : l*e vin est mélangé d'ocre* (*E.* III, 253).

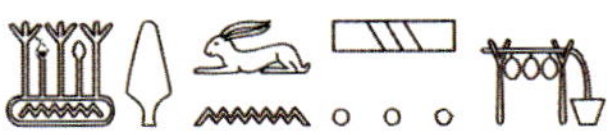

En deux endroits du temple d'Horus à Edfou, le vin est symbolisé par une treille évoquant les jardins représentés dans les tombes ou ceux que l'on voit encore de nos jours dans la campagne égyptienne.

Ce vignoble croule sous les grappes de raisin, leur jus est plus abondant que l'eau du fleuve ; elles inondent Edfou de l'œil d'Horus vert (*E.* V, 301 ; VII, 324).

Le roi répand aussi sur le sol du vin (ou de la bière), il a alors un bras le long du corps ; de l'autre, qui est ployé, il tient penché un vase dont le liquide (bière, vin, élixir) s'écoule ; il redonne ainsi à Geb-Terre le produit de son corps et ouvre les fêtes de l'ivresse.

Le bon vin, je le répands sur le sol (*D.* XIII, 276).

Dendara

On verse du vin sur le sol dans Dendara, son bouquet embaume dans ta chapelle, combien agréable est son arôme au nez des puissances (*D.* II, 40) *!*

Quand le roi est couronné à Héliopolis, il est sanctifié par le vin qu'il reçoit de Rê-Horakhty. Pour illustrer le fait, dans les temples, on représente le roi offrant le liquide à ce dieu pour qu'à son tour celui-ci lui en fasse présent. Ce vin du couronnement est versé sur l'arbre secret de la nécropole d'Héliopolis, qui abrite les dieux anciens.

Je fais une libation de vin dans ta nécropole, je la verse pour ton ka au pied de l'arbre mystérieux (*E.* I, 86).

Le vin est souvent désigné par l'expression *œil d'Horus vert*, l'adjectif (*ouadj*) de couleur rend aussi la notion de fraîcheur ; il s'agit d'un vin nouveau, encore jeune. La mention d'Horus fait allusion au combat qui opposa l'héritier légitime et Seth ; celui-ci avait arraché l'œil (voire les deux yeux) d'Horus ; dans un des nombreux récits relatant la légende, Seth place les yeux dans une boîte, Anubis les retrouve et les dépose dans un panier en papyrus qu'il enterre, puis Isis découvre qu'au contact du sol les yeux ont poussé sous la forme d'un vignoble.

Philæ

Quant au vignoble, c'est le cadre qui entoure les deux yeux pour les protéger ; quant au raisin, c'est la pupille de l'œil d'Horus ; quant au vin qu'on en fait, ce sont les larmes d'Horus.

Dans le temple d'Horus à Edfou, le mythe n'apparaît que sous cette forme, le dieu *est le premier qui a créé le vignoble et qui a fait le vin produit de ses yeux* (*E.* III, 195).

Dans d'autres versions, Horus doit *arracher*, *reprendre*, *sauver* son œil de celui qui lui a causé un *dommage*, l'a *avalé* et le conserve dans son *ventre*. Le coupable est Seth (sous forme de porc noir ou d'oryx) qui a ingurgité le bien précieux ; ce forfait est évoqué dans tous les temples (Edfou, Dendara, Kom Ombo, Esna, Dakke) :

Reprendre son œil à celui qui l'a blessé/dérobé.

Arracher l'œil du ventre de celui qui l'a avalé.

Voilà pourquoi le vin, œil d'Horus, est gage de l'intégrité du pouvoir.

Ton œil est sain, pourvu de ses différentes parties, tu l'as repris à Seth, tu es animé par lui, tu es adoré par lui, tu es divin par lui, plus que les autres dieux (*E.* V, 150).

Le roi, qui s'assimile à Horus, *attache les complices de Seth à son sanctuaire* (*E.* III, 242). Mais Seth, oubliant pour l'occasion son aspect maléfique, s'est transformé en bon génie.

Seth porteur de ses récipients pleins du bon vin des vignobles de Baharia, les tonnelets dans sa main pleins de l'œil d'Horus nouveau pour réjouir ton cœur ; tu en bois, ceux qui sont dans ta suite en boivent aussi, tu te réjouis, leurs cœurs sont heureux (*E.* I, 469).

Enfin, sacrée ou non, l'ivresse est source de réjouissance dans toutes les fêtes.

Les habitants de Dendara sont ivres de vin, une couronne de fleurs sur leur tête ; les gens d'Edfou sont remplis de joie, oints d'huile de myrrhe sèche de la meilleure qualité ; tous les jeunes gens sont ivres, en restant lucides (*D.* V, 60).

Contre-don au roi

Ivresse et territoire vinicole

Je te donne l'ivresse et l'ébriété, sans tristesse pour ton ka (*D.* I, 135).

Je te donne l'ivresse pour réjouir ton cœur, le mal ne peut atteindre ton cœur (*E.* VII, 267).

Je te donne tous les habitants des oasis comme sujets, chargés de tonnelets de bois (*E.* IV, 101 et 125).

Je te donne les terrains portant leurs grappes, je garnis tes entrepôts de cruches de vin (*D.* V, 71).

Je te donne les grappes sur leurs ceps, je fais tomber ceux qui se rebellent contre ta majesté (*E.* III, 253).

Tôd

2. Vin cuit

chedeh

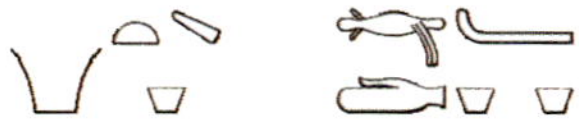

Le *chedeh* est un vin sucré auquel on mêlait de la résine odorante ; de forte teneur en alcool, il est cuit et filtré ; c'est une boisson de qualité qui se conserve longtemps. Les vignerons produisaient environ trente fois moins de ce « résiné » que de vin courant ; cette proportion se retrouve d'ailleurs dans les tableaux de l'époque gréco-romaine et, de la dizaine d'exemples qu'on en connaît, six sont gravés à Dendara (le *chedeh* n'apparaît pas dans les temples avant cette période). Le liquide n'est pas présenté dans des vases globulaires, mais dans un ou deux récipients évasés.

Ces récipients, que je porte sur mes mains, sont remplis de vin cuit (*D.* VII, 76).

Le thème de l'œil d'Horus arraché est prépondérant dans cette offrande.

Le roi est comme Horus, qui s'est emparé du pays quand il a repris son œil à celui qui s'en était emparé (*D.* VII, 76).

L'œil d'Horus, tu l'arraches de la main de ce Vil, toi qui fais advenir le raisin sur le cep et qui fais resplendir le vignoble portant tous ses fruits (*T.Isis*, 146).

Contre-don au roi

Terrains vinicoles

Je te donne les terres de l'ouest apportant leurs tributs (*E.* II, 98).

3. Élixir de courage

herou-â, irer

Comme le vin cuit, l'élixir n'apparaît, en offrande, que dans les temples de la dernière période ; on en compte une trentaine d'exemples, Philæ, Edfou et Dendara. C'est un produit composite.

Ce vase rempli de grains de raisin et du marc mélangé à eux, son jus est préparé à la perfection (*D.* VI, 128).

Edfou

La couleur rosée évoque le sang des ennemis répandu dans l'eau ; d'ailleurs, la potion s'offre uniquement à Horus, *le champion sur le terrain de combat, qui se mesure dans la lice à ses ennemis, qui anéantit celui qui commet le mal, le fauve à la poursuite de ses ennemis* (*D.* VI, 129).

La boisson étanche la soif du guerrier et apaise la douleur du corps ; elle donne force et persévérance dans le combat, pousse à se rendre dans le champ clos et supprime la peur.

> *Prends l'élixir pour étancher ta soif, pour supprimer la souffrance dans ton corps* (*E.* II, 70).

Les formulations employées dans cette offrande sont uniques et, ainsi, identifiables dès les premiers mots : *Offrir l'élixir : Maître de l'éternité, ton univers est derrière toi, les combattants sont comme les sauterelles, ils font ta protection chaque jour* (*D.* IV, 18).

Le roi enfin est *le serviteur du Faucon* (Horus), mais aussi *le fils de Seth* (*E.* IV, 256), puisque le raisin vient des oasis, territoire séthien.

Contre-don au roi

Ivresse et aide spécifique

> *Je te donne le breuvage et le marc pour apaiser ton cœur avec le produit de ma personne* (*E.* VII, 200).
> *Je fais que ton armée soit aussi nombreuse que les sauterelles et tes enfants aussi nombreux que les grains de sable* (*D.* III, 176).

4. Bière *heneket*

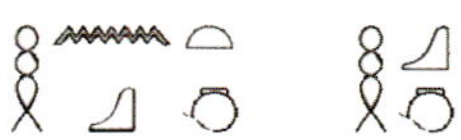

La bière est la boisson par excellence de l'Égypte, pour la vie quotidienne et pour le rituel funéraire. Elle se préparait à partir d'orge moulue, malaxée et cuite ; la pâte macérait ensuite dans l'eau et recevait un adjuvant sucré sous forme de dattes ; après fermentation, le liquide était filtré. Il existait plusieurs préparations pour toutes sortes de bières (*âmâ, nebty, haouikhet, khemet, djeserou*, etc.).

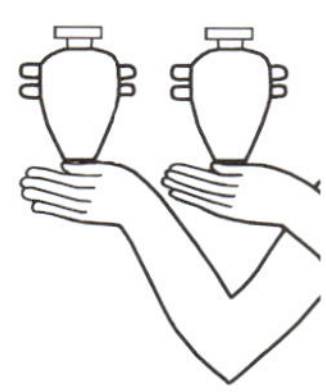

Philæ

Menket, la déesse qui prépare la bière grâce à sa recette personnelle, la bière préparée avec les bonnes herbes provenant du sol et avec le moût extrait des céréales, brassée de ses propres mains (*D.* IV, 203).

Dans les temples de l'époque gréco-romaine, il existe environ soixante-dix tableaux d'offrandes de bière. Celle-ci *est brassée et filtrée selon les règles* (*D.* VI, 163), elle est douce, servie chambrée, éventuellement blanche ; elle est alors *l'œil d'Horus blanc* (*E.* IV, 253).

Comme l'élixir, la bière étanche la soif et supprime la douleur. Comme le vin, elle donne l'allégresse, sans mal de tête ni « gueule de bois ». La déesse qui reçoit le breuvage se transforme à l'occasion en Sekhmet, la lionne violente ; elle passe alors de l'ivresse à la violence. Elle est *la maîtresse de l'ivresse, la souveraine de la danse, elle poignarde les ennemis, repousse les rebelles, abat les ennemis dans le lieu d'internement ; elle est Sekhmet la grande, qui a puissance sur la multitude – la foule innombrable tremble de la voir* (*D.* I, 142).

Contre-don au roi

Abondance des céréales, ivresse, destruction des ennemis

Je te donne une joie quotidienne, je repousse le mal de ton cœur (*E.* IV, 106).
Je te donne une ivresse exempte de désagréments, je trouble les cœurs des rebelles (*D.* XII, 149).
Je trouble les cœurs des rebelles pour que tu t'empares du cœur de ceux qui sont déloyaux (*E.* I, 151).
Je te donne les greniers remplis de céréales (*D.* IX, 173).

5. Ivresse des déesses *menou*

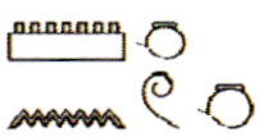

Le breuvage est contenu dans un vase globulaire ou bien dans la coupe-*dedet* contenant également le vin. Version féminine de l'élixir masculin, le breuvage-*menou* est réservé aux déesses auxquelles il est présenté lors des fêtes solennelles d'Hathor : on en trouve de ce fait une cinquantaine de tableaux à Dendara et seulement treize à Edfou. La rédaction remonte probablement au troisième millénaire. Dans le grand texte archaïque, le roi mentionne les objets et ingrédients nécessaires : la pierre pour le vase, le pilon, la meule, la bière (céréales, eau, levure), les aromates, les dattes, le miel, les amandes, la myrrhe, l'encens, le ladanum ; la poudre d'ocre donne au breuvage la teinte du sang. Les ouvrières (meunière, boulangère ou cuiseuse) et les lieux mentionnés évoquent une origine héliopolitaine.

Dans les scènes d'offrandes, la vieille recette réapparaît sous forme résumée.

> *Je t'apporte le breuvage-*menou *qui donne de l'éclat à ton ka, il est préparé pour les déesses après toi ; ses amandes sont fraîches, ses dattes tendres, son moût lié par broyage, son dépôt est une matière odorante mélangée avec de l'ocre, sa fragrance provient de la décoction (destinée) à ton nez* (*D.* III, 111).

À l'aube des temps, le breuvage a été créé pour Hathor, les autres déesses l'ont obtenu par la suite. Le roi s'identifie à l'enfant d'Hathor.

> Il est *le jouvenceau jouant du sistre, il ne retranche pas ton pain, il ne diminue pas tes gâteaux, son cœur est juste, son corps est dévoué, il n'y a pas d'ombre dans sa poitrine ; ce qu'il abomine est la tristesse d'Hathor, ce qu'il abomine est la faim et la soif, ce qu'il abomine est le malheur du disque solaire féminin.*

Les hymnes anciens font toujours référence à la nourriture et à la peur lancinante de la famine ; la déesse a pour fonction *de repousser la faim et chasser la soif en réjouissant le cœur de chaque dieu* (*E.* VI, 283). Dans cette offrande, plus que n'importe quelle autre,

Kom Ombo

Thoutmosis III - Annales

KARNAK

Séthi Ier - ext. hypostyle

l'épithète qui a traversé les siècles est la suivante : *la maîtresse des Deux Terres, maîtresse du pain, qui fabrique la bière.*

Les rois, puis par la suite les dieux, étaient intronisés par la présentation de boisson : le vin pour les hommes et les divinités masculines, le breuvage-*menou* pour les déesses. Le vingtième jour de l'année, Hathor était intronisée par les deux dieux des villes dynastiques ; Rê d'Héliopolis lui donnait l'accolade et lui remettait son héritage au ciel et sur terre, tandis que Ptah de Memphis lui conférait les insignes de sa dignité.

Faire ce rituel au premier mois de la saison de l'inondation, le vingtième jour – jusqu'au deuxième mois de la saison de l'inondation, le cinquième jour –, c'est la première fête de l'ivresse (*D.* XIII, 67).

Contre-don au roi

Réjouissance

Je te donne une joie quotidienne, des provisions par milliers pour ton ka (*E.* V, 207).
J'aime ta majesté, je sauve ton corps du mal (*MD*, 62).

6. Lait

iretet, ânkh-ouas

Le lait est le liquide symbolique de renaissance dès le temps des pyramides. Comme le pain et la bière, le lait entre dans l'alimentation des vivants, ainsi que dans l'offrande aux dieux et aux morts.

Le liquide *étincelant de blancheur* est offert dans des situles et des récipients spécifiques (biberons pourvus d'une tétine) au Nouvel Empire.

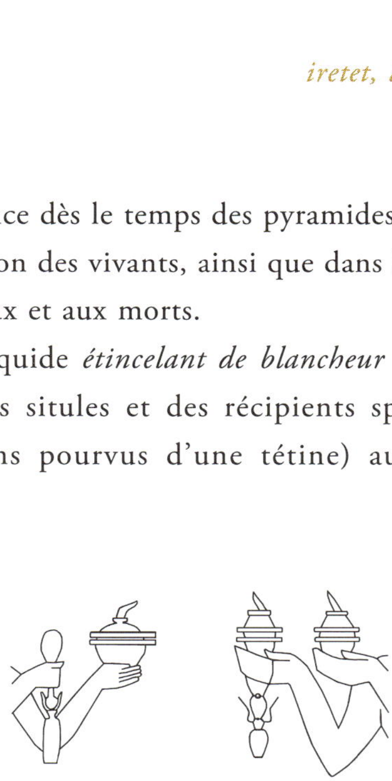

Dendara

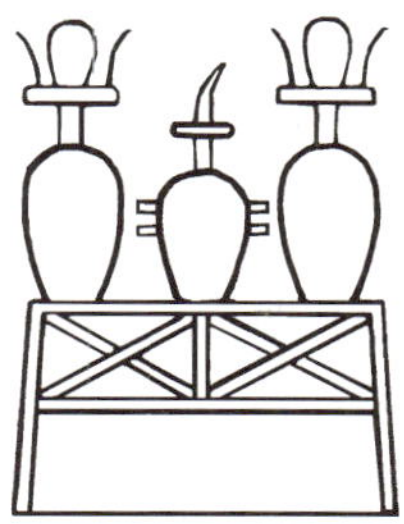

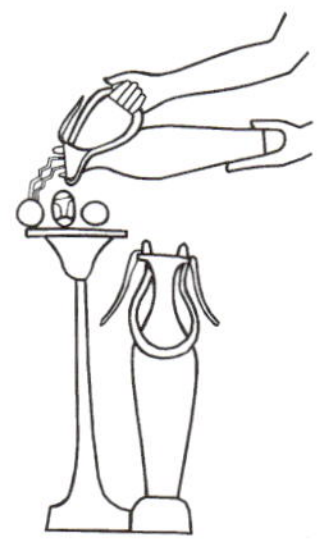

Le plus bel exemple se trouve dans la salle hypostyle de Karnak : le roi, à genoux, tend à Amon deux pots à lait ; entre lui et le dieu se tiennent quatre vaches. *Offrir à Amon-Rê le lait des génisses des temples*, énonce le titre.

À l'époque gréco-romaine, on compte environ cent cinquante occurrences de l'offrande dans les temples, pour les déesses et pour les dieux-enfants. Le lait est placé dans *des situles en or et en électrum* (*D.* III, 126).

Le *doux* liquide provient de la Vache qui a nourri Rê lui-même, alors qu'il était un jeune veau. Le roi a *la bouche pure, comme le Veau purifié par son lait* (*D.* IV, 250), *comme le Veau le jour où sa mère l'a mis au monde* (*D.* III, 117). Le *Veau*, c'est-à-dire le jeune soleil, tète sa mère dès sa naissance, sa bouche est pure grâce au liquide divin ; la formule est adoptée lors des cérémonies de purifications royales effectuées par Horus et Thot, on la trouve dans les salles appropriées (purgatorium) de Philæ et d'Edfou.

On offre le lait aux déesses pour qu'elles nourrissent leur enfant ; le liquide les protège et leur donne la force, il garantit aussi à l'héritier qu'il succèdera à son père.

> *Je t'apporte le lait issu de la Vache, le lait de la grande Vache, car tu es la mère du dieu, qui fait vivre son petit, qui place son fils Horus sur le trône de son père* (*D.* I, 116).

Ihy en boit *le jour de sa belle fête au cours de laquelle le maître de l'éternité lui remet de ses mains son héritage* (*MD*, 53).

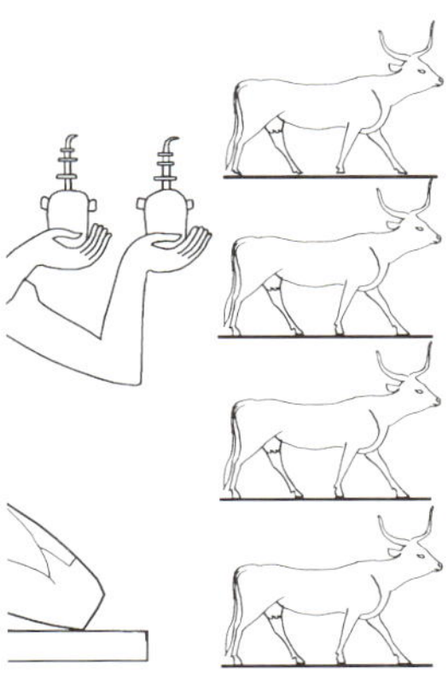

Karnak

Puis Ihy remet au roi *la fonction royale que son père lui a donnée et le lait que lui a donné sa mère* (*D.* VII, 148).

Le lait porte plusieurs noms : *le doux (benerou), le blanc (hedjou), le liquide de vie-force* (*ânkh-ouas*).

Le liquide doux, il te protège, tu le bois, et tu es jeune perpétuellement (*E.* V, 84).
Ce liquide de vie-force est pour ton ka, tu vis, tu es fort grâce à lui, ce breuvage blanc, il te protège, la protection qui est en lui te fournit des milliers de fêtes jubilaires, tu le bois, il descend dans ton ventre, il rend fort ton corps (*E.* VII, 123).
Ce liquide de vie-force, je l'offre à ton ka, tu en bois sous ta forme d'enfant, tu réunis les Deux Terres en une seule (*E.* V, 80).

Isis, enfant, en bénéficie aussi lors de sa naissance ; à cette occasion, Hathor la vache se transforme en nourrice animale ; elle est *la grande Vache qui enfante Rê, dont la bouche est efficiente et la langue douce, elle a léché Isis avec sa langue le jour où celle-ci a été enfantée* (*T.Isis*, 114).

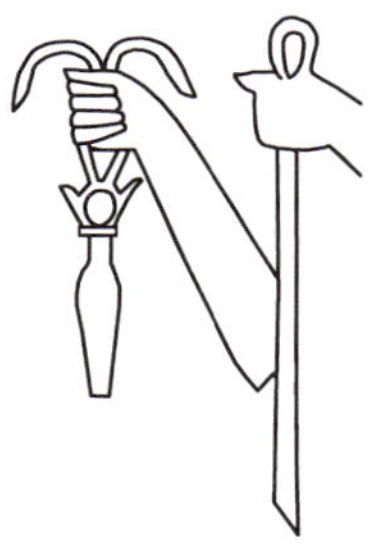

Les mères et nourrices divines, Isis et Hathor reçoivent le lait avec les langes et un gâteau revigorant.

Je t'apporte le bon lait de la Vache, j'emmaillote pour toi ton fils avec le lange, Isis, la première qui a accouché parmi les déesses (*T.Isis*, 161, 181).
Isis la grande, la nourrice et maîtresse du lait, qui nourrit son enfant avec son lait. Hathor la grande, la maîtresse du lait, elle élève son fils pour qu'il devienne le maître (*T.Isis*, 150, 170).

À Philæ, un décret, rédigé par Thot, prescrit de faire une libation de lait sur la tombe d'Osiris tous les dix jours.

Que jamais ne manque le lait dans ce lieu où se trouvent le bosquet sacré et la sépulture d'Osiris. Sa sœur Isis rajeunit son corps tous les dix jours (*B.Philæ*, 85).

Dendara

La crème du lait était réservée aux dieux.

Je me rends le soir dans l'étable des vachers, je trais les vaches en débarrassant le lait des impuretés, je passe le lait au tamis dans des situles en or et en argent (*E.* VII, 226).

Enfin, il était une belle coutume, celle des veilleurs sacrés qui, à l'aube, éteignaient leur torche dans des bassins remplis de lait ; on voit ainsi une représentation de quatre bassins de lait à Deir el-Bahari (dernière terrasse, sanctuaire, paroi sud).

Philæ

Contre-don au roi

Lait, vie et force

Je te donne de grandes étables remplies de vaches (*E.* V, 265).
Je te donne la vie installée dans ta main, la force qui rend forte ta majesté (*D.* IX, 9).
Je fais que Ta Majesté se nourrisse de lait comme j'ai fait pour mon fils Horus (*D.* I, 149).
Je te donne la puissance de Montou pour tes bras, la force comme le fils d'Isis (*D.* XI, 82).

NOURRITURES : RITES DIVERS

Nourritures : rites divers

Les produits du sol sont sous la garde des dieux de la terre et de l'arpentage (Geb, Chou), de l'eau (Hâpy), des déesses-campagnes (Akhet, Sekhet), des génies spécialisés dans la moisson (Nehebkaou, Nepy, Renenoutet) et la boulangerie (Âckyt, Khenemet) ou, encore, des bouchers (Imenhou et Chesemou). Dans chaque temple, les offrandes alimentaires étaient apportées par une entrée latérale, la grande porte ne devant servir qu'au dieu ; elles étaient déposées sur des guéridons dans une salle barlongue.

La salle des offrandes est la place où l'on dispense les offrandes lors de l'exécution du rituel divin, une fois le matin, une deuxième fois à midi, une troisième fois le soir venu.

Les offrandes de nourritures sont en quantité moindre que les diverses purifications ; on en recense cependant cent trente tableaux dans le seul temple d'Horus à Edfou.

Les pains et les viandes sont variés et donnent prétexte à de belles compositions où l'imagination de l'artiste jouit d'une certaine liberté. Le roi assume toutes les fonctions : *chambellan, intendant, panetier et confiseur, boucher, écuyer tranchant, cultivateur, chef des champs.*

1. Grande offrande *âabet*

Cette offrande est réservée au maître du lieu, Horus à Edfou ou Hathor-Isis à Dendara. Le rite est reconnaissable au geste du roi, empreint de solennité, qui tient une canne, une massue et un sceptre. Ces grandes compositions peuvent comporter des vases à libations, du vin, de la bière, des pains, des fruits, des oiseaux, des volailles, des viandes, des onguents et des étoffes. Lorsqu'elles sont réduites à l'essentiel, on ne trouve que le pain, la viande et la bière.

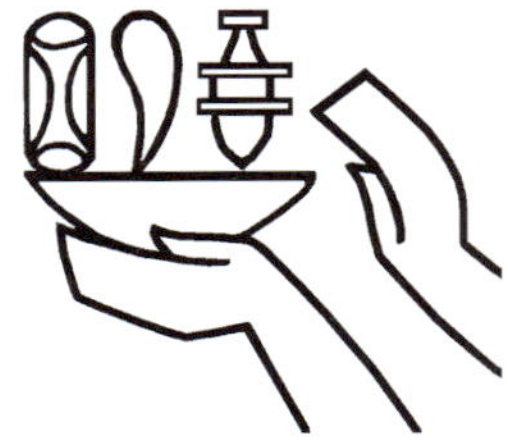

La grande offrande garnie de toutes bonnes choses, des dizaines de mille, des milliers de pains, une infinité devant elle, une grande quantité derrière elle, des centaines et des dizaines en son milieu, composée de pain, viande, bière, qui approvisionne les autels en aliments et en produits de la chasse et de la pêche (*D.* V, 81).

Dans la cour à ciel ouvert (à côté de l'escalier), la représentation est explicitée par des hiéroglyphes.

Le roi présente *mille* de tout : *Mille pains de Âckyt, mille cruches de bière de la part de Menket, mille cruches de vin de la part de la Maîtresse de Nebecheh, mille cruches de lait de la part de Hesat, mille bovidés de la part du Maître du troupeau, mille oiseaux de la part de la Maîtresse des produits de la chasse et de la pêche,* etc. (*D.* IV, 191).

La déesse est alors *la maîtresse des richesses, la maîtresse du vin, la maîtresse des viandes, la maîtresse de la bière, la maîtresse du lait* (*T.Isis*, 241).

Horus, lui, est *le maître des nourritures et celui qui fait advenir les provendes, le maître des céréales et celui qui produit les récoltes ; tous les hommes sont rassasiés grâce à ses nourritures* (*E.* III, 147).

Dendara

Dendara

Contre-don au roi

Crue, abondance de nourritures, exemption de disette

Je te donne les champs produisant pour toi les offrandes, j'approvisionne ton sanctuaire avec des nourritures (*D.* IV, 191).
Je te donne ta bouche pour manger, ta gorge pour faire son travail (*D.* II, 75).
Je multiplie tes parts d'offrandes, je privilégie tes habitants des oasis, j'approvisionne ton escorte avec des provendes (*E.* IV, 221).

Karnak

2. Pancarte d'offrandes

debehet-hetep

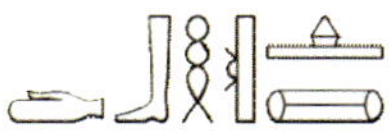

La grande pancarte d'offrandes, vestige du plus lointain passé (elle est déjà attestée dans les tombeaux de l'Ancien Empire), est récitée par le roi qui a le bras tendu, devant lui ; les noms des offrandes sont disposés en colonnes. Ces panneaux, aisément reconnaissables, se trouvent dans la cour de la ouâbet, dans la salle des offrandes ou à l'extérieur du temple.

Prends toutes les offrandes provenant de l'œil d'Horus, cette pancarte d'offrandes est devant toi, tu en es satisfaite, tu t'incarnes grâce à elle, tu es puissante grâce à elle autant que tu le désires (*D.* III, 27).

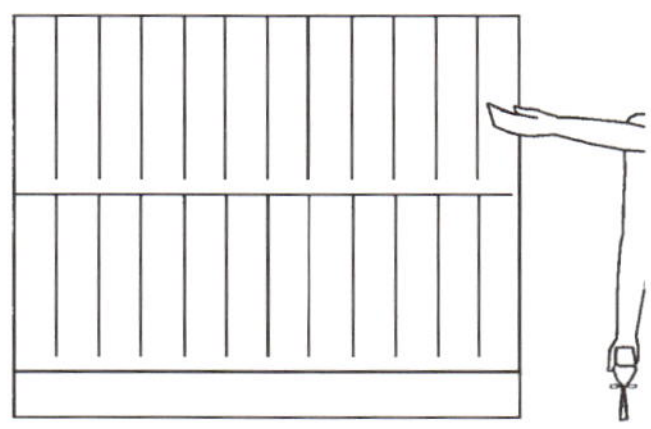

Karnak

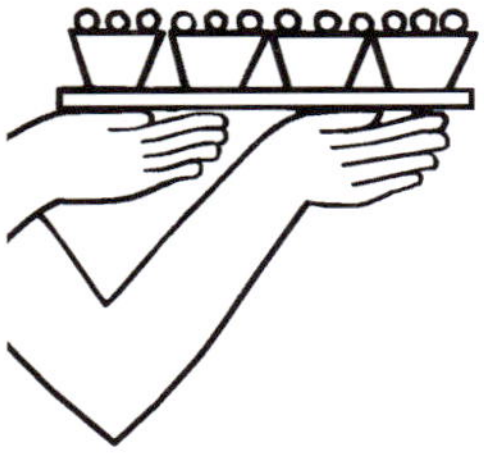

Énoncer le menu : Prends les pains, les gâteaux, le vin, le lait, les morceaux de viande et le miel. La composition de l'offrande est complète afin que tu puisses t'en nourrir (*E.* VII, 114).

Le roi *fait venir le dieu vers ses nourritures grâce à ses paroles choisies.* Ce qui explique qu'il doit *être instruit par les âmes de Rê* (= les archives sacrées) (*E.* III, 129).

La divinité assure la prospérité du temple ; Hathor est *la maîtresse des pains, des viandes rôties, de la bière, du lait, des pains, des morceaux de viande, du miel* (*D.* XII, 112).

Contre-don au roi

Fécondité et protection contre l'impureté

Je préserve ton corps de toute chose mauvaise, je garde sains tes membres loin de l'impureté (*E.* IV, 87).

Je te donne toute chose que produit le ciel et que façonne la terre, tout ce qui existe sur le sol (*E.* III, 129).

Je fais que vienne à toi la crue en son temps, je multiplie les nourritures dans ta maison (*E.* II, 181).

Je te donne tes greniers remarquables par l'abondance des céréales (*D.* IX, 215).

Edfou

Dendara

3. Offrande funéraire

hetep di nesout

Mot à mot, la formule se traduit, on l'a vu, par les mots *Offrande que donne le roi*… (en faveur d'Untel). De caractère funéraire, le rituel est réservé aux dieux ancêtres et aux maîtres du temple. Il s'est répandu avec l'influence croissante d'Osiris : le roi demande au dieu de redonner une partie de ce qu'il reçoit au défunt. En gravant ces grandes listes dans les tombeaux, la nourriture est assurée pour l'éternité. Le principe est le même dans les temples, le grand-prêtre y récitait la formule de manière à nourrir magiquement le dieu.

Offrande que donne le roi, disposer les offrandes sur l'autel : Prends les pains, tu t'en nourris, ils sont purs pour ton ka trois fois par jour, quotidiennement (*E.* VII, 207).
L'offrande funéraire, je la prodigue à ton ka. Prends les offrandes et les provendes pour enrichir ton sanctuaire de son offrande (*D.* III, 18).

Dendara

Karnak

Contre-don au roi

Fertilité et royauté légitime

Je te donne l'entrepôt regorgeant de ses offrandes pour tes besoins quotidiens chaque jour (*D.* III, 18).
Je te donne l'héritage du pays sur le trône de Geb (*E.* I, 165).

4. OFFRANDES RITUELLES *henekout*

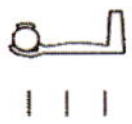

Quatre récipients évasés sont présentés par le roi ; au Nouvel Empire, seul le nom de l'offrande est indiqué, il faut attendre l'époque gréco-romaine pour que le contenu soit décrit.

Louxor

Offrir les quatre récipients : Prends les quatre récipients pleins de toutes bonnes choses, je les présente à ton beau visage – pain, bière, eau, viande, tu en consommes autant que tu le désires (*D.* II, 77).

5. PLATEAU D'OFFRANDES *faï ikhet*

La période artistique du Nouvel Empire a livré de magnifiques compositions de plateaux chargés de toutes sortes de mets. Dans les exemples les plus raffinés, le roi, à genoux, porte sur sa tête un grand plateau que ses mains tiennent en équilibre (salle hypostyle de Karnak, paroi nord-est). On compte environ deux cents de ces scènes à l'époque gréco-romaine. Dans les textes descriptifs, le roi énumère surtout les diverses sortes de pains.

Toutes les sortes de pains sont conformes à la règle, la Boulangère les cuit de sa propre main, leur pâte est composée de farine blanche (*E.* VII, 79).

Présenter les offrandes : Le pain est parfait, le pain chaud bien levé, le pain doré cuit à la perfection, les friandises agréables sur mes mains (*D.* II, 142).
Je présente les offrandes à ton visage au moment exact où il convient de manger, Ta Majesté s'alimente trois fois par jour, tu répartis les offrandes entre les dieux de l'ennéade (*D.* II, 187).
Les pains sont parfaits, la grande offrande est pourvue, ces pains sont innombrables, les morceaux des ennemis sont découpés devant toi, Ta Majesté s'enivre de l'œil d'Horus (*D.* II, 168).

Abydos

Contre-don au roi

Fertilité et abondance de biens

Je te donne toute chose que produit le Nil, que crée le sol en son temps (*E.* IV, 381).
Je te donne l'Égypte chargée de pain, viande et bière, toutes les villes ploient sous les bienfaits (*D.* II, 169).
Je te donne des offrandes en quantité infinie, j'approvisionne ton pays de provendes (*D.* II, 187).
Je te donne les champs resplendissant de leurs productions, remarquables par les récoltes qu'ils ont produites (*D.* IV, 64).

Karnak

Kom Ombo

6. Conduire les offrandes *henek ikhet, kherep ikhet, etc.*

Le mot *ikhet* (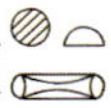) signifie « chose » ; comme en toute langue, il recouvre plusieurs sens, aussi bien les offrandes que le rituel ou les reliques divines.

Les montants de porte ont un décor codifié, tant pour le geste que pour la formulation. Sur le tableau du bas, le roi brandit un sceptre et récite la formule adéquate.

Les pains divers, je les présente devant toi pour ta nourriture quotidienne, les morceaux de viande, la bière et le vin, Ta Majesté s'en sustente (*E.* III, 126).

Le dieu *pourvoit les nobles tout en donnant une part à ceux qui n'ont rien* (*E.* III, 126) et garantit au roi un approvisionnement régulier. Que ce soit Horus ou Isis, la divinité *rassemble ses troupes et nourrit son équipe* (*D.* VII, 153).

7. Gratifier des offrandes divines *hetepou-neter*

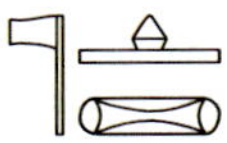

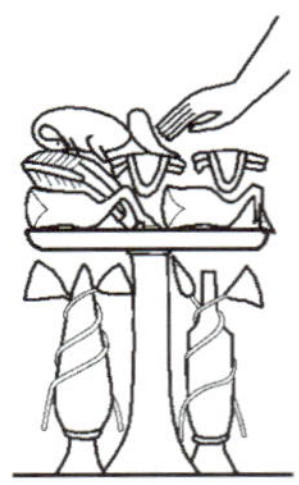

Le roi a les deux mains sur un autel garni de pains divers et de viandes, ou bien il les garde le long du corps.

Les autels sont garnis de pains divers, de bière, de vin cuit, d'encens et de myrrhe, de pièces de viande ainsi que d'oies (*E.* IV, 312).

Gratifier Hathor : les provendes sont aussi nombreuses que les grains de sable – pain, viande et bière – de nuit comme de jour. Hathor *fait advenir les pains, elle qui fait vivre toute bouche qui mange avec les offrandes, la maîtresse des provendes, elle qui multiplie les gâteaux et donne la vie à celui qui lui est fidèle, la maîtresse des nourritures, données à tous ceux qu'elle aime* (*D.* VI, 43).

Ce rite s'adresse aussi aux dieux-serpents.

Je viens auprès de toi, serpent vénérable surgi du lotus, je t'apporte les nourritures et les provendes pour ta subsistance, tu es le dieu vénérable qui féconde les femmes (*E.* V, 194).

NOURRITURES :
PAINS

Nourritures : pains

Les céréales, ingrédients de base du pain, étaient placées sous la responsabilité d'un dieu, Nepy, qui *fait les pains et crée les récoltes, remplit la terre d'engrais et transforme le limon en cultures pour faire vivre les dieux et les hommes* (*E.* II, 168). Le roi, dans l'offrande des pains, est donc *le fils de Nepy* (*E.* III, 178).

Les premiers reliefs des tombeaux de Saqqarah (vers 2600 av. J.-C.) mettent déjà en scène le broyage des grains, le tamisage, le chauffage des moules, la confection de la pâte avec de la farine et du lait. Les inscriptions des temples indiquent que pains et gâteaux sont cuits dans la *boulangerie* (par les déesses Âckyt et Khenemet) et conservés dans les *entrepôts*. Le pain est *bien levé*, *moelleux*, et *son odeur est alléchante*.

Comme toutes les nourritures, c'est aussi un *œil d'Horus*. *L'œil d'Horus blanc*, quant à lui, est confectionné avec de la farine blanche. Parmi la quarantaine de variétés de pains (*ta, ta-our, benerou, pes, ges-pekha, senou, depet,* etc.), certaines sont remarquables à divers titres.

1. Pain

ta, ta-our

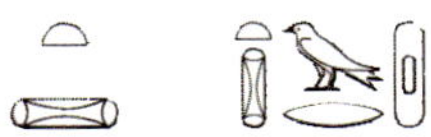

La natte est chargée de pains : pain aux diverses céréales, pain bien cuit, pain fendu en son milieu, toute la production du fournil ! Il n'y a pas d'affamé, les pains font vivre les gens (*E.* III, 177).

Le « grand-pain », fourré de raisins et de miel, est servi chaud ; son odeur et son goût sont savoureux.

Dendara

Le grand-pain est composé comme il convient, tu en manges, tu es puissant grâce à lui (*D.* IX, 231).

Ton pain est pour toi, ton grand-pain composé selon la règle, son miel est dosé à la perfection, ses raisins comme il convient, sa chaude odeur savoureuse est pour ton nez ; tu en manges avec ton entourage, tu répartis les offrandes entre ton équipage, tu dispenses la vie à celui qui t'est fidèle (*D.* I, 51).

Les raisins et la farine sont mélangés au miel (*E.* V, 152).

Les pains bien cuits sont cuits à la perfection, préparés par Âckyt qui assure la subsistance de Rê, comme leur goût est agréable quand ils sont tout chauds ! (*E.* V, 230).

le pain est bien cuit pour ton ka, ton âme vient à son odeur, l'exhalaison de sa tiédeur est pour ton nez (*D.* IX, 229).

Philæ

2. PAIN-*chenes*

Ce pain allongé est plus volontiers offert aux maîtres du temple (une vingtaine de tableaux à Dendara).

*Porter les pains-*chenes*. Ce sont tes yeux, Ta Majesté en mange, je les présente devant toi, tu en manges, ils sont purs* (*D.* IX, 214 - XI, 45).

*Prends le pain-*chenes *: il est cuit au matin et apporté directement de la boulangerie ; Ta Majesté en mange autant qu'elle le désire* (*D.* VII, 78).

Dendara

3. PAIN-*châ*

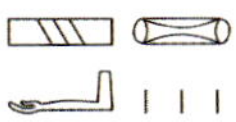

Ce pain est souvent représenté dans les temples thébains, (Ramesseum, Medinet Habou, Karnak). En forme de cône, voire d'obélisque, il fut offert en grande quantité par Thoutmosis III (vers 1450 av. J.-C.) au temple d'Amon après son retour victorieux de campagnes militaires. Grâce à sa pâte (farine de blé avec de la graisse et du miel), le boulanger en confectionnait des blocs épais ; la spécialité était encore en vogue quand le temple d'Edfou fut construit (vers 200 av. J.-C.). On en fabriquait des simulacres d'hippopotame, l'animal mauvais (et image de Seth, le dieu perturbateur) que la manducation annihilait.

Karnak

Ces pains sont pour toi, le massacre que tu fais est efficace contre le deuil d'Osiris à Héliopolis, tu punis les complices de Seth, tu apprécies leur goût (*E.* VII, 105).

Apporter la figurine d'hippopotame en pâte à gâteau. Le boucher la découpe. Le prêtre lit le texte magique le 21 du mois appelé mechir (*E.* VI, 88).

Karnak

Les prêtres renforçaient la puissance magique du pain-*châ*, en psalmodiant le mot-*chât* « massacre ».

*Prends le pain-*châ *qui rend efficace ton massacre parmi les ennemis* (*E.* V, 89).

4. Pain blanc

ta-hedj

Ce pain pointu s'offre aux maîtres du temple.

Consacrer le pain blanc : Le pain blanc parfait, appétissant comme il faut, je le présente à ton ka sur mes mains (*D.* II, 75).

Tu ouvres tes lèvres, tu en manges (*E.* VII, 70).

Le pain blanc parfait, appétissant comme il faut, le parfum de son odeur est pour ton nez, ma souveraine, tu en manges autant que ce qu'aime ton cœur, tu donnes le pain blanc aux ancêtres dans les sanctuaires de Ta Majesté, tu répartis les offrandes entre ton ennéade (*D.* III, 112).

Je magnifie ton offrande, je multiplie tes parts le jour où l'on confirme l'héritage (*E.* I, 477).

Il est également présenté à Thot, devenu pour l'occasion le prêtre-ritualiste en chef : il permet enfin au roi *d'être triomphant lors du jugement dans la grande salle hypostyle* (*E.* I, 477). Il *affermit le bras du maître du calame* (*ME*, 76).

Abydos

Karnak

5. GÂTEAU DE RELEVAILLES

âper sematou em iret-Hor bener

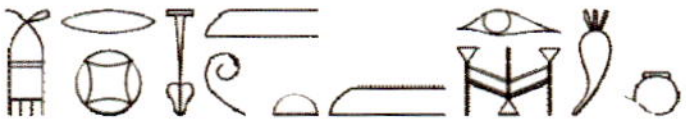

Cette galette ronde est donnée aux femmes après leur accouchement. Dans le cercle divin, Nout la reçoit après avoir mis au monde Isis. Le récipient contient du miel dont on nappait la galette pourtant déjà fourrée de ce même miel. Les vertus revigorantes et cicatrisantes du produit étaient bien connues des médecins égyptiens.

Edfou

> Ce *pain fourré de miel* (*ME*, 151) est le *pain de la naissance revigorant* (*ME*, 163) ; *il tonifie le ventre après la naissance et est doux dans les entrailles* (*ME*, 151).
> *Offrir le gâteau au miel à la Grande-Parturiente, Nout qui enfante les dieux : Tu en manges, tu en es satisfaite, tu es forte par lui* (*T.Isis*, 171).

Le pain est aussi offert avec du lait pour favoriser la lactation de la nouvelle mère, ainsi qu'avec des langes.

Dendara

Abydos

6. Pain et bière

Le pain et la bière – avec la viande – sont également goûtés des serpents sacrés.

Contre-don au roi

Fécondité

J'ouvre ton gosier pour qu'il reçoive les pains, j'ouvre ta gorge pour qu'elle boive (*E.* III, 177).
Je fais que tes réserves soient riches en toutes provisions, tu manges selon ton plaisir (*E.* V, 153).
Je te donne les greniers remplis de céréales dont on ne connaît pas la quantité (*E.* VII, 72).
Je te donne les villes des oasis ployant sous leurs céréales, les boulangeries emplies en ton temps (*E.* IV, 67).

NOURRITURES : VIANDES

Nourritures : viandes

Les viandes proviennent d'animaux qui incarnent souvent le dieu du mal, Seth. Les consommer est une manière magique de réduire à néant la puissance maléfique virtuelle de celui-ci. Les offrandes de viande sont donc de même nature que les rites de massacre ; elles s'adressent aux maîtres du temple, comme Horus à Edfou et Hathor à Dendara, ainsi qu'aux déesses « violentes », comme Mehyt, Tefnout, Nekhbet. La divinité se manifeste quand elle respire le fumet de la viande grillée sur un brasero.

La tâche était confiée au *préposé à l'holocauste et au billot où l'on dépèce les viandes*, fonction qu'endosse le roi dans les présentations de viande ; il est alors *le boucher dont les doigts sont habiles*.

Sur le parvis des temples, de grands autels en pierre étaient dressés pour servir de barbecue monumental : un bel exemple en est encore en place dans la partie orientale de Karnak. À Dendara, à côté du lac sacré, subsistent les vestiges de deux autels.

1. Morceaux choisis *setepou*

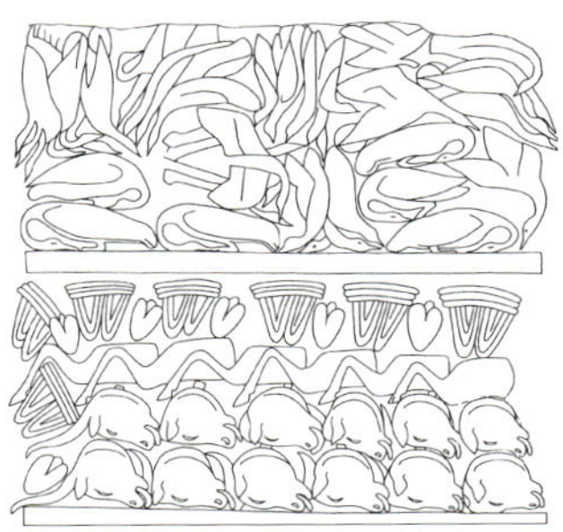

La racine *setep* signifie « choisir », le déterminatif précise la catégorie – celle des viandes – à laquelle se rattache le substantif. Dans les tableaux, le roi tient de la main droite un sceptre de consécration, dans l'autre main, une canne qui touche le sol et une massue : son attitude est identique à celle qu'il adopte lors de la grande offrande. Les viandes sont disposées de façon souvent harmonieuse, particulièrement dans le temple de Louxor (dessin ci-contre).

Karnak

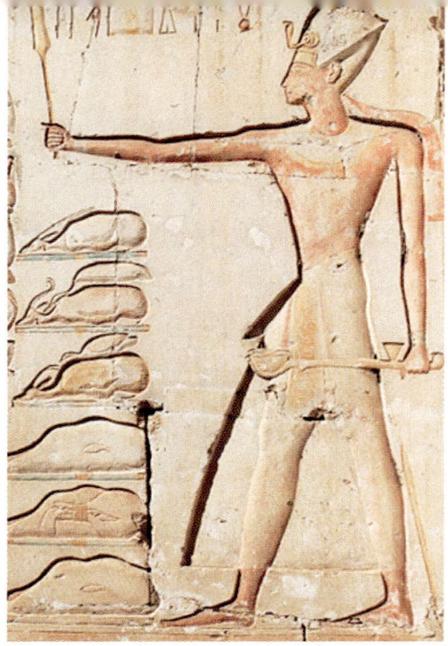

Abydos

Consacrer les morceaux de viande : Prends les morceaux du bœuf, du bovidé, des gazelles, de l'oryx et de l'ibex, ton cœur est satisfait des morceaux de ces ennemis qui sont infidèles à Ta Majesté (*D.* IV, 22).

Le roi est *le vaillant dans la mêlée, le héros sur les champs de bataille, le taureau des taureaux dans le corps à corps ; son bras est puissant à occire les ennemis comme Montou* (*E.* IV, 221).

Ces viandes sont destinées à *mettre en fête les autels*. La divinité *mange les morceaux et boit le sang* (*D.* IV, 81), *leurs restes sont livrés au feu, leurs os sont pour la flamme* (*D.* IV, 62). Le dieu *distribue les morceaux à sa cour* (*E.* VII, 73).

Karnak

La déesse, quelle qu'elle soit, se transforme en lionne violente, comme Sekhmet, quand elle absorbe cette nourriture.

Sekhmet la grande qui a puissance sur les cœurs, son cœur est satisfait des morceaux ; elle est la flamme et la grande qui dévore les ennemis, qui fait un massacre de ses ennemis (*D.* IV, 22).

Sekhmet qui a puissance sur les ennemis, qui brûle le corps des rebelles, le grand fauve qui boit le sang et mange les morceaux des révoltés (*D.* IV, 119).

Horus, quant à lui, *le faucon dont les serres sont ouvertes,* se métamorphose en *lion dont la force est grande, qui se nourrit du cœur des ennemis et qui se réjouit de massacrer* (*D.* IV, 62).

Harsomtous, son héritier, est aussi *le lion qui est satisfait du sang, le faucon qui abat les ennemis* (*D.* IV, 81).

Contre-don au roi

Destruction des ennemis

Je te donne les ennemis abattus par ton couteau, ceux qui ne te sont pas loyaux sont réduits à néant (*E.* VII, 62).
Je donne la force à ton bras pour abattre ceux qui s'opposent à toi (*D.* XIII, 437).
Je te donne le billot avec les bœufs et l'abattoir d'Horus avec leurs morceaux (*D.* IV, 11).
Je fais rougeoyer mes yeux pour détruire tes ennemis, je garde saine ta majesté chaque jour (*E.* VII, 102).

Philæ

2. VIANDES RÔTIES

acher

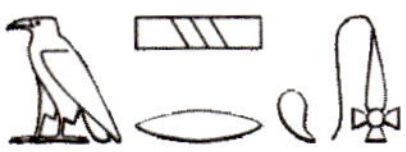

Le terme *acher* désigne plusieurs morceaux de viande (gigot, côtes, filet, foie, rate, rognons) ; ceux-ci sont placés dans deux récipients évasés (comme ceux qui servent pour des liquides, tel l'élixir, ou pour des fruits).

De nombreux hiéroglyphes représentent les divers morceaux de viande :

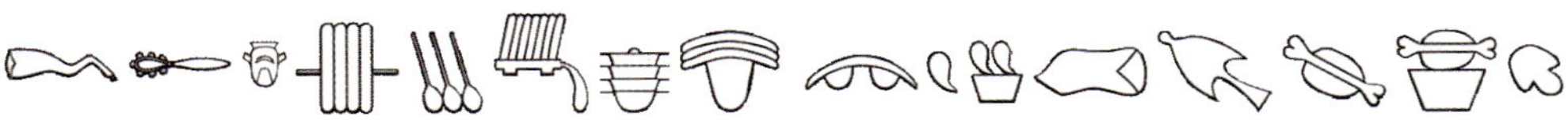

Je présente le récipient rempli de viandes, ces morceaux proviennent de ceux qui sont dans l'escorte de Seth, ils sont destinés au feu, ton ka les voit et Ta Majesté est en joie, tu les goûtes et ta force en est décuplée (*E.* VII, 142). *Je les fais griller de mes doigts* (*D.* IX, 218).

Le roi est *le boucher aux nombreux couteaux, il est l'écuyer tranchant du dieu, qui découpe les bovidés, tous simulacres du Malfaisant* (*T.Isis*, 171).

Contre-don au roi

Destruction des ennemis

Je te donne la force au combat tandis que les complices du Vil sont anéantis (*E.* VII, 143).
Je fais griller les cœurs de tes ennemis (*D.* IX, 244).

3. VIANDES EN MORCEAUX *ouâbou*

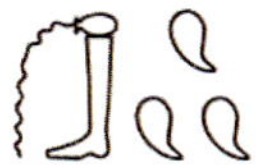

Soit simple morceau déposé sur un plateau ou sur l'autel, soit cuissots, côtes ou filets, tous sont *les morceaux des figurines des ennemis* (*D.* II, 165).
Ces morceaux des ennemis sont abattus devant toi, Faucon aux serres acérées, ces morceaux purs, tu en manges et ta violence est écartée grâce à eux (*E.* VII, 128).

Abydos

Dans cette action, le roi est *le boucher, le compagnon du feu, le préposé à l'enclos d'abattage, il conduit les bêtes à l'abattoir du temple, ses mains sont pures quand il apporte les morceaux aux dieux* (*E.* IV, 128).

Les dieux-serpents sacrés des temps anciens se nourrissent de ces mets ; en échange ils protègent le temple des incursions des forces maléfiques.

Quand Haroéris est gratifié de l'offrande, il détruit la puissance de Seth qui a agi contre Osiris, et *il enlève le malheur du cœur des deux sœurs* (*E.* V, 71).

Contre-don au roi
Nous sommes derrière toi comme une barrière infranchissable pour repousser les serpents de ta chapelle (*E.* IV, 128).

4- Viandes sur l'autel

Plusieurs hiéroglyphes représentent l'autel destiné à recevoir :

les pains () ou les viandes ().

Le roi, *boucher, fait griller les morceaux de viande de ses ennemis* (*D.* XII, 247) et s'adresse au dieu.

Ton autel est garni de milliers de choses, tu respires leurs parfums, tes ennemis sont tombés sur le billot (*E.* IV, 63).

Ton autel est garni de toutes bonnes choses, pains blancs, bière, vin cuit, myrrhe, encens, viandes, à savoir bœufs, oryx, ibex, gazelles (*E.* V, 230).

Tu trucides tes ennemis, tu en manges (*E.* VII, 74).

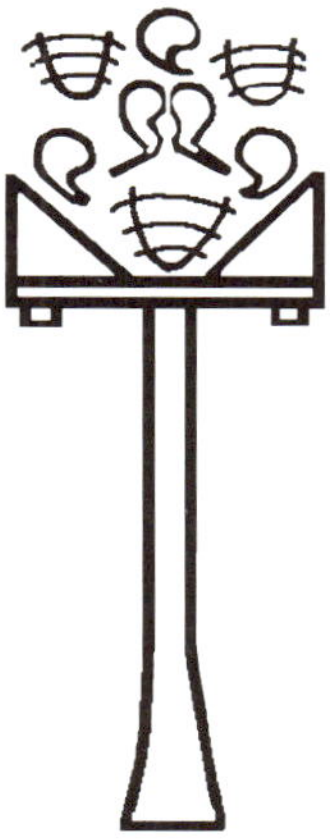

Dendara

Contre-don au roi

Destruction des ennemis, fertilité

Je te donne tes ennemis tombés au lieu d'internement, ceux qui te sont infidèles sont réduits à néant (*D.* III, 186).

Je fais que tes dents soient acérées contre tes ennemis, les temples sont glorieux en ton temps (*E.* IV, 219).

J'alourdis de fruits les branches de tes arbres (*E.* IV, 64).

Je te donne les gens épanouis en ton temps (*D.* III, 177).

5. Placer les morceaux choisis sur le feu

Le roi, qui a les bras le long du corps, assiste à la combustion des morceaux de bœuf ou d'oryx. Les forces maléfiques sont carbonisées, toutes les impuretés sont évacuées.

Placer les viandes sur le feu, placer les chairs sur la flamme, graisser l'autel par les meilleurs morceaux (*E.* I, 478).

J'apporte les viandes purifiées sur l'autel (*T.Isis*, 242).

Avant d'entrer dans le temple, la viande était examinée par un prêtre de Sekhmet, déesse préposée au billot et au bûcher, qui en vérifiait la fraîcheur.

Hathor quand elle reçoit cette offrande s'assimile à Sekhmet, elle *est celle dont la flamme est douloureuse dans le corps des ennemis de son père.*

L'offrande s'adresse également à d'autres divinités, masculines ou féminines, ainsi au *Lion dont la force est grande, qui boit le sang des rebelles, qui se réjouit de respirer leur fumet* (*T.Isis*, 242).

Contre-don au roi

Destruction des ennemis

Je fais tomber tes ennemis dans le lieu d'exécution, on ne prononcera plus leur nom sur terre (*E.* V, 146).

Je reçois les meilleurs morceaux, mon cœur est satisfait de leur sang, je livre tes ennemis au billot chaque jour (*D.* VII, 136).

Je consume tes ennemis par le feu, tes opposants sont livrés à l'holocauste (*E.* I, 478).

6. Installer le brasero

ouah âkh

Le roi est debout, les bras le long du corps. Devant lui, des viandes sont placées sur un brasero autel.

Les morceaux sont sur la flamme, tu respires leur fumet, les cuisseaux chassent ta violence, les morceaux sur la flamme sont les figurines des ennemis (*D.* IV, 88).

Prends les morceaux des ennemis qui sont sur la flamme, je mets en fête Edfou avec leurs graisses (*E.* V, 302).

Le rite est dédié aux déesses violentes, telles les lionnes Tefnout ou Mehyt ; cette dernière est *le fauve terrifiant, aux pupilles tueuses, au cœur violent, qui dévore par le feu les ennemis* (*E.* I, 313) ; elle *mange les morceaux et les partage avec son escorte* (*E.* V, 302).

Contre-don au roi

Destruction des ennemis

Je fais rougeoyer mon visage pour repousser tes ennemis, je rends agressive ma pupille contre ceux qui te sont infidèles (*E.* V, 302).
Je fais que tes ennemis soient livrés au billot de Sekhmet, leurs chairs sont découpées par ses émissaires (*E.* VII, 301).

7. Oies et oie rôtie

derepou, mesout, ra, semen, ser, tcherep
ouchen

L'oie du Nil (*alopochen ægyptiaca*), haute sur pattes, était l'animal sacré d'Amon ; il en existait une volière à Karnak où étaient élevés des volatiles destinés à la table du dieu. L'oie, dressée, servait aussi d'appeau dans la chasse au boomerang ; elle est représentée à la proue de l'esquif en papyrus dans certaines chasses symboliques qui figurent dans les temples (par exemple à Karnak, dans la salle hypostyle).

Une oie était décapitée lors de la construction des sanctuaires et le sang répandu dans la première tranchée ; des oies momifiées ont d'ailleurs été retrouvées dans des dépôts de fondation du temple funéraire de Thoutmosis III.

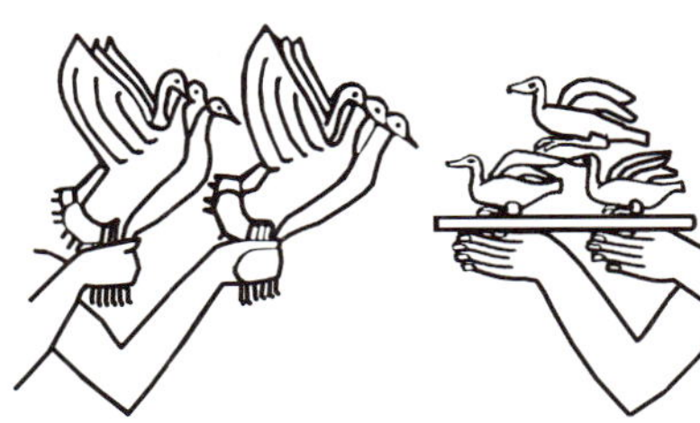

Le plus souvent, les oiseaux sont présentés par trois (chiffre qui est la marque du pluriel en égyptien). Ils sont tenus par les pattes ou par les ailes, voire même posés sur un plateau. les oies viennent du marais, ce sont *les âmes des ennemis* (*D.* IX, 235), *les substituts du Mauvais* (*E.* VII, 125).

Isis avait caché son fils, l'héritier d'Osiris, dans les marais du Delta pour le dérober à la violence de Seth, frère d'Osiris ; celui-ci disputait l'héritage à son neveu. En tuant les oiseaux du marais, le roi contribue à annihiler la puissance virtuelle de Seth.

Le pharaon est *le pêcheur qui sort à la nuit, qui apporte les volatiles à Horus ; il met en fête les autels et le parfum des graisses atteint le ciel* (*E.* I, 111).

Prends les volatiles, ils viennent du ciel, ce sont les oiseaux du marais pris au nid, ces oies, elles habitent les marais ; les oisillons de la campagne sortant de leurs nids, tu les manges ; les oies troussées sont placées sur les autels à feu (*E.* VII, 124).

Quelques tableaux montrent l'oie déjà troussée ou en train de rôtir.

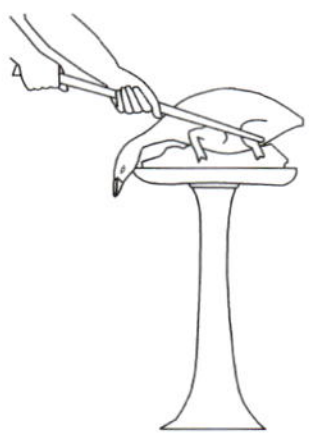

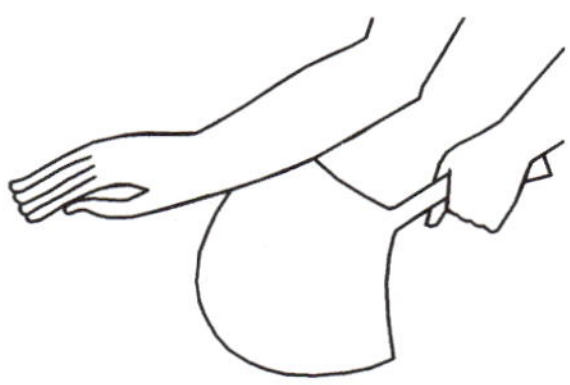

Louxor

Il s'en trouve un dans le sanctuaire de Louxor (tout au fond, dans l'axe) : le roi fait rôtir l'oiseau en le maintenant en place avec un bâton. Dans le tableau contigu, il ventile le feu.

À Dendara, l'oie troussée  est posée sur un plateau.

Prends l'oie, prise au filet de mes mains, je t'apporte l'oie pour enrichir tes autels, tu te réjouis de son fumet, tu es l'Œil de Rê qui consume les ennemis, qui réduit les ennemis à néant (*D.* IX, 221).

Contre-don au roi

Destruction des ennemis et profusion de volatiles

Je fais que ton bras soit fort contre tes ennemis, tes opposants sont réduits à néant (*D.* IX, 236).

Je te donne les volatiles gras pris au nid pour ta nourriture quotidienne (*D.* IX, 221).

8. Pains et oies *sou senou*

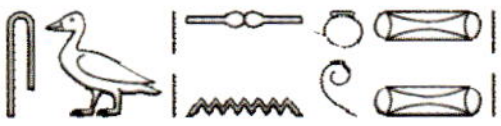

L'offrande des oies se combine à l'occasion avec celle des pains dans un rituel propre à Neith de Saïs (ville des régions marécageuses du Delta). Le roi tient deux oies par les ailes et porte un ou deux pains. La dualité de l'offrande entraîne une double filiation, le roi est *l'héritier d'Âckyt et le fils de Celui qui tient son lasso* (*E.* III, 257) ; les deux ascendants sont la Boulangère et le Chasseur dans l'univers divin.

Le volatile du marais, en général l'oie, se désigne de plusieurs façons (*raou, se, semen, serou, tcherep*). Dans ce rituel, le nom utilisé est *se* ; « deux » se dit *senou* et les pains s'appellent *senou*. Ceux-ci sont déposés sur l'autel de Rê, lors de la fête du sixième jour lunaire, qui se dit elle-même *senout*. L'allitération multiple confère un caractère tout particulier à l'offrande.

Contre-don au roi

Destruction des ennemis et intégrité physique

Je te donne les bouquets de vie avec mon sceptre de vie, mon couteau et mes flèches contre tes ennemis (*E.* II, 58).
Je te donne ton corps complet comme il convient, bien, en bonne santé, sans mal aucun (*E.* VII, 146).

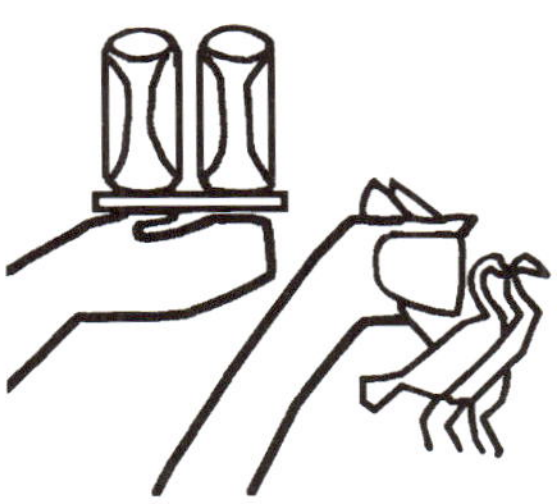

Dendara

9. Papyrus et oies

ouadjou, raou

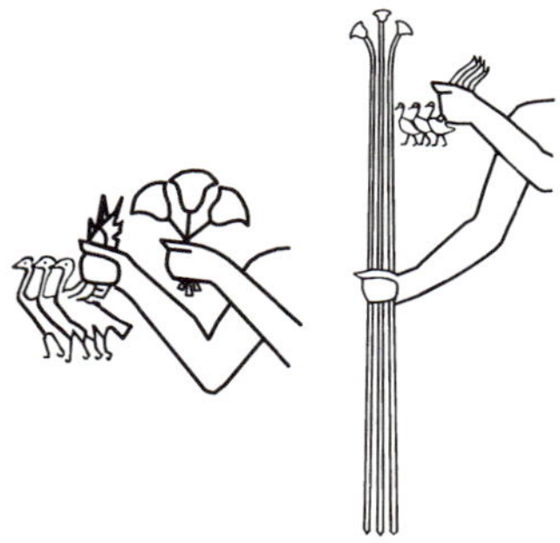

Les papyrus poussent dans le Delta ; à l'ouest, ils sont offerts à Neith, à l'est, à Horus de Silé (ville de la frontière orientale). Deux offrandes de même nature se complètent selon qu'elles proviennent de la moitié orientale ou occidentale du Delta ; il en est ainsi pour le vin (Imaou à l'est et Nebecheh à l'ouest) ou pour la destruction des animaux maléfiques, hippopotame (à Métélis de l'occident) et âne (Tanis de l'orient).

Dendara

Isis avait caché son jeune Horus dans les fourrés de papyrus où, par décret divin, Seth avait l'interdiction de pénétrer. Le papyrus évoque à la fois la protection et la jeunesse de l'héritier.

Horus de Silé, par ailleurs, est un dieu faucon et un lion *qui se saisit des ennemis avec ses griffes* ; on doit canaliser sa force protectrice (papyrus) en la dirigeant contre les oies. Cet Horus garde la frontière orientale, d'où sont venues les incursions étrangères qui ont à ce point marqué les mentalités que l'on retrouve des formules de protection contre ce fléau jusqu'au fond des cryptes d'Hathor à Dendara.

Clôture d'entrée de la crypte pour y cacher le dieu, pour dissimuler les dieux-ancêtres au cas où les Asiatiques viendraient en Égypte (*D.* V, 97).

L'offrande conjuguée des papyrus et des oies n'apparaît qu'à l'époque gréco-romaine.

> *Le papyrus est apporté à l'enfant dans les fourrés du Delta, le bouquet d'oies vient des marais, tu es juvénile avec le papyrus, c'est le corps de Ta Majesté lui-même, tu manges les oies sorties du nid ; ces volatiles qui traversaient ton sillage, ils sont désormais placés sur ton autel* (*E.* IV, 120).
>
> *Ton visage est illuminé par les papyrus, tu manges les oies provenant des marais, ces volatiles sont des ennemis, ton cœur est satisfait de ce qui provient de ta campagne* (*D.* IV, 211).

À Esna, l'offrande s'adresse au dieu local, Khnoum *de la Campagne*. Sur une des colonnes du pronaos (seul vestige d'un temple de grande ampleur), le roi tient trois oies dans la main gauche, une touffe de papyrus dans l'autre : il est *le chef des jardiniers, qui fait prospérer les jardins, le maître des papyrus, qui fait vivre les lotus* (*Esna* III, 98). Sur une autre colonne, des oies sont suspendues, tête en bas, à une touffe de papyrus ; représentée à côté, *Neith enfante les eaux marécageuses, elle est enceinte des dieux* (*Esna* III, 141).

Esna

Contre-don au roi

Fécondité

Je te donne ce qu'enfante pour toi la terre, ce que fait surgir pour toi la crue du Nil, la campagne te donne ses merveilles (*E.* I, 476).

Je te donne la campagne garnie d'oiseaux que libère pour toi le ciel (*E.* III, 193).

10. BÂTON FLEURI ET OISEAUX *medou en sekhet*

Les oiseaux, qui proviennent des régions aqueuses, sont attachés, tête en bas, à des bâtons fleuris. Destinés à l'autel du dieu, ils sont *des images de Seth* (*E.* VII, 82).

Ces oiseaux, je les présente devant toi en un beau cadeau de la campagne, ils sont pour ta personne selon l'ordre de ton père Rê-Horakhty (*E.* III, 142).

Ainsi l'Horus du Delta contrôle la frontière : en tuant les oiseaux, il subjugue les ennemis potentiels venus des marches orientales.

Contre-don au roi

Contrôle du pays, destruction des ennemis

Je te donne tout le pays sous le contrôle de ta majesté, les contrées désertiques vouées à être esclaves (*E.* VII, 82).

Je fais que tu abattes tous les volatiles du marais (*Esna* III, 61).

PRODUITS DU SOL

Produits du sol

Les dieux du sol (Geb, Chou) et de l'inondation (Hâpy, Noun) sont les garants de la prospérité ; Ouadjyt et Horus l'oiseleur veillent sur les fourrés de papyrus.

Le roi, pour servir la divinité et lui faire offrande, est *le paysan*, *le travailleur de la terre – jardinier* ou *administrateur des terres – pêcheur* ou *oiseleur*, etc. À l'époque gréco-romaine, de vieilles fonctions agricoles tombées en désuétude reprennent vie sur les parois des temples.

À l'extérieur de celui d'Horus à Edfou, plusieurs tableaux situés au bas de la paroi ouest offrent un large éventail de scènes champêtres :

- rameaux de la nécropole (culte rendu aux morts) ;
- bâton fleuri portant des oiseaux (domination du pays) ;
- plantes fraîches (subsistance assurée au pays) ;
- orge et blé (subsistance assurée au pays) ;
- sceptre de victoire qui assure le contrôle du pays ;
- territoire remis à Horus d'Edfou.

1. Campagne *sekhet*

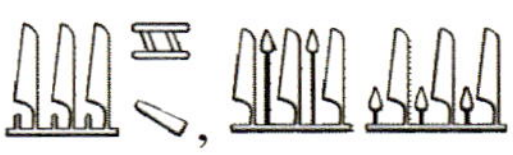

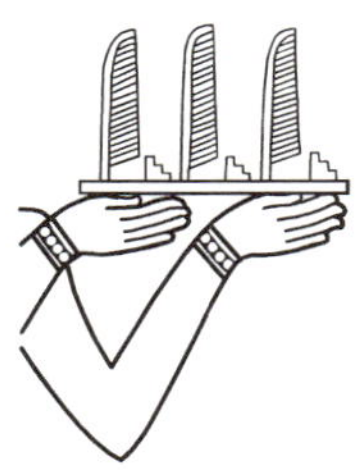

Le signe hiéroglyphique, figurant la campagne, n'a guère changé au fil des temps.

Le roi est *le chef de tes champs, il fait le recensement de tes terres en Égypte et tend le cordeau aux quatre coins du ciel* (*E.* VII, 86) ; il *recense les terrains et agrandit les frontières* (*E.* V, 145).

La campagne produit essentiellement des céréales ().

La campagne est pour toi, Horus, les limites du territoire de Ta Majesté sont, au sud, jusqu'aux limites du vent, au nord, jusqu'aux limites des ténèbres de la pénombre, à l'occident, jusqu'où se couche le disque solaire, à l'orient, jusqu'où il se lève (*E.* V, 145).

Ses oiseaux sont plus nombreux que les sauterelles, ses champs sont florissants en céréales, tous ses bassins sont remplis de lotus en boutons et en fleurs (*E.* VII, 71).

Le territoire est florissant sans qu'il pousse de l'ivraie, les récoltes céréalières y sont abondantes, les branchages des arbres bien en place, les bassins remplis de fleurs (*E.* IV, 67).

Ce sont les champs ployant sous leurs productions, resplendissant sans disette, leurs récoltes opulentes à souhait sans qu'y poussent de mauvaises herbes, ils amassent leurs récoltes pour ton sanctuaire afin d'inonder tes greniers de provendes, ils remplissent ton grenier de leurs richesses (*D.* II, 5).

Le territoire de Philæ, par exemple, s'étendait vers la Nubie sur une largeur de douze schènes (cent vingt-six kilomètres) de chaque côté du Nil.

Offrir la campagne de douze schènes à l'ouest et à l'est de l'eau (*Philæ* II, 95).

Esna

Dendara

Offrir la campagne de douze schènes à l'ouest et de douze schènes à l'est, ce qui fait vingt-quatre schènes, d'Assouan jusqu'à Takompso (*Philæ* I, 175).

Le domaine comprenait *les vignes, le bétail, les greniers, tous les oiseaux et poissons, tous les vergers, les herbages et toutes les étendues d'eau, le petit bétail des collines, tout ce qui existe dans la région de douze schènes.*

À Edfou, Horus est *le maître du territoire cultivé, qui rend fertiles les plants, qui fait pousser la végétation quand il brille, le maître des champs qui rend vertes les plantes, qui rend plantureux les grains sur leurs tiges, qui apporte la crue, qui inonde ce qu'il a créé et fait pousser le blé par son limon* (*E.* VI, 261).

Khnoum de la Campagne, à Esna, *tend la main afin de recevoir l'inventaire des terrains* (*Esna* II, 75).

Contre-don au roi

Fertilité

Je te donne toutes les berges et tous les champs des quatre coins du pays (*E.* VII, 71).

Je te donne les champs resplendissants portant leurs récoltes, tu les récoltes en joie (*E.* VII, 86).

Je te donne la saison de la germination avec ce qui sort en cette période, la saison de la moisson avec les céréales qu'elle produit (*E.* IV, 68).

2. Plantes et bouquets montés

renpout

mesou

Plantes et fleurs abondent dans les territoires divins et répandent leurs senteurs dans les temples. Cette offrande a de tout temps permis aux artistes de laisser libre cours à leur fonction créatrice ; ils étaient initiés par les scribes, comme en témoignent les nombreux hiéroglyphes utilisés.

Esna

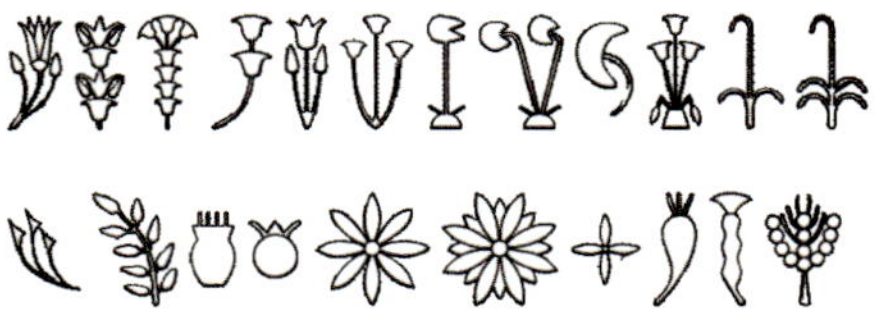

Les plantes rajeunissent le cœur du dieu, mettent en valeur l'éclat de son visage illuminé de joie ; les fleurs poussent dans les champs, elles sont bleu-vert ou turquoise – des teintes chatoyantes qui correspondent à l'aspect de la déesse dont la peau est en turquoise et la tête en lapis-lazuli.

Prends les plantes vertes qui proviennent de toi, elles fleurissent dans les champs que tu as créés ; ces herbes poussent sur tes rivages (*E.* IV, 300).

Prends les fleurs provenant des champs, produites par la crue à partir de ses humeurs ; ton corps est rajeuni de voir leurs couleurs, ton nez est ouvert par leur parfum (*D.* III, 115).

Ces plantes *sont des productions de Geb* et *les émanations du corps d'Osiris* (*D.* II, 179).

Je t'apporte les suintements qui proviennent de toi, ton cœur se réjouit de ta décomposition, car c'est toi qui les crées (*E.* IV, 300).

Le vent du nord, par sa fraîcheur relative, empêche la dessiccation des plantes, la déesse est donc *le bon vent du nord, elle crée la rosée et fait éclore les feuilles* (*D.* II, 15).

Les plantes rajeunissent ton corps, ton visage est illuminé de les voir, ce sont les suintements de ton père, c'est ta rosée, et ta chevelure ce sont les fleurs (*E.* IV, 125).

Le roi, quant à lui, *fait remonter le vent du nord* (*E.* IV, 125) *et dégage le ciel par le vent du nord* (*D.* XIII, 201) ; il est *vaillant dans sa tâche, efficace dans le travail des champs* (*E.* V, 149).

Les plantes se disent *renpout*, mot formé sur le verbe *renep* « rajeunir », ce qui convient aux bourgeons qui poussent sans cesse sur la terre fertile d'Égypte.

Le bouquet monté, tout aussi harmonieux et plus haut, est majestueux.

Ce bouquet monté lié comme il convient, pourvu de toutes les fleurs qui poussent dans les jardins (*D.* II, 13).

Le flot surgit de la cataracte à travers le granit, il inonde ton territoire, il s'en retourne, les feuilles des plantes poussent, je fais un bouquet et je l'apporte à ton beau visage (*E.* IV, 281).

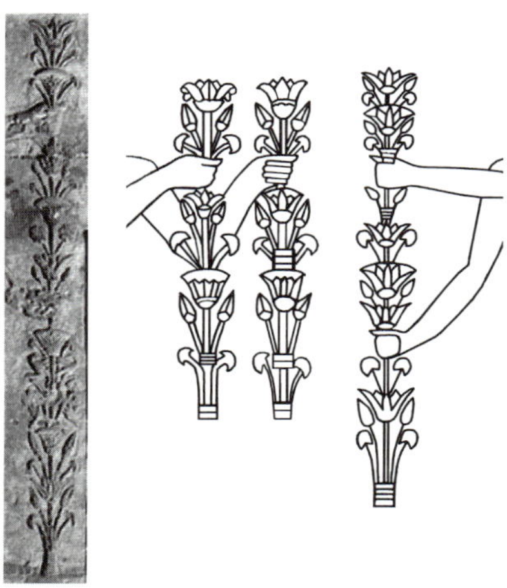

Dendara

Il arrive que ce bouquet végétal soit enrichi de fleurs artificielles en pierres fines : *Une fleur parmi lui est en or et en lapis-lazuli, le bouquet est composé de toutes les plantes au parfum suave* (*D.* II, 143).

Contre-don au roi

Fertilité

Je te donne les champs qui sont sur mon dos, les parcelles que je porte sur mon corps (*E.* IV, 300) (le discours est prononcé par Geb, dieu de la terre).
Je te donne toutes les plantes des champs, ton visage est illuminé par les fleurs (*D.* I, 103).
Je te donne les meilleures terres, verdoyantes comme le lapis-lazuli par leurs fleurs (*E.* V, 149).
Je te donne les pièces d'eau couvertes de fleurs et de boutons de lotus (*D.* IV, 56).

3. Couronne de fleurs *mâhe en hererout*

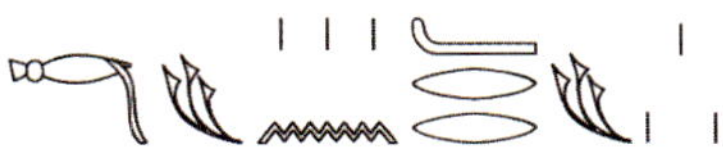

Trois tableaux seulement représentent la couronne de fleurs ; dans un cas, celle-ci est offerte à Hathor, dans le deuxième à Isis et dans le dernier à Harsomtous l'enfant.

À Esna, la couronne, fermée par une corde (), est *composée de fleurs et boutons, les fleurs resplendissent de couleurs bleues, verdoyantes* (*Esna* VI, 99). Hathor, à cette occasion, est celle *dont les fêtes jubilaires sont nombreuses.*

Contre-don au roi

Réjouissance

Je te donne l'ivresse quotidienne et toute joie est pour toi (*E.* V, 233).

4. Saule *tcheret*

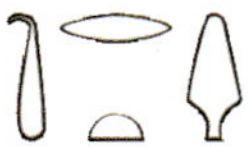

Le roi tient en main le plant de saule qu'il va mettre en terre. La cérémonie remonte au temps de Sésostris Ier (vers 1950 av. J.-C.), lors du règne duquel un saule fut planté dans la cour du temple d'Hathor à Héliopolis.

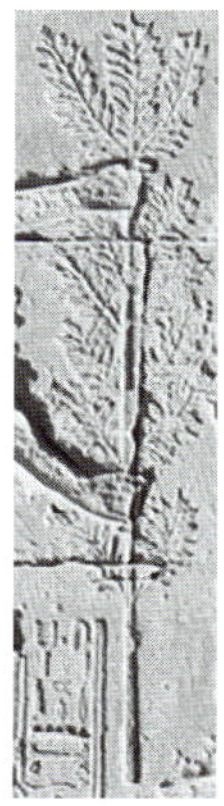

Dendara

Le rituel s'est perpétué à Dendara, ville donnée à cette même Hathor par son père Rê maître d'Héliopolis ; le plant de saule, apporté par de nobles courtisans depuis la capitale du Nord, était mis en terre au début du printemps lors d'une Pleine Lune. L'endroit choisi était situé devant le temple.

Je plante le saule devant toi le premier mois de la saison des moissons, ce seront des branches de vie dans Dendara, on fait en même temps la fête de l'ivresse avec tes courtisans (*D.* IX, 96).

J'apporte les plants à la Pleine Lune du mois de Khonsou, lors de la fête de Khonsou qui dure trois jours, dans un terrain bien irrigué (*D.* XIII, 199).

Contre-don au roi

Fertilité et maîtrise du pays

Je te donne la campagne produisant pour toi les arbres et apportant ses beaux produits pour ta maison (*D.* IX, 96).

Je te donne les hommes en attitude d'acclamation tandis que le peuple est devant toi en attitude de soumission (*D.* XIII, 200).

5. Laitue de Min

âbou, menehep

Les salades atteignent en Égypte des proportions inconnues sous nos latitudes (parfois un mètre cinquante de hauteur !). Aliment choisi des dieux, certes ; mais la laitue est surtout prétexte à des développements mythiques.

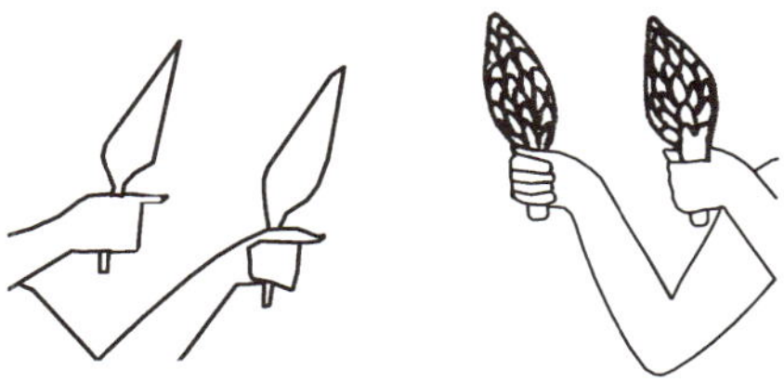

Karnak

La mort d'Osiris, tué par son frère Seth, a sonné le glas de l'unité du pays. De toutes les manières possibles, Seth conteste l'héritage de son neveu Horus. Selon une légende, Seth viole l'adolescent ; la mère de celui-ci, Isis, recueille du sperme de son fils et le verse sur les laitues que cultive Seth dans son jardin. La semence pousse dans le corps de ce dernier ; au cours du procès en légitimité, la semence d'Horus sortira du corps de Seth sous forme d'un disque d'or, la lune blonde du début de la nuit.

> *Ô Horus, prends la belle plante sur laquelle tu as éjaculé ta semence, elle s'est dissimulée en elle ; Seth l'Efféminé l'a avalée, il en a été fécondé, il a accouché d'un fils mâle qui est sorti de son front sous la forme d'un singe lorsque tu as été légitimé par l'Assemblée divine* (*E.* II, 44 et *D.* XI, 30).
>
> *Que ta semence pénètre dans le ventre du Mauvais, il sera fécondé, ton embryon sortira de son front. Cela a été fait par ta mère pour féconder le Mauvais par ta semence* (*E.* I, 82).

Thot est le greffier de la cour de justice, il témoigne : *Cette belle plante tenue par Thot est le disque lunaire* (*E.* IV, 270).

La laitue est offerte à Min, ithyphallique ; elle est « la semence » même de Min, en consommer *dilate le phallus*. Plusieurs explications prosaïques ont été avancées : le suc de la laitue évoque le liquide séminal, ou alors la hauteur des laitues donne encore de nos jours la croyance que consommer de la laitue accroît la capacité reproductrice de l'homme. Dans les fêtes de Min (voir particulièrement à Medinet Habou), la reine joue le rôle d'Isis, le roi celui d'Horus ; les laitues placées derrière le dieu garantissent la légitimité royale (le roi est l'héritier d'Horus).

Prends la laitue, herbe mystérieuse issue de toi, c'est un suintement de ton corps, c'est l'écoulement provenant de tes chairs, c'est le liquide séminal de Ta Majesté (*D.* IX, 54).

Cette belle plante est devant toi, tenue par Thot, c'est ton phallus bien vivant, tu éjacules et tu permets les naissances (*E.* IV, 270).

Min est *le bélier fécondateur, le taureau maître des femmes, le terrifiant par son propre phallus, celui au membre dressé, célèbre par ses avantages.* Les désignations de bélier et de taureau soulignent la vigueur génésique du dieu.

Min *implante la semence chez la femme pour faire advenir un embryon* (*E.* VII, 116).

Ta semence, elle donne naissance à un fils mâle (*D.* XI, 30). *Tu ensemences les femmes, tu insémines les femelles avec l'eau de tes os (= le sperme)* (*E.* IV, 298).

Contre-don au roi

Fécondité

Je te donne ton phallus pour féconder les femelles, les femmes se réjouissent de te voir (*D.* XI, 31).

Je te donne ton phallus pour t'unir aux femmes, ton cœur est impatient de copuler (*E.* IV, 271).

Je fais que les jardins soient florissants pour toi et que les plantations soient pleines d'arbres (*Opet*, 258).

6. Lotus

nekheb, sechen

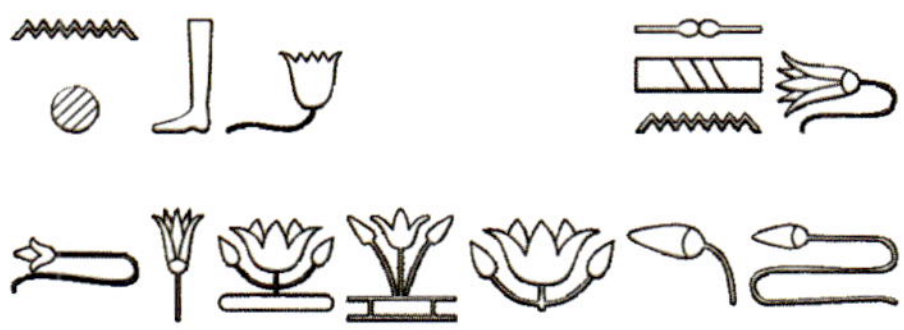

Le lotus se dit *sechen,* mot qui a donné le prénom français de Suzanne. Il est inséparable des notions de beauté et de jeunesse perpétuelles.

Le lotus bleu, qui s'ouvre au matin, est celui qu'on trouve représenté fréquemment. Son bouton est allongé et ses feuilles rondes, les étamines sont de couleur jaune. Le ciel bleu est le berceau du soleil qui apparaît au matin ; le soir apparaît le lotus blanc (qui se referme à l'aube pour disparaître sous les eaux).

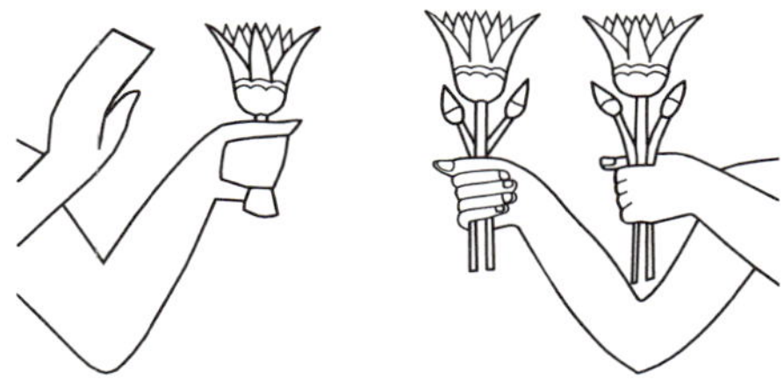

Par l'intermédiaire de cette fleur, les Égyptiens illustrent la naissance du monde : le soleil enfant sort du calice végétal, lui-même apparu de l'élément liquide – le *noun* – des origines. En offrant le lotus, le roi perpétue le mécanisme de la création et assure la succession des jours et du soleil.

La première représentation connue de l'offrande du lotus date de Montouhotep (vers 2200 av. J.-C.) et provient d'une chapelle de Dendara (qui se trouve actuellement conservée au musée du Caire). Après une longue éclipse, la scène réapparaît à l'époque gréco-romaine.

> *Offrir le lotus : Reçois ce dieu qui prend place sur son lac, c'est le trône de Ta Majesté depuis l'origine, il fait éclore ses pétales avec la beauté de ton ka ; tu y apparais comme tu apparais dans la barque matinale, tes membres sont intacts grâce à ses rayons* (*D.* II, 177).

Le lotus s'offre à l'héritier Horus, à Harsomtous-Rê et aux huit dieux de la création, des grenouilles et des serpents vivant dans l'étang originel.

> Rê d'Edfou *ouvrit les yeux, il éclaira le pays, il sépara la nuit du jour, les dieux sortirent de sa bouche, les hommes de ses yeux, toute chose fut créée de lui* (*E.* V, 85).
>
> Harsomtous *l'enfant qui brille dans le lotus, est le premier créé, avant les autres dieux ; il chasse les ténèbres dès qu'il sort du lotus, il ouvre les yeux et éclaire ce pays, il sépare la nuit du jour* (*E.* V, 51).

Le végétal est conservé dans le trésor du temple sous la forme d'un bijou.

Prends ce dieu au milieu de son lac, le beau lotus d'or, dont les pétales sont en lapis-lazuli, qui est enrichi de pierres fines, il est semblable à celui qui est sorti du Grand-Lac, tu es sorti de lui sous ta forme actuelle, tu éclaires le pays qui était dans les ténèbres (*D.* V, 74).

Le lotus est rarement offert à la déesse, qui est alors *celle dont l'odeur est suave grâce au grand lotus.*

Hathor fille du Créateur, issue dès l'origine en même temps que le grand Noun : mon corps charnel vient de lui à l'origine des temps. Dès que Rê sortit du lotus à l'origine, il éclaira le pays qui était dans les ténèbres (*T.Isis*, 160).

Hathor se manifeste sur terre en même temps que son père, émanation du corps de celui-ci, lui-même issu de la fleur du lotus.

Hathor est aussi la patronne des parfums.

Son parfum provient de Pount, sa fragrance du Pays-du-dieu, son parfum est supérieur à celui du lotus d'été, son parfum est supérieur à celui de la meilleure huile du parfumeur royal, à celui de la myrrhe dans le flacon, le parfum de son odeur provient du laboratoire du parfumeur (*D.* II, 165).

Contre-don au roi

Fécondité et richesses minières

Je te donne les terres du pays en sa totalité et toutes les fleurs des jardins (*D.* V, 75).

Je te donne les régions montagneuses riches en carrières et regorgeant de leurs pierres fines (*D.* III, 190).

7. Papyrus des déesses

ouadj

Le papyrus avait de multiples usages. Plusieurs tiges nouées constituaient une embarcation légère ; de l'écorce, on faisait des sandales, des pagnes et des paniers. La fibre donnait le papyrus proprement dit, l'ancêtre du papier ; ce support de l'écriture se conserve parfaitement sur les bords du Nil et on lui doit nombre de nos connaissances sur le savoir de l'Égypte antique (traités techniques et scientifiques, comptes, récits littéraires, rituels religieux).

Le papyrus sous forme végétale ou bien en faïence symbolise le sceptre de vigueur remis aux dieux et aux morts.

Dans le Delta, la plante pousse abondamment, sa tige et son ombelle atteignent une hauteur de six mètres : l'homme s'y dissimule aisément et c'est là qu'Isis a dérobé son héritier aux recherches de Seth. Rê lui-même protège la naissance d'Isis en lui remettant ce papyrus, et lorsqu'Isis a accouché de son fils, il *a éclairé les fourrés de papyrus la nuit où Harsiesis est né et on le craignait avant même de le voir* (*D.* IX, 188).

Le papyrus est pour toi, maîtresse du papyrus qui protège son fils, ton Horus, tu es le faucon femelle dans Khemmis, tu le maintiens en vie auprès de mon corps (*E.* III, 231).
Prends les papyrus des marécages où tu as conduit ton fils le Grand Dieu (*D.* IX, 116).
*Prends le sceptre-*ouadj, *je le tiens dans ma main gauche, je repousse loin de toi les miasmes, je fais circuler les miasmes dans cet ennemi le jour où l'on sépare les Deux Terres* (*D.* IX, 111).

Contre-don au roi

Protection

Je te donne le vent du nord, j'ouvre pour chacun ce qui est obstrué, je te protège chaque jour avec les autres magiciennes, Sekhmet, Bastet, Sechemtet (*ME*, 150).
Je garde sain (ouadj) *ton corps avec le sceptre-*ouadj *de vie, je protège ta majesté des miasmes* (*E.* III, 232).

8. Papyrus offerts à Horus

ouadjou

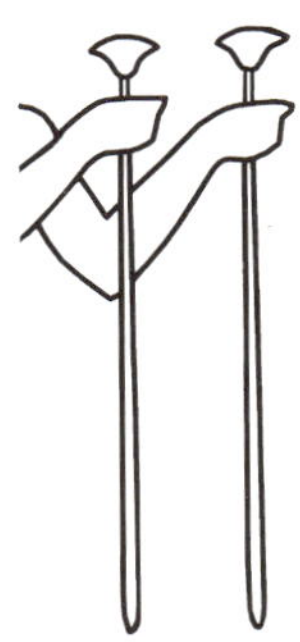

Les papyrus sont aussi offerts à Horus par deux ou en touffe.

Prends le buisson de papyrus qui préserve Ta Majesté de tout dommage (*E.* V, 295).
Le papyrus renforce ton corps, Horus du papyrus est ton nom, tu apparais en faucon à son sommet, tu es Horus l'héritier de Sekhmet, le maître des fourrés de papyrus sous son apparence d'oisillon dans Khemmis (*E.* VII, 258).

Contre-don au roi

Domination sur le pays

Je te donne la Basse Égypte en acclamation devant ta couronne rouge, la Haute Égypte en adoration devant ta couronne blanche (*E.* V, 296).

9. Papyrus et lotus offerts à Horus

Le papyrus est aussi associé au lotus ; ces plantes spécifiques du Nord et du Sud symbolisent la réunion de la Vallée et du Delta. La rédaction des textes est à peu près identique à celle de l'offrande des deux uræus protecteurs du pays.

Offrir le lotus et le papyrus : Prends le lotus que je présente devant toi ; le papyrus, quant à lui, rend jeune ton corps, le fourré de papyrus préserve ton corps (*D.* XII, 241).

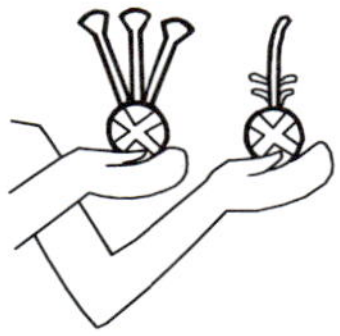

Prends le Sud uni au Nord, tu réunis les deux moitiés du pays de ton père Osiris, tu reçois la couronne de Rê (*E.* VII, 327).

Contre-don au roi

Royauté

Je te donne la couronne que m'a donnée Rê, l'héritage que m'a donné Osiris (*E.* VII, 327).

Je te donne le Sud en adoration devant ta couronne blanche, le Nord en ovation devant ta couronne rouge (*E.* III, 263).

Dendara

Edfou

10. Papyrus et joncs

tchouf, hen, sârou

Ces plantes aquatiques sont offertes collectivement à Amon de Tell el-Balamoun, ville située au bord de la Méditerranée ; *elles adviennent dans sa ville depuis les origines* (*E.* II, 57).

Edfou

> *Ces papyrus, je les présente devant toi, ils rendent ferme ton corps contre le mal ; ces joncs préservent Ta Majesté de l'agression, ils décapitent les forces du mal qui viennent pour t'agresser, ton corps est rajeuni dans les fourrés dans ta ville ; ils font ta protection, ils renouvellent ta protection* (*E.* VII, 173).

Dans ces fourrés opaques, Amon se dérobe à la vue, conformément à sa nature d'être caché (*imen* / Amon signifie « caché »).

> *Tu es le grand dieu dont l'apparence mystérieuse est sacrée, qui dissimule son corps sous la forme d'Amon* (*E.* V, 100).
>
> Amon est *celui qui s'est créé lui-même, qui dissimule son corps sous la forme du disque entouré d'uræus pour cacher sa majesté dans les fourrés du Delta* (*E.* III, 237).

Contre-don au roi

Domination du pays

> *Je fais que tu réunisses les Deux Terres sous ton trône, je te donne les Neuf Arcs réunis sous tes pieds sur le trône de Rê dans Tell el-Balamoun* (*E.* II, 57).
>
> *Je te donne les deux moitiés du pays réunies en une seule terre, la Haute et la Basse Égypte sont dans ton poing* (*E.* III, 237).

11. Rameaux de la nécropole

ânkhou

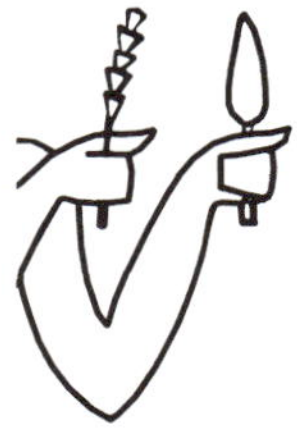

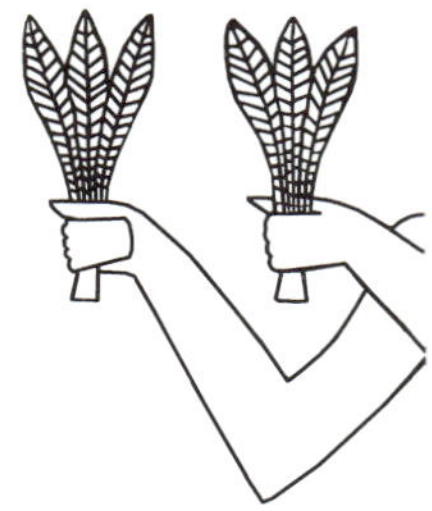

Ces végétaux sont cueillis sur la tombe des dieux morts, d'anciennes divinités que les dieux vivants honoraient par des rituels de purification. Les plantes servent d'intermédiaire entre les deux groupes. En offrir un bouquet aux dieux morts, c'est ramener ceux-ci dans le monde des vivants ; adressée au dieu vivant, l'offrande rend hommage aux disparus.

Edfou

Ces bouquets de vie, ils proviennent des nécropoles ; les morts s'éveillent dans leurs tombes (*D.* VI, 13).

Le roi *parcourt les nécropoles divines d'Edfou pour accomplir la tâche que nul ne doit connaître* (*E.* VII, 81).

Ces rameaux de vie, je les apporte devant toi, ils proviennent de toi-même (*E.* IV, 356).

Horus, qui se rend par l'intermédiaire du roi dans les nécropoles divines, *parcourt le monde infernal la nuit pour éclairer les morts, les âmes vivantes d'Edfou rajeunissent ainsi leur corps par les rayons de son ka* (*E.* VII, 81).

Les bouquets de vie sont remis à Osiris par les dieux plus jeunes comme Harsomtous ; seul un prêtre de rang élevé pouvait les cueillir.

Contre-don au roi

Royauté et destruction des ennemis

Je protège ta majesté contre tout mal, je fais tomber tous tes ennemis au lieu d'exécution (*E.* VII, 81).

Je te donne le triomphe le jour du jugement, j'affermis ta majesté lors du combat (*E.* IV, 388).

Je fais que le Pays-bien-aimé soit fidèle à ta majesté, tes nécropoles produisant leurs reliques (*D.* II, 188).

12. Céréales de Haute et Basse Égypte

it, bedet

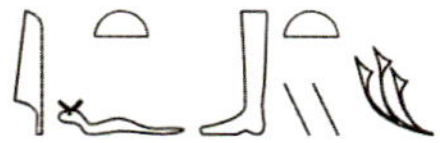 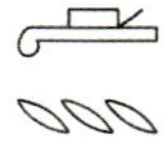

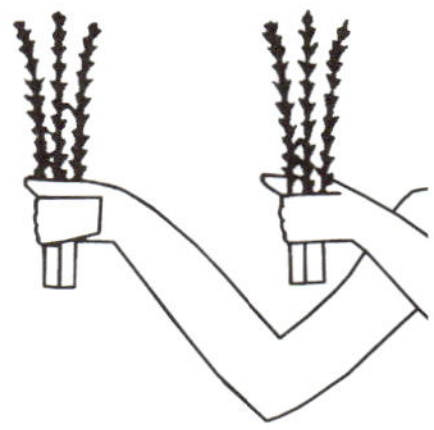

En Égypte, terre agricole par excellence, les céréales sont apparues vers 5000 av. J.-C. (orge et deux sortes de blé). Les rendements, exceptionnels, étaient comparables sous le règne de Ramsès III (vers 1150 av. J.-C.) à ce qu'ils sont encore aujourd'hui. Moissonné, le grain sec était séparé de l'épi, mesuré et enfermé dans des silos de terre. La paille servait à la confection des briques et au fourrage.

Les Égyptiens offraient la campagne au dieu (voir plus haut) ; la présentation de céréales, quant à elle, est fort rare.

Edfou

Le blé, l'orge et les terres cultivables sont pour toi, fais-en un tas jusqu'au ciel après avoir battu les grains ; je fais venir la déesse des moissons, je dégage le ciel grâce au bon vent du nord, je porte les récoltes à tes greniers en quantité infinie en tribut offert à ton besoin quotidien (*E.* VII, 242).

L'orge et le blé sont pour tes champs dans les terres d'Égypte, plus nombreux que le sable (*E.* V, 376).

Contre-don au roi

Fécondité

Je te donne de nombreux champs sans nombre, des terrains sans limites ; tes greniers sont remplis de nourritures (*E.* VII, 84).

Edfou

13. Moissonner l'orge *asekh it*

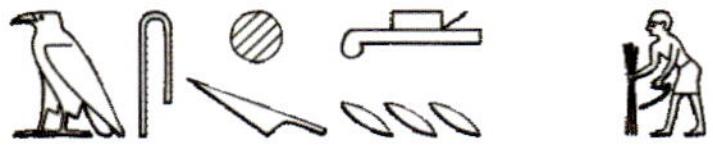

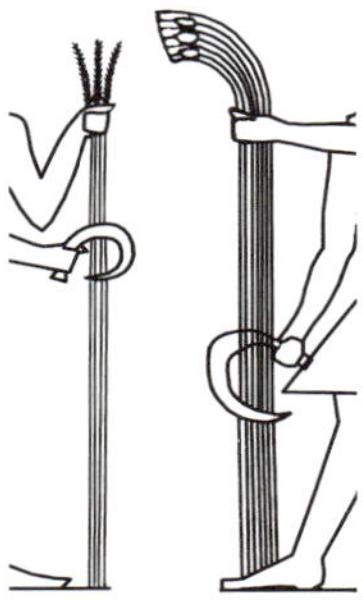

La *coupe de la gerbe d'orge* s'effectuait au début des récoltes des cultures d'hiver (normalement à la fin mars). Le geste, accompli par le roi, est représenté dans le temple de Medinet Habou (Ramsès III, vers 1150 av. J.-C.) ; le rite proprement dit n'est toutefois représenté qu'à l'époque gréco-romaine.

Les grains de la première gerbe étaient piétinés, ces prémices étant chargées de la faute des ennemis.

Je coupe pour toi les céréales, je les place sur ton chemin lors de la fête de Khonsou à la Nouvelle Lune, la fête dont le nom est « elle est ramenée » (*E.* VI, 281).

Tu foules le sol, tu piétines tes ennemis, tu te rends dans la tombe mystérieuse et cachée, tu déposes les offrandes aux grands dieux (*D.* IV, 69).

Le roi *écrase les céréales et les répand sur le sol de la tombe* (*D.* IV, 69).

Esna

Contre-don au roi

Fertilité et destruction des ennemis

Je fais que tu récoltes de belles récoltes, tous les habitants du pays t'implorent, ils vivent de toi (*Esna* VII, 41).

Je te donne les terres étrangères qui tombent sous la crainte que tu inspires, ceux qui transgressent ton territoire sont réduits à néant (*D.* XII, 234).

Karnak

14. Vase contenant des céréales

â djebatou em nebou

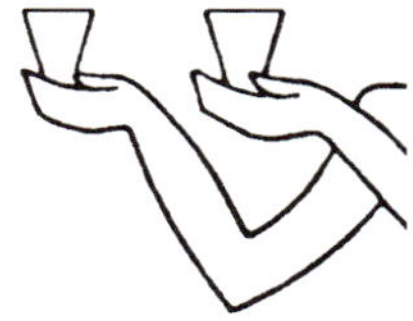

Le roi tient deux vases d'orge. L'offrande, unique, s'adresse à Isis de Coptos, *la sœur d'Osiris, la pleureuse, la première qui s'est jamais lamentée sur son mari, la Veuve qui se lamente sur la mort de son frère* (*E.* V, 195).

Prends le vase rempli d'orge ; ces graines de vie rassemblées,
tu les prépares pour Osiris dans les nomes de Haute Égypte et de Basse Égypte,
tu fais vivre son image dans Edfou chaque année, sans fin (*E.* V, 195).

Des simulacres d'Osiris fabriqués chaque année sont confectionnés en orge (*nebou*), laquelle, selon un procédé alchimique, se transforme en or (*nebou*) ; les graines de céréales ( ), quant à elles, deviennent les pépites de l'or (∘ ∘ ∘).

Isis de Coptos (ville située au nord de Louxor) est la bénéficiaire de ce rite, dont l'origine est ainsi indiquée.

15. Dattes

mâdja en bener

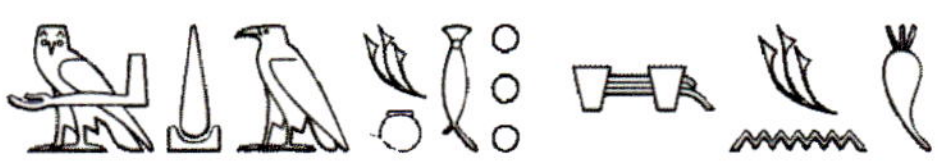

Le récipient en forme de naos surmonté d'un pyramidion (forme qui évoque l'antique *benben* d'Héliopolis) contient des dattes compressées. De valeur nutritive élevée et de longue conservation, ces fruits ont une vertu cicatrisante bien connue des Égyptiens.

Philæ

Les mots datte (*bener*) et phénix (*benou*) dérivent de la même racine *ben* qui exprime la force génésique de la création. Le phénix renaît de ses cendres ; le palmier royal s'autoféconde ; on comprend aisément que le fruit de celui-ci soit offert à Osiris, le dieu du perpétuel retour. Les dattes sont d'ailleurs des émanations du corps d'Osiris et permettent de transmuter

Dendara

le corps de ce dernier *en un travail secret et qui ne doit pas être révélé.*

Présenter le récipient de dattes : Prends les émanations provenant de Geb, les substances secrètes provenant de ton corps s'agglomèrent en te protégeant (*D.* II, 145).

Ces graines de vie dont tu vis chaque année sont les émanations de Geb, amalgamées par ta sœur Isis dont c'est la mission, afin de réunir ton corps (*D.* XII, 279).

Contre-don au roi

Fécondité et renaissance

Je fertilise les branches de tous les arbres et j'approvisionne les sanctuaires (*E.* IV, 291).

Je rajeunis ton corps chaque jour, tu redeviens jeune chaque année (*D.* II, 145).

16. Figues

dab

Les figues sont offertes seules ou avec d'autres présents, la bière, le vin ou le miel. Elles sont assimilées à la poitrine d'Horus.

Les figues sont pour ton ka, les seins d'Horus sont devant toi, tu apprécies leur goût (*E.* VII, 103).

Karnak

Prends les figues pour faire vivre ton corps, la bière pour réjouir ton cœur (*Philæ* I, 207).

Prends les figues et l'œil d'Horus blanc (le miel), ainsi que l'œil d'Horus vert (le vin) ; tu t'en nourris, tu t'en abreuves, heureux est ton cœur, tu sors triomphant de ton procès, les ennemis sont massacrés (*E.* VII, 169).

Lors d'une grande fête en l'honneur de Thot, le roi offrait à ce dieu, garant de la vérité et de la justice, une corbeille de figues et du miel en disant : *Douce est la vérité.*

Contre-don au roi

Fécondité et royauté

Je te donne la victoire à Memphis et Héliopolis auprès du tribunal divin (*E.* VII, 170). *Je te donne les champs croulant sous leurs productions et apportant tous les fruits doux* (*E.* VII, 103).

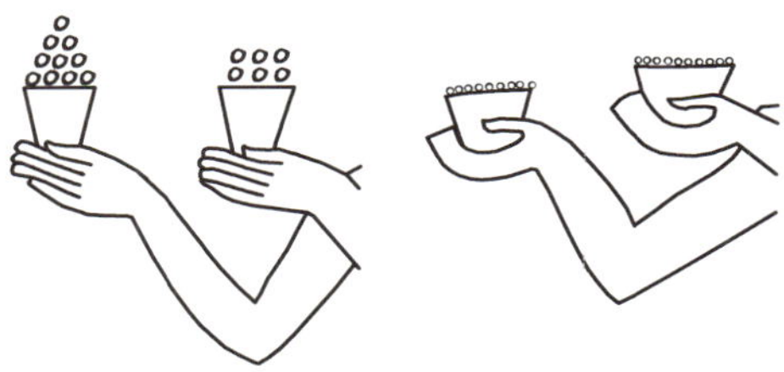

Edfou

Philæ

17. Miel *bit*

Le miel fut recueilli dès les plus hautes époques. La plus ancienne représentation provient d'un temple solaire près de Saqqarah (Ve dynastie, vers 2300 av. J.-C.), la plus célèbre de la tombe de Pabasa située non loin du temple de Deir el-Bahari (XXVIe dynastie, vers 650 av. J.-C.) ; les ruches sont des poteries allongées. Le miel est une sécrétion de l'œil de Rê.

Le dieu Rê pleura et les sécrétions de son œil tombèrent sur le sol et se changèrent en abeille ; quand l'abeille eut été créée, son activité s'exerça sur les fleurs, ainsi furent créés la cire et le miel (papyrus Salt 825).

Ce qui pousse sur la terre, l'abeille l'utilise pour en fabriquer du miel (*ME*, 164).

Après l'ouverture du naos et les adorations, le prêtre présentait *un parfum de fête à base de miel.*

Cet antique rituel fut fixé dans le nome thébain, patrie d'Amon. Le miel est offert à Amon dans le temple d'Edfou.

Donner le miel pour transfigurer l'œil. Le roi soigne l'œil avec ce qui sort de lui (*E.* I, 495).

Le miel était utilisé tant pour la pâtisserie que pour la fabrication de la bière et dans la pharmacopée. À l'état sauvage, il était collecté dans le désert, en même temps que différentes résines, tel l'encens.

Min de Coptos, gardien des routes caravanières, est le principal bénéficiaire de cette offrande ; les aspects fécondateurs du dieu, par ailleurs, sont mis en valeur à cette occasion.

Offrir le vase contenant le miel secret qui fait copuler le phallus du taureau (*E.* III, 258).

Philæ

Contre-don au roi

Descendance nombreuse, victoire, royauté

Je te donne ton phallus qui multiplie ta maisonnée (*E.* III, 258).
Je te donne une voix tranchante contre tes ennemis (*D.* IX, 260).
Je te donne l'œil de Rê uni à l'œil d'Horus, ils prennent place sur ta tête (*E.* II, 97).

18. OIGNONS

hedjou

Trois scènes à Karnak montrent l'offrande de l'oignon. Des textes très postérieurs désignent Sokar-Osiris comme le bénéficiaire : à l'aube (*hedj-ta*) – quand la terre (*ta*) blanchit (*hedj*) –, les oignons (*hedjou*) de couleur blanche (*hedj*) sortent vers la lumière (*hedj*), gage de renaissance pour Sokar qui passait de la léthargie à l'état de faucon volant dans le ciel.

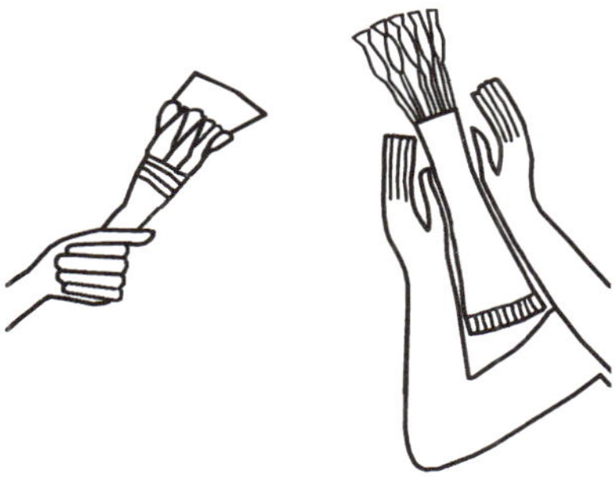

Karnak

ÉTOFFES, ONGUENTS ET PIERRES FINES

Étoffes, onguents et pierres fines

APRÈS avoir accompli les purifications et les nourritures, le roi procède à la toilette des dieux ; il est alors *l'explorateur, le parfumeur* qui prépare les onguents dans le laboratoire du temple, digne héritier de Min, le protecteur des expéditions, et de Chesemou le parfumeur. Hedjhotep et Tayt, quant à eux, garantissent la qualité des étoffes présentées aux divinités.

1. ÉTOFFES ASSOCIÉES À L'ONGUENT

menekhet

medjet

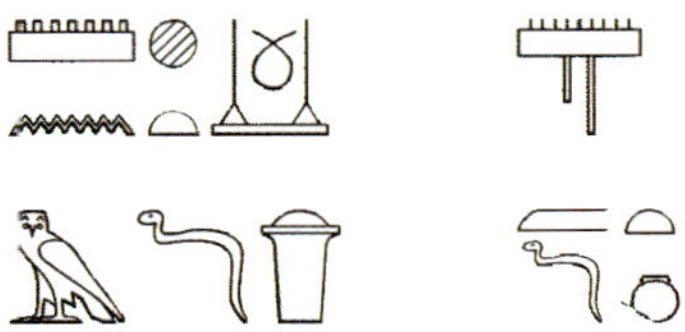

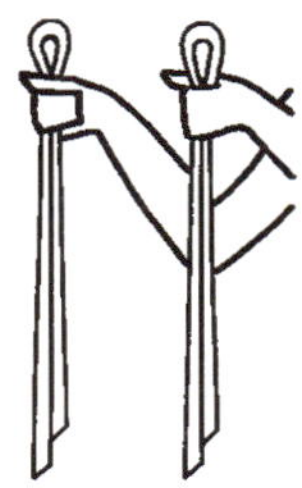

Le premier jour de l'année, on célèbre dans tous les temples *la fête de Rê et fête des étoffes* ; celles-ci *touchent le corps divin et rendent secrète l'image divine.* Les vêtements donnent un aspect charnel au corps divin et permettent d'appréhender au moins l'apparence de la divinité, même si son essence reste invisible au profane.

Abydos

Karnak

Je vêts ton corps, tu marches sur le sol en toute intégrité (*Esna* II, 48).

 *merehet, menekhet*

Les étoffes et les onguents sont souvent présentés conjointement.

Les étoffes rituelles, conservées dans les coffres, étaient de quatre couleurs. L'étoffe blanche (*hedjet*) illumine (*hedj*) le visage de la déesse, la verte (*ouadjet*) avive (*ouadj*) son teint, la violette (*irtyou*) colore (*ioun*) les chairs, la rouge (*idemi*) s'ajuste (*demi*) sur le corps.

Les tissus étaient tissés à l'extérieur de l'enceinte sacrée des temples, puis teints à l'intérieur de celle-ci. Ainsi, à Dendara, on a retrouvé les cuves de teinture dans l'édifice en briques (le tinctorium, appelé à tort sanatorium) situé devant le temple d'Hathor.

L'étoffe violette teinte avec du genévrier frais, l'étoffe verte teinte avec l'écume du bain rouge, l'étoffe rouge teinte avec la résine végétale du liquidambar, de la myrrhe sèche et du vin. L'étoffe bleu lapis-lazuli est teinte avec la plante-isatis et agitée dans l'eau du fleuve ; le roi a observé le procédé rituel, conformément à ce qu'ont dit les ancêtres, jusqu'à ce que l'étoffe fût de la couleur des fleurs de lin (*D.* IV, 109).

La déesse ne doit pas être *engoncée*, *l'étoffe s'ajuste sur les chairs divines* pour mettre en valeur *la silhouette juvénile et attrayante, on ne se rassasie pas de la voir* (*D.* IV, 256).

Le roi-prêtre est *l'habilleur qui ne révèle pas ce qu'il a vu*, c'est-à-dire le corps divin.

Philæ

Abydos

Offrir les étoffes : Prends l'étoffe lumineuse, elle apprête ta statue, tu sors en procession en tête de ton escorte, ton père se réjouit de te voir (*D.* III, 147).
Je t'apporte la meilleure étoffe afin de rendre éclatant ton corps et l'étoffe divine afin de sublimer ton corps (*D.* I, 113).

Contre-don au roi

Production des tissus, victoire et destruction des ennemis

Je multiplie les terres productrices de lin, les tisserands t'apportant leur production (*E.* V, 248).
Je te donne ce vêtement d'Horus, tu es victorieux contre tes ennemis (*D.* II, 102).
Je place ta crainte dans ton armée comme Horus quand il sort de son sanctuaire (*D.* IV, 23).

2. Peau de cuir

menekhet, menpeh

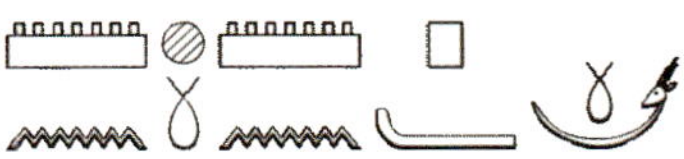

Les peaux de cuir étaient utilisées pour la fabrication des vêtements, des paires de sandales et même des sièges ; par métaphore, cette peau devient celle des ennemis.

Prends le vêtement de peau, c'est le corps des ennemis (*D.* IV, 125).

La barque de Sokar était confectionnée avec de la peau d'oryx, probablement enduite d'huile pour l'assouplir et la rendre imperméable. Le roi tire la barque d'une main et de l'autre porte un vase à onguent ; il offre le tout à Sokar. Il est *le parfumeur, qui pare le dieu avec l'étoffe* (*Esna* VII, 72).

Karnak

3. ÉTOFFE «HORIZON DU LOTUS» *akhet net sechen*

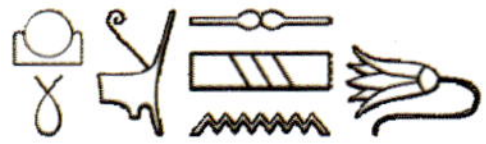

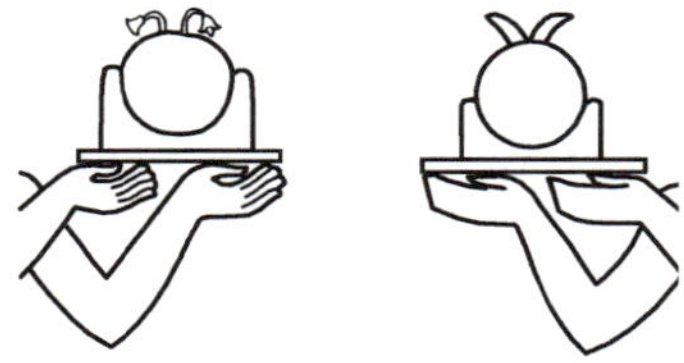

L'étoffe « horizon » était jaune, à l'instar du soleil qui surgit de l'horizon. Cette parure est réservée à Hathor, et à Dendara uniquement. L'horizon est la résidence des dieux, il est remis par Rê à sa fille.

Je te donne ton horizon installé sur terre comme celui de l'origine dans le ciel, tu es installée dans Horizon-de-l'éternité (= Dendara) *comme dans celui que je t'ai donné dans le ciel* (*D.* IX, 69).

Les Égyptiens imprégnaient d'autre part les étoffes d'essences parfumées, conjuguant les plaisirs de la vue et de l'odorat. Quant à la déesse, elle est *la maîtresse de lumière qui repousse les ténèbres* (*D.* III, 160).

Cette étoffe « horizon » imprégnée d'huile de lotus, je l'ai trempée dans la liqueur divine (*D.* IV, 124).

La couleur de l'or est pour ton corps, tu apparais, étant parée, les dieux te voient, la crainte que tu inspires est grande dans leurs cœurs (*D.* III, 160).

Contre-don au roi

Fertilité

Je te donne les pièces d'eau couvertes de feuilles de lotus et les orées des marécages couvertes de fleurs de lotus (*D.* II, 225).

4. ÉTOFFE DU BÂTON SACRÉ *ârek en medou*

Cette bandelette, enroulée autour du bâton sacré (un pieu ancien sur lequel est fiché la tête divine), était conservée dans les cryptes des temples ; au bout d'une année, elle était placée sur la statue divine après avoir été ointe d'une huile odoriférante.

5. Lange de la naissance

noud

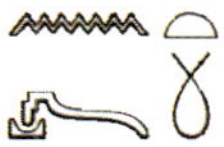

Le lange est présenté aux mères divines pour leur enfant, Ihy ou Harsiesis. Les tableaux sont portés dans les maternités, ou « mammisis », selon le terme égyptologique – situées dans l'enceinte sacrée.

Ce lange étincelant placé sur l'enfant dans la maternité est imbibé d'une essence de lotus, ton corps se réjouit de sa fragrance (*ME*, 25).

Edfou

Il est apporté à *Hathor la mère qui crée les mères, la mère divine du premier des enfants* (*ME*, 25).

Prends le lange imbibé d'huile de lotus, que l'on appelle œil-de-Rê ; il te protège, il s'applique sur tes chairs, il préserve ton corps, tu es lumineux comme Rê (*E.* V, 284).

À sa naissance, Isis fut aussi couverte de ce lange.

Offrir l'onguent et les étoffes à Isis, le maillot de la nourrice pour voiler son corps (*T.Isis*, 93).

Contre-don au roi

Prestige d'ordre quasi divin

Je place la crainte que tu inspires dans le cœur des hommes, ton amour auprès des gens (*E.* V, 284).

Opet

6. Étoffe du Nouvel An, bandeau pour Isis

seched en chesep
renpet nefret

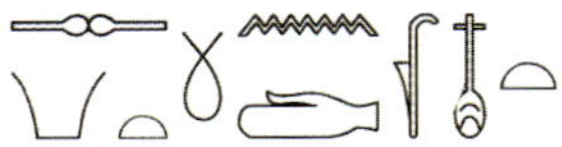

Isis, *reine* dans l'univers divin, reçoit une étoffe sur laquelle sont brodés les mots suivants : *Année heureuse, année de joie, année de santé, année éternelle, année infinie.* Ce lange de naissance devient le gage de sa royauté lorsque l'uræus s'enroule autour de lui à l'occasion du couronnement. Le rituel d'offrande se déroulait lors de l'anniversaire de la déesse, et aussi le premier jour de l'année, au Nouvel An.

Présenter le bandeau de toile, gage de réception de l'Année heureuse.

Le roi *ouvre les mois des années, comme le jour et ses heures* (*D.* XV, 55).

Isis est *la maîtresse des années*, elle est *la Belle Année en tous ses noms.*

Contre-don au roi

Éternité

Je te donne les années de Rê dans le ciel, une infinité de fêtes jubilaires (*D.* XV, 281).

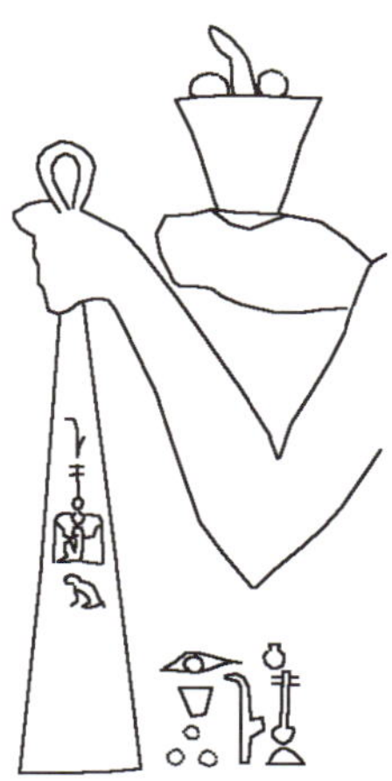

Dendara

7. Le rituel funéraire

Pour Osiris, roi bon et juste, puis trahi et tué par son frère, les dieux inventèrent le rituel d'embaumement. À l'aube de l'histoire de l'Égypte, avant les pyramides, le mort était plongé dans le natron et les bandelettes imprégnées de résine bitumineuse ; on en entourait les membres de manière à ce que les os fussent rassemblés. La véritable momification ne fut mise au point qu'au Nouvel Empire : on retirait les viscères qui étaient placés dans quatre urnes, puis, la cavité stomacale étant lavée, le corps restait plongé dans un bain de natron pendant soixante-dix jours ; il était enfin entouré de bandelettes aromatisées et imprégnées de gomme arabique.

L'onguent utilisé pour la momification d'Osiris est remis dans deux récipients évasés.

> *L'onguent oint tes chairs, le produit d'éternité maintient jeunes tes os, la résine enveloppe tes linges de momification afin de conserver en parfait état ton corps pour l'éternité* (*E.* II, 212).

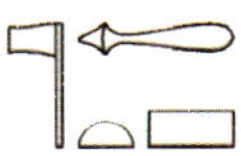 [*âat-neter*]

La « matière divine », ou bitume, protégeait le corps de la destruction. Elle est destinée *au corps de Min-Amon et à toutes les statues de bois ou de pierre ; c'est un procédé secret que nul ne peut voir ni entendre, c'est le secret de tous les secrets, il est transmis du vieil homme à son enfant* (*E.* II, 214).

> *La matière divine garde en parfait état tes chairs, le linceul stérile garde sain ton corps, ton cadavre demeure grâce à eux, ils conservent jeunes tes chairs* (*B.Philæ*, 102).

Le récitatif descriptif est fondé sur l'allitération entre le nom de l'huile et le verbe : *Tu es animé* (ba) *avec l'huile-*iber, *ton corps est assaini* (bak) *avec l'huile-*bak, *tu es purifié* (tour) *par l'huile-*touaou (*E.* IV, 114).

La momie d'Osiris, ointe d'onguents, est ensuite parée d'amulettes et recouverte de *l'étoffe immaculée.*

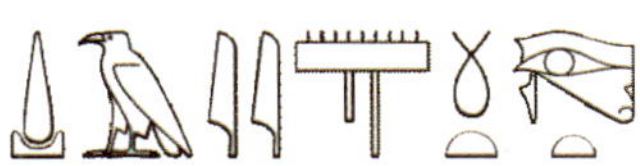 [*djayt oudjat*]

Le roi, pendant l'action, s'identifie à Anubis, le chef embaumeur ; il *fait vivre les cadavres et rajeunit les os* (*Chelouit* III, 127) ; il confie au dieu le matériel nécessaire.

Prends les ustensiles de ton travail en ton nom d'Anubis, loué de ton père pour ce que tu fais ; tu embaumes aussi ceux qui te servent bien (*E.* V, 185).
Quatre Anubis rassemblent les chairs d'Osiris et embaument son corps afin que le dieu ressemble à son apparence véritable ; ils éloignent l'ennemi et veillent sur le dieu pendant la nuit ; *ils embaument et rassemblent les chairs avec les étoffes et les onguents* (*E.* I, 188).

Contre-don au roi

Royauté

Nous te donnons notre place, notre régence, notre trône, notre propriété dans ce pays (*E.* IV, 123).

8. Onguents et huiles

medjet, merehet

Dans de nombreuses scènes, le roi tient un haut vase à onguents. Ce faisant, il a parfois le petit doigt pourvu d'un doigtier en argent et enduit le front de la statue. L'œil-*oudjat*, placé sur ce doigt, symbolise *l'œil d'Horus*, nom de l'onguent.

Faire l'application de cet onguent au moyen de deux doigts ; un doigtier d'argent couvre le petit doigt (*E.* II, 227).

Dans l'univers divin, Chesemou est le laborantin, Thot le contrôleur qui *raffine l'onguent.*

Abydos

Horus *maître du laboratoire cuit l'huile pour les dieux et les déesses, oint la cour divine avec les émanations de leurs propres corps* (*D.* IX, 158).

Hathor tire d'elle-même deux émanations divines qui aident le dieu.

> *la Dame d'apparat et l'Or des dieux, la souveraine de Pount et maîtresse de l'encens, la souveraine des femmes et maîtresse de la myrrhe* (*D.* IX, 136).

Les recettes des onguents sont gravées dans les laboratoires des temples.

> *Prends le vase rempli de myrrhe, doux est l'onguent vénérable du laboratoire, l'huile est pour les chairs* (*E.* V, 174).
>
> *Prends l'onguent qui met en valeur ta peau, l'écoulement divin issu du dieu, préparé par Chesemou de ses propres doigts dans le laboratoire et en état de pureté absolue, il rend sain ton corps, il s'imprègne dans tes os, son parfum est suave pour ton corps* (*D.* II, 20).
>
> *Préparer l'onguent : l'huile sublime la peau, c'est l'exsudation sortie du dieu, préparée par Chesemou, raffinée par le Parfumeur, sa fragrance imprègne le corps* (*T.Isis*, 318).
>
> *L'huile* (setiheb) *est pour ta statue* (senen), *pour satisfaire* (sehetep) *ton cœur, son parfum* (setchi) *se diffuse* (sensen) *dans ta chapelle* (setyt).

Le résultat de cette déclaration allitérative est heureux.

> *Le parfum d'Hathor est suave, sa fragrance embaume dans son reliquaire* (*D.* III, 83).

Abydos

Louxor

Karnak

Selon l'ambivalence propre à la pensée égyptienne, l'huile peut jouer un rôle destructeur.

L'huile est jetée à dessein dans les yeux de tes ennemis, ils te voient avec souffrance (*E.* II, 43).

Contre-don au roi

Approvisionnement en parfums, destruction des ennemis

Je te donne les arbustes du Pays-du-dieu, leurs productions sont pour tes entrepôts (*E.* VII, 76).

Je te donne le laboratoire remarquable comme il convient (*D.* IX, 151).

Je fais que la terreur s'installe dans les yeux de tes ennemis et que tout mal soit suscité dans leurs cœurs (*E.* I, 172).

9. Myrrhe

ântyou

La myrrhe est placée dans des vases ou dans un brûle-parfum en forme de sphinx à tête humaine, ou à tête de faucon – pour Horus d'Edfou –, à tête de bélier pour Amon de Karnak. Elle vient du Yemen, de Somalie ou d'Éthiopie.

Chesemou, à tête de lion, présente *le vase rempli d'essence aromatique sur les mains du lion seigneur de Pount, les essences provenant elles-mêmes de l'arbre à myrrhe* (*D.* VI, 24).

La myrrhe est placée dans une coupelle que tient le lion, Chesemou l'a raffinée lui-même (*E.* VII, 196).

Min patronne les expéditions lointaines, le roi est *comme Min le chasseur de Pount, dont les bras sont efficients ; il ressemble à Chesemou* (*D.* III, 158).

Le mot « myrrhe », générique, désigne plusieurs plantes, ainsi le galbanum *dont la couleur est celle de l'or et le grain comparable à celui d'un œuf d'hirondelle* (*E.* II, 205).

Edfou

Quant au styrax, c'est un bois noir dont le parfum est doux, son extrémité est noire, sa partie médiane brune et sa base blanche (*E.* II, 207).

La myrrhe parfume la demeure divine, la chevelure de la déesse et l'étoffe dont celle-ci est revêtue.

Je place la myrrhe sur la flamme, ta chapelle est imprégnée de son parfum (*D.* I, 148).

La myrrhe est pour ta chevelure, l'huile aromatique est pour tes tresses (*D.* II, 159).

L'étoffe est pour elle, imprégnée d'essences aromatiques, le vase de myrrhe est pour son corps, les boucles de sa chevelure sont enduites du parfum de Pount, la senteur de sa tête provient du laboratoire, le parfum imprègne son chemin de myrrhe, les narines inspirent son odeur (*D.* II, 200).

Contre-don au roi

Parfums et essences précieuses

Je te donne Pount et ce qui est en lui, c'est-à-dire les épices (*D.* II, 218).

Je te donne toutes les productions d'Outenet en sa totalité, pour adoucir le cœur de ta majesté (*D.* IV, 12).

Je te donne les habitants du pays des aromates te livrant leurs productions, leurs tributs amassés sur leurs têtes (*D.* V, 72).

10. Sautoir en or pour des essences de lotus *rerem en nebou*

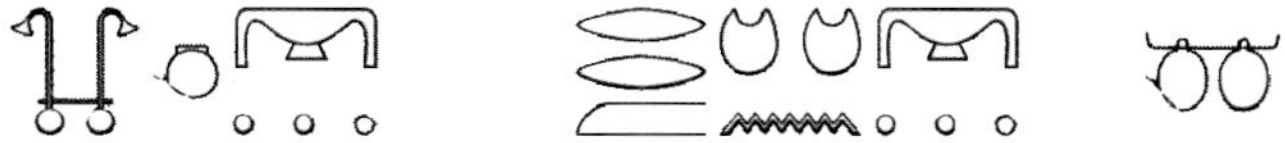

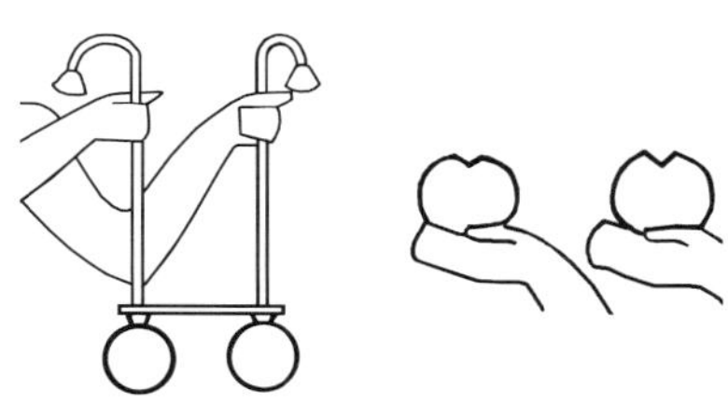

Dans deux boules en or, reliées par une tige ou posées sur les mains, était conservée l'essence de myrrhe et de lotus qui imprégnait les étoffes.

J'apporte le sautoir à parfum façonné en or par Ptah, l'huile douce de myrrhe sèche de première qualité, l'huile de lotus est pour ta chevelure, tu te manifestes grâce à elle, tu es divine grâce à elle plus que les dieux (*D.* IV, 70).

Contre-don au roi

Parfums

Je te donne le laboratoire et ce qu'il contient (*D.* III, 151).

11. Fards pour les yeux

ouadj, mesdemet

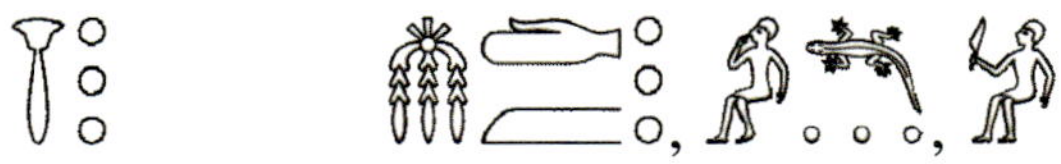

Certains fards complètent la beauté de la déesse, d'autres ont une vertu thérapeutique ; l'un à base de cuivre (chrysocolle) prévient les ophtalmies, l'autre (galène) protège des inflammations.

Philæ

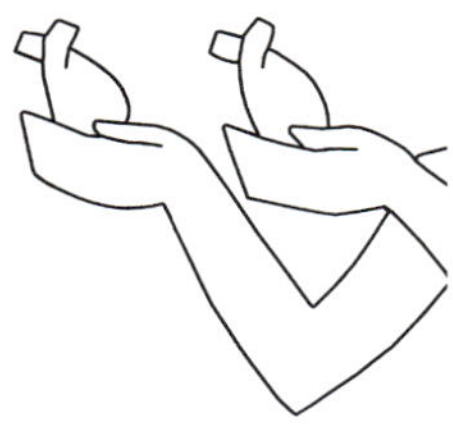

Dendara

De rares qu'elles étaient au Nouvel Empire, les offrandes de fards deviennent courantes à l'époque gréco-romaine. Ces substances provenaient de la côte orientale (mer Rouge et Sinaï) et Min, l'explorateur divin qui se charge de les procurer, est *le chercheur de trésor de Pount* (*E.* II, 85).

Le roi, quant à lui, devient *le fils du Chercheur de trésor qui sillonne les collines* (*D.* V, 79).

Kom Ombo

Contre-don au roi

Régions productrices, puissance sur les ennemis

Je te donne les montagnes qui produisent pour toi leurs pierres en pures merveilles (*E.* III, 273).
Je place ton amour resplendissant dans le visage des vivants, alors que tes ennemis sont rendus aveugles (*E.* III, 144 ; *D.* IX, 195 ; *D.* XIV, 133).

12. Pierres fines : lapis-lazuli, cornaline, turquoise

khesbedj, hereset, mefkat

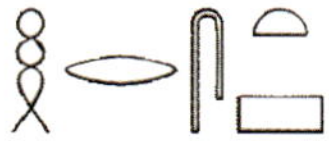
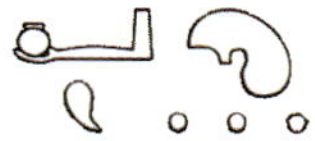

Les pierres fines servaient à la fois à la parure et à la purification – d'ordre alchimique – de la divinité.

Présenter les vases d'or et les vases d'argent contenant toutes les pierres fines véritables : Prends la matière divine, tu en es purifiée, pure, purifiée, rajeunie, ta purification est faite par Rê, il purifie ta place comme le temple (*D.* IV, 250).

Contre-don au roi

Pierres fines

Je te donne les carrières et ce qu'elles contiennent, les collines produisant ce qui est en elles (*D.* IV, 152).

13. Sacs [*âref*] d'or [*nebou*], d'argent [*hedj*] et de pierres fines [*âat*]

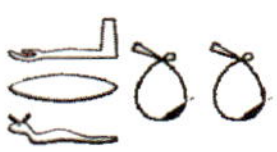

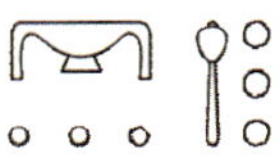
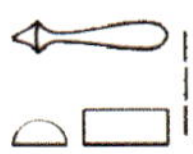

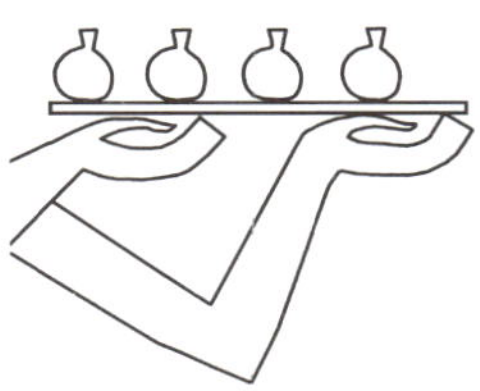

L'offrande des matières précieuses est destinée à remercier le dieu qui a donné la victoire au roi. Le grand conquérant, Thoutmosis III, fait représenter dans son trésor de Karnak les sacs de cuir qui contiennent les pépites précieuses. Au Ramesseum, Sekhmet reçoit cinq sacs d'or, témoins des expéditions de Ramsès II à la conquête des trésors de Nubie. Ramsès III, qui s'est inspiré pour son temple (Medinet Habou) de celui de Ramsès II, a copié la scène, en la modifiant légèrement (Nekhbet reçoit quatre sacs d'or).

Medinet Habou

PARURES : COURONNES

Parures : couronnes

Les couronnes sont confectionnées par Ptah dans « le temple-de-l'or », l'antique atelier de Memphis. Le roi est tout naturellement le fils de Ptah, un artisan et un orfèvre *dont les mains sont habiles.* Maître des lieux *qui recèlent les pierres secrètes,* il contrôle les carrières qu'il va prospecter lui-même.

Dans les temples du Nouvel Empire, on ne présente pas de couronnes aux dieux. À Edfou en revanche, à l'époque gréco-romaine, on dénombre une cinquantaine de tableaux de l'offrande. Ces couronnes sont alors multiples.

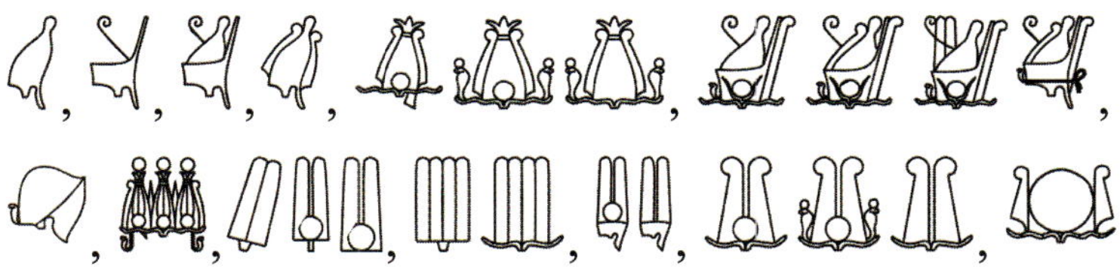

Les couronnes de fête [*hepet*] sont propres à chacun des dieux. Différentes de la couronne usuelle, elles ne sont remises à ceux-ci qu'à l'occasion des grandes processions.

1. Couronnes de Haute Égypte et de Basse Égypte

hedjet
net

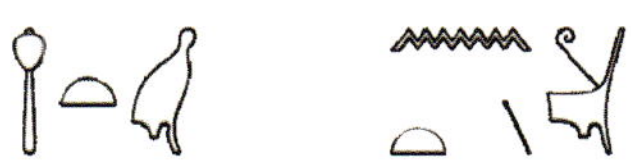

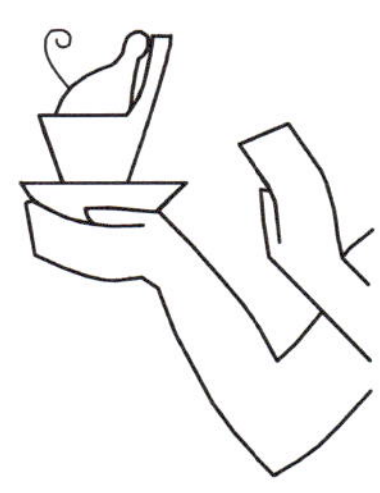

La couronne blanche, qui affecte un peu la forme d'un bonnet phrygien, symbolise la Haute Égypte, c'est-à-dire la vallée du Nil ; elle se place dans la couronne rouge, emblème du Delta, pour constituer le pschent (*pasekhemty* = les deux couronnes).

Kom Ombo

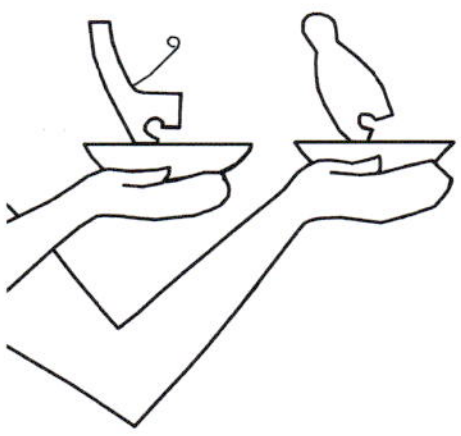

Esna

Par l'offrande des deux couronnes – ou des deux plantes héraldiques, le lotus et le papyrus –, le roi garantit l'union des deux moitiés du pays. Le bénéficiaire est Montou – gardien de la fonction royale, ainsi que les dieux héritiers (Horus, Harsomtous, Ihy) susceptibles de les lui remettre à son tour. Les déesses, en tant que reines, reçoivent également ces parures.

Prends la couronne blanche réunie à la couronne rouge, tu coiffes ta tête de la double couronne, tu les mets sur ta tête, tu es leur maître (*E.* III, 232).

Prends la couronne blanche, tu saisis la couronne rouge, tu reçois les deux réunies ensemble, tu empoignes la couronne blanche, tu ceins la couronne rouge, ce sont les grandes couronnes de Rê (*D.* III, 89).

Harsomtous – ou tel autre héritier – répond :

Bienvenue, maître de la Haute et de la Basse Égypte, maître unique, maître des Rives d'Horus ; je reçois tes deux moitiés du pays, je te les donne en esclavage, l'Égypte est en paix dans ton sillage, l'étendue du pays est en prosternation à la porte de ton sanctuaire, s'inclinant devant ta puissance (*E.* IV, 154).

Prends le Sud, régente et maîtresse du pays méridional ; tu saisis le Nord, souveraine et maîtresse de l'Égypte (*D.* XII, 220).

Contre-don au roi

Réunion des deux moitiés du pays

Je te donne la royauté de Haute et de Basse Égypte dans le Sud et dans le Nord, le vautour et le cobra se réunissent sur ta tête (*E.* II, 81).

Je te donne le Sud en adoration devant ta couronne blanche, le Nord en vénération devant ta couronne rouge (*E.* VIII, 103).

2. Couronne d'Horus *hepet Hor*

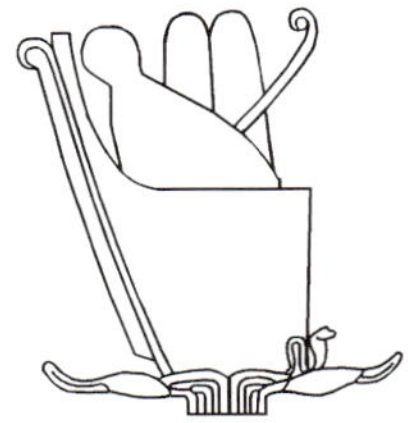

La grande plume recourbée, placée derrière la couronne, est celle de Maât, elle donne la victoire au dieu et accroît son prestige ; les cornes sous le pschent proclament la puissance du taureau dans le combat.

Prends la couronne blanche, tu fixes la couronne rouge, tes plumes touchent le ciel, les cornes étendues s'y trouvent, la plume de vautour est derrière la couronne rouge (*D.* II, 85).

La couronne blanche se réunit à la couronne rouge, tes yeux réunis sont les plumes sur ta tête, la plume de vautour te donne la victoire (*E.* VII, 134).

Le dieu la place sur sa tête et régit alors l'entourage divin. Il porte cette offrande tout au long du parcours du couronnement et la redonne au roi par le procédé subtil du contre-don.

Edfou

Contre-don au roi

Royauté

> *J'installe durablement les uræus vautour et serpent sur ta tête, avec les couronnes de la majesté d'Horakhty* (*E.* VII, 145).
> *Je te donne le cobra apparaissant sur ton front, il protège ton corps avec le vautour vénérable* (*E.* IV, 134).

3. Couronne à deux et quatre plumes d'Horus *hepet chouty*

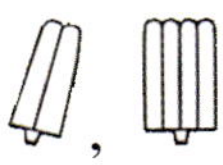

Quand il porte la couronne à quatre plumes, Horus, *le gardien du trône et chef du grand-sanctuaire*, est le premier des dieux. Il est le successeur d'Osiris, celui que l'on appelle *le Grand-Victorieux.*

> *Cet œil est fixé sur ta tête, Grand-Victorieux, tu es victorieux, tu gouvernes ce pays, tu es le fils d'Osiris* (*E.* IV, 89).
> *Tu sors victorieux de ton procès, ta voix fut prépondérante, le Mauvais, sa voix fut rejetée* (*E.* IV, 245).

Contre-don au roi

Transmission de la royauté

Je reçois la couronne à plumes, je la place sur ta tête, tu es couronné comme Rê (*E.* IV, 89).

Je saisis la couronne, je la remets sur ta tête, je l'installe au milieu de ton front (*E.* IV, 246).

4. Couronne de puissance *hemhem*

Coiffé de cette couronne, Horus *met dans les liens* celui qui attaquerait son père Osiris.

Cette couronne pourvue de tous ses éléments est façonnée par le Créateur de ses mains, il lui donne l'aspect solennel, Ptah, il ouvre ta bouche pour la relier à ta tête afin d'augmenter l'effroi que tu inspires, de telle sorte que tu illumines le pays comme Celui de l'horizon (*E.* IV, 87).

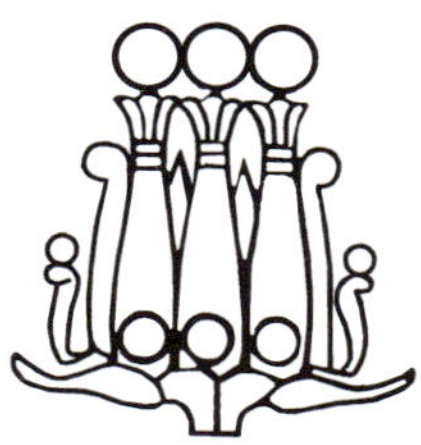

Edfou

Contre-don au roi

Transmission de la royauté

Je reçois la couronne, je la replace sur ta tête afin d'installer la terreur dans tes ennemis (*E.* IV, 87).

5. Couronne à deux plumes d'Harsomtous *hepet chouty*

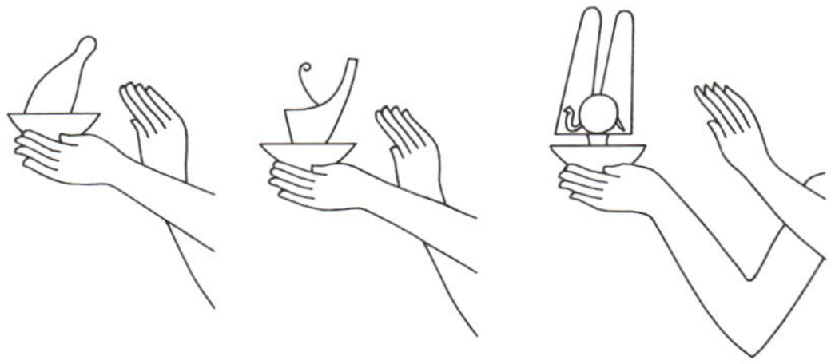

Sur une des colonnes de la salle hypostyle de Dendara, Harsomtous reçoit les deux couronnes (blanche et rouge) et sa couronne de fête, *composée de deux plumes renfermant le disque solaire* (*D.* II, 76). Celles-ci représentent l'œil droit et l'œil gauche du dieu faucon assimilé à Rê. Alors le dieu *resplendit grâce au disque solaire placé entre les deux plumes* (*D.* II, 181).

Prends la couronne à deux plumes, tu la places sur ta tête, tes plumes sont hautes ; elles touchent le ciel et éclairent ce pays (*D.* XIV, 78).

Tu la places sur ta tête, les plumes forment une couronne de fête, ce sont tes yeux qui sont rassemblés ; tes plumes, elles touchent le ciel, ton disque illumine ce pays (*D.* II, 181).

Prends la couronne à deux plumes, tu la places sur ta tête, tu coiffes la couronne de Rê et tu resplendis, tu massacres tes ennemis et l'ennéade vient à toi en adoration (*D.* IX, 100).

Contre-don au roi

Royauté

Je te donne d'apparaître sur le trône d'Horus, tes années seront celles de l'éternité (*D.* XIV, 79).

6. Couronne de Ptah-Osiris et de Khnoum *hepet tenen*

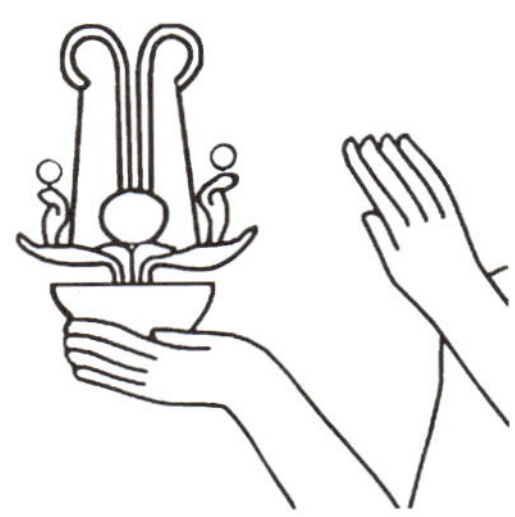

Offerte à Khnoum d'Esna, cette couronne octroie la force du dieu memphite Ptah, *père des dieux, roi des rois, modeleur des modeleurs, qui donne les ordres à ses enfants* (*Esna* VI, 108).

Contre-don au roi

Royauté

Je te donne les fêtes jubilaires de Ptah sur le trône d'Horus (*Esna* VI, 108).

7. COURONNE LUNAIRE DE KHONSOU *hepet Khonsou*

Ce disque lunaire posé sur une corbeille exalte les composantes astrales de la royauté divine : *Tu éclaires le pays la nuit, tu es la Lune qui éclaire les terres et les rives* (*E.* V, 235).

Contre-don au roi

Royauté, rajeunissement cyclique

Je fais que tu resplendisses comme le Maître du ciel, étant installé sur ton trône dans le palais royal (*E.* V, 235).
Je fais que tu renouvelles de jeunesse, comme la Lune au début du mois (*E.* I, 255).

8. COURONNE À QUATRE PLUMES D'ONOURIS-CHOU *hepet Inheret-Chou*

Les quatre plumes, assimilées aux quatre vents, sont l'apanage d'Onouris-Chou, dieu de l'air.

Edfou

Prends les quatre plumes divines pour Ta Majesté, ton prestige est grand grâce à elles ; ces quatre vents, je les présente devant toi (*E.* V, 192).

Contre-don au roi

Royauté

Je te donne les quatre directions du pays en entier, tous les hommes te sont fidèles (*E.* V, 192).

9. Couronne d'Amon

hepet Imen

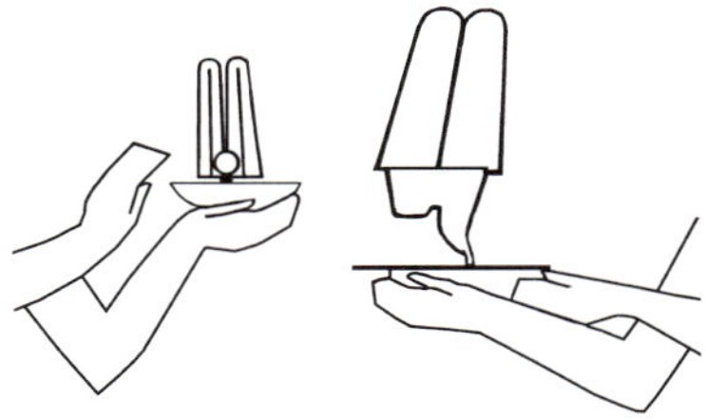

Il n'est que fort peu d'exemples de l'offrande de cette couronne caractéristique du *Roi des dieux*. Amon, après l'avoir reçue, la remet à Horus lors du couronnement de celui-ci.

Les deux plumes sont assimilées aux yeux du dieu qui, ayant triomphé de Seth lors de son procès, incarne la légitimité.

> *Éveille-toi en paix avec les yeux d'Horus, tu reçois la victoire avec tes yeux* (*E.* II, 295).
>
> *Je prends les deux plumes, je saisis le mortier, je l'installe sur ta tête, j'illumine le pays par les rayons du disque solaire, je repousse ainsi l'obscurité. Tes deux plumes, elles touchent le ciel, tu crées la vie pour les vivants* (*Opet*, 260).

Karnak

Ces plumes qui touchent le ciel dépassent de fait, sur les tableaux, la ligne du ciel.

Contre-don au roi

Royauté

> *Je te donne les belles couronnes comme celles que porte Rê, tandis que tu es installé sur le trône* (*E.* VII, 110).

10. Coiffe-*nemes* et couronne-*atef*

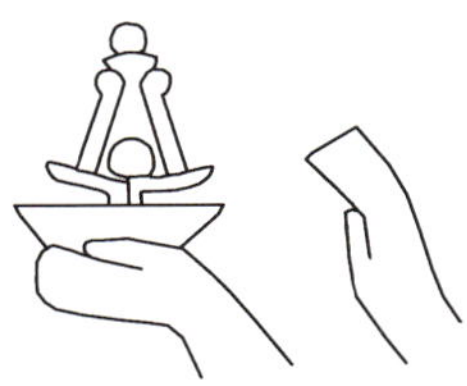

L'étoffe-*nemes* sert à confectionner une coiffe empesée qui reçoit la couronne-*atef*. Les deux éléments sont propres à Hérichef, dieu à tête de bélier originaire d'Hérakléopolis en Moyenne Égypte. À la fin de l'Ancien

Karnak

Empire, cette ville eut un temps rang de capitale royale. Elle conserva par la suite un grand prestige.

*Offrir l'étoffe-*nemes *d'Hérichef, bélier dont le prestige est grand, achever le rituel de creuser le sol* (*D.* IX, 196).

Reçois la grande couronne de Rê, symbole de prestige fait pour toi par ton père, ainsi la terreur que tu inspires plonge dans le ventre de Seth (*D.* XI, 179).

Contre-don au roi

Transmission de la royauté et protection

*Je te donne la couronne-*atef *de Rê-Horakhty de manière à ce que ton prestige se répande parmi les vivants* (*E.* II, 81).

*Je saisis ta couronne, j'empoigne Rê et ses uræus, je les réunis sous la forme de la grande couronne-*atef*, et je coiffe ta tête avec eux* (*E.* III, 192).

Je te donne ton corps exempt de mal, sans mal pour tes chairs chaque jour (*E.* III, 287).

11. Bandeau d'Horus

mâhe en Hor

Ce bandeau, orné d'un faucon entouré de trois vautours et de trois cobras, symbolise le pouvoir du faucon sur les terres du Delta (uræus) et de la Vallée (vautours).

*Nouer le bandeau d'Horus pour entourer sa couronne-*atef*. Ses uræus vautours et cobras sont tout autour, ils protègent ta tête* (*E.* II, 43).

Je t'apporte le bandeau qui provient de la tête divine (*E.* V, 93).

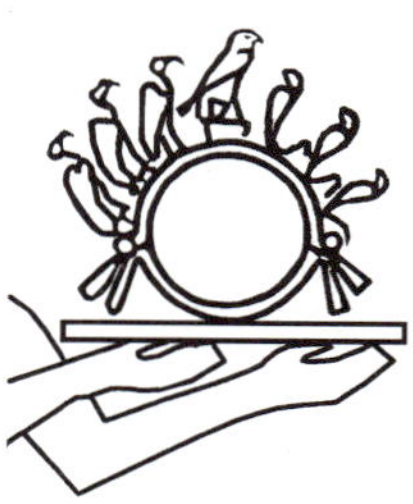

Edfou

Contre-don au roi

Royauté et légitimité

Je te donne les titres de propriété de Rê qui m'ont été donnés dans la salle de justice d'Héliopolis ; je te rends victorieux contre tes ennemis, tout comme j'ai régné victorieusement (*E.* II, 44 et *E.* V, 94).

12. COURONNES D'HATHOR ET D'ISIS *hepet Hathor, hepet Aset*

Dendara

Ces parures incorporent les couronnes habituelles d'Hathor () et d'Isis () ; elles sont d'une majestueuse complexité et procurent aux déesses une puissance absolue.

Hathor *apparaît avec la couronne blanche placée dans la couronne rouge sur son crâne, elle resplendit avec les hautes plumes dans son tabernacle, elle brille avec le disque solaire, les cornes étendues et les cornes recourbées* (*D.* IX, 53).

Prends le bandeau, il ceint ton front, l'uræus est fixé sur ton crâne ; la couronne rouge et la couronne blanche, elles se réunissent sur ton front, les plumes réunies à côté d'elles (*D.* II, 113).

Dendara

Prends la couronne blanche réunie à la couronne rouge, l'uræus et les plumes sont réunis pour former la couronne de prestance (*D.* XIV, 33).

Contre-don au roi

Royauté

Je te donne la couronne de Rê lors de la première fois où tu coifferas la double couronne (*D.* XI, 50).
Je fais que ton prestige irradie les hommes comme le fait Rê régent de l'ennéade (*D.* XIV, 77).

13. Couronne rouge pour Ouadjyt *net*

Ouadjyt, déesse à tête de serpent qui veille sur les fourrés de papyrus du Delta, est la gardienne du trône de Basse Égypte dont elle garantit la royauté. Le roi lui remet la couronne rouge pour la recevoir d'elle. Il n'existe qu'un tableau de ce face-à-face.

Reçois la couronne rouge de ma main sur ton front, tu apparais avec elle, et grand est ton prestige quand tu sors de ton sanctuaire, on se réjouit de te voir. Je reçois la couronne rouge, je la place sur mon front, je l'enlève de ma tête pour la placer sur la tienne, je te donne la Basse Égypte en adoration devant ta couronne rouge, les terres rouges du désert t'apportent leurs bienfaits (*E.* VII, 165).

PECTORAUX, COLLIERS ET BRACELETS

Pectoraux, colliers et bracelets

Le pectoral est offert aux dieux dans les temples du Nouvel Empire. À l'époque gréco-romaine, le bijou prend des formes variées.

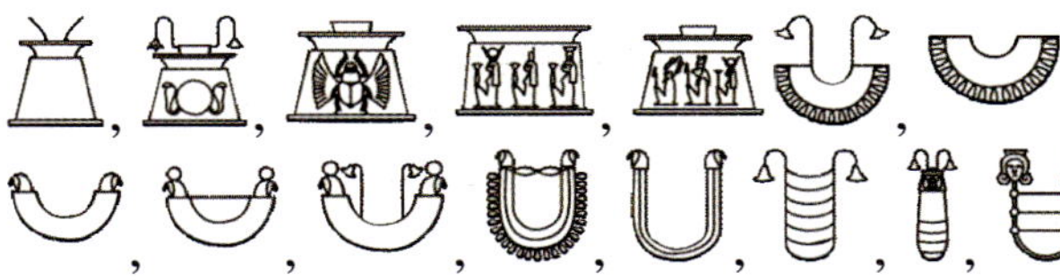

1. Pectoral *oudja*

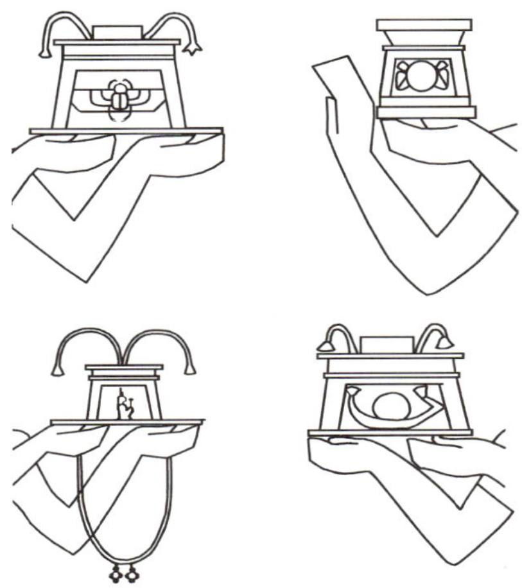

Le nom du pectoral-*oudja* signifie « sain, intact » ; l'objet constitue en effet une barrière protectrice magique entre la poitrine et le monde extérieur. Montou, dieu de la guerre, le donne au pharaon avant le combat. En différentes circonstances, Hathor et Isis reçoivent et donnent également un gorgerin parfois enrichi d'une image divine ou d'un scarabée.

Attacher le pectoral d'or : Ce pectoral, je le présente à Ta Majesté, achevé en or provenant de Heh, Tenen le parfait de ses propres mains, il se place sur ta poitrine, c'est la protection de ta statue, il est accompli comme il convient, pourvu de pierres fines vénérables, sa protection orne

Karnak

ta poitrine, c'est aussi la parure des dieux et des déesses, phylactère sur amulette, amulette sur phylactère, ils viennent, réunis, auprès de ton ka (*D.* VI, 27).

Hathor *lui attache le pectoral au cou avec les amulettes* (*D.* V, 25).

Rê le remet à Isis *le jour où sa mère la met au monde* (*T.Isis*, 285) ; *son fermoir est une fleur de lotus* (*D.* V, 143).

Je noue pour toi les amulettes, c'est Isis qui te protège, elles sont en faïence et en or comme il convient (*E.* V, 75).

Le pectoral protecteur est en or, argent et en toutes pierres fines, Rê est placé à l'intérieur sous sa forme de scarabée, il protège ton corps chaque jour (*D.* IX, 65).

Le scarabée divin, il protège ton ka, l'image mystérieuse de Rê préserve ton corps du mal, place-le à ton cou, la crainte que tu inspires sera telle que tes ennemis n'existeront plus, il garde intact ton corps, il garde sains tes os, protection sur protection, la protection demeurera (*E.* V, 313).

Dans cette offrande, le roi est *le maître des formules magiques, qui porte l'image de Rê devant lui* (*D.* IV, 173) ; *l'orfèvre de la majesté de Rê, qui pare la poitrine de Montou* (*E.* II, 72).

Contre-don au roi

Protections magiques et pouvoir

Je préserve ta majesté du maléfice (*E.* V, 368).

Je te donne le pectoral de Rê afin de faire ta protection, les amulettes d'Horus afin de protéger ton corps (*Opet*, 55).

Je fais que s'ouvrent pour toi les carrières secrètes qui recèlent toutes les merveilles (*Urk.* VIII, 111).

2. Pectoraux décoratifs

beb, iryt-khekh

Ces colliers en or sont sertis de pierres fines ; le plus souvent, le fermoir en est composé de deux faucons en or dont l'œil est en lapis-lazuli (de forts beaux exemples en sont exposés au musée du Caire).

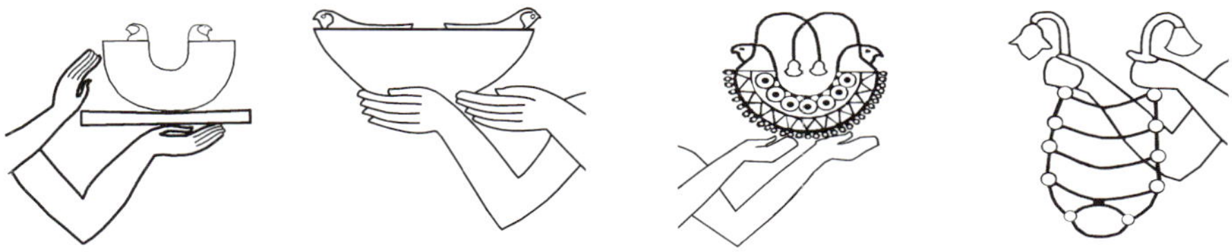

Dans cette offrande, la déesse est *l'or des dieux, l'argent des déesses, le lapis-lazuli dans le cœur de Rê.*

Tu te réjouis de voir le collier installé à ton cou chaque jour, toi ma souveraine, tu éclaires le pays comme les deux luminaires (*D.* IV, 174).

Prends le collier, façonné en or, pourvu de nombreuses pierres fines, reçois-le pour ta poitrine, tu t'incarnes grâce à lui, tu brilles en tout lieu (*D.* IV, 263).

Dendara

Contre-don au roi

Royauté et protection magique

Je te donne la force que m'a donnée Nout, je te fais couronner en roi pour l'éternité (*E.* II, 84).

Je te donne les parures de la majesté de Rê, les amulettes de Harsiesis (*E.* I, 70).

Philæ

3. Collier large héliopolitain

ousekh

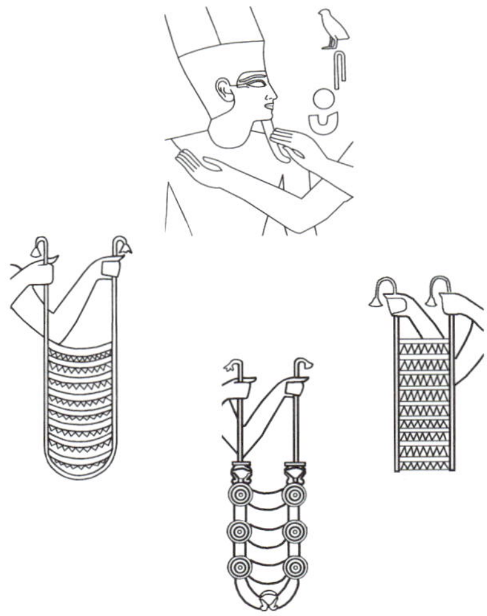

Le modèle le plus courant de cette parure déjà bien représentée au Nouvel Empire est constitué de chaînons disposés l'un au-dessus de l'autre et reliés par une longue chaîne qui se termine par deux fermoirs ; ceux-ci, respectivement fleurs de lotus et ombelle de papyrus, symbolisent les deux moitiés du pays.

Le collier peut s'appliquer sur la statue divine, comme on le voit dans une fort belle scène du sanctuaire de Louxor (dessin) ; généralement toutefois, les montants sont tenus par les mains du roi. Cette parure protectrice est offerte à des divinités solaires : Horus *maître d'Héliopolis qui préside au Grand-Temple* (*ME*, 14) ou Hathor, dont le temple est une Héliopolis-féminine, donnée par son père Rê.

Abydos

Philæ

Karnak

Dans la majorité des cas, le collier est végétal. Il est composé de *pétales de plantes odorantes à vertu enivrante*, sur neuf rangs qui figurent *Atoum réuni à ses enfants* (Chou, Tefnout, Geb, Nout, Osiris, Horus l'ancien, Seth, Isis, Nephthys) ; Le collier peut n'avoir que huit rangs de pétales, le tour extérieur formant le neuvième, à savoir Atoum. Horus le jeune, fils d'Osiris et d'Isis, complète à l'occasion cette ennéade.

Lève-toi Atoum, tes fils et filles sont derrière toi, c'est ton ennéade rassemblée autour de toi, les plantes sont pour ta gorge avec tes enfants, les pétales complètent le nombre des dieux, je viens auprès de toi, moi qui suis ton fils, je complète les dieux en étant le dixième (*E.* IV, 109).

Outre sa fonction protectrice, le Collier Large, avec ses neuf rangs, permet d'annihiler *les Neuf Arcs*, c'est-à-dire les pays étrangers.

Louxor

Edfou

Contre-don au roi

Protection contre les ennemis

Je te donne les Neuf Dieux réunis pour faire ta protection (*D.* XII, 238).

Je te donne les Neuf Arcs réunis sous tes sandales tandis que ta massue est sur la tête de tous les pays étrangers (*E.* I, 38).

Je fais que tu piétines le dos de tes ennemis comme le vent qui souffle dans les branches (*Esna* III, 320).

4. Pectoral-*mânekh*

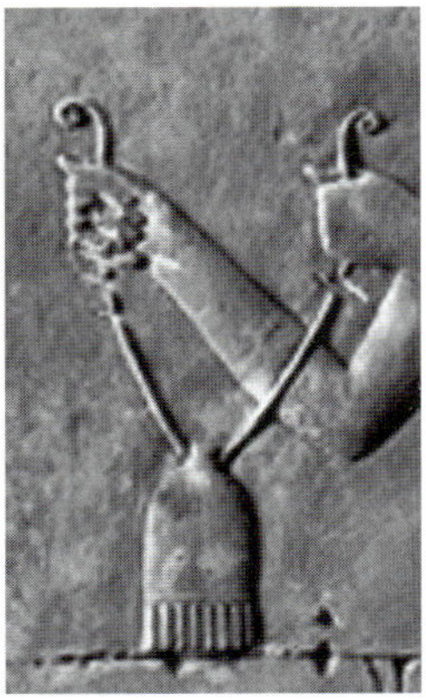

Edfou

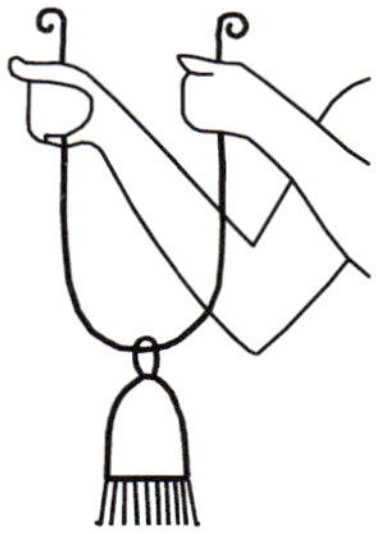

Comme le Collier Large, cette parure (qui ressemble à un gros pompon) se pose sur une corbeille ou se tient par les branches. Elle est fréquemment représentée au Nouvel Empire où elle assure la protection de divers dieux, tels Amon ou Ptah.

*Je présente le pectoral-*mânekh *à ton ka, il préserve ton corps du mal, il protège ton image, il garde sains tes membres* (*E.* VII, 136).
Je t'apporte le collier pour ton cou, il rend lumineux le vêtement blanc de Ta Majesté (*D.* XI, 31).

Louxor

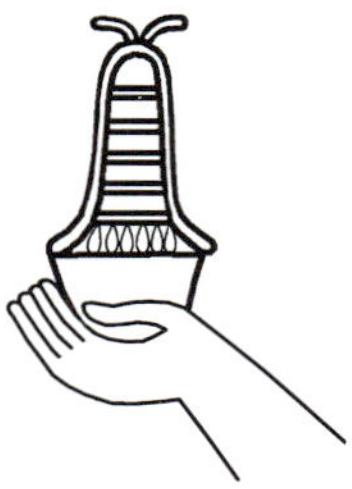

Contre-don au roi

réunion du corps et protection

Je te donne tes yeux, ton corps, tes mains et chacun de tes membres pour faire leur travail (*D.* IX, 93).
Je fais que ton corps soit sous la protection de Sekhmet (*E.* VII, 273).

Abydos

5. Bracelets en or *haderet*

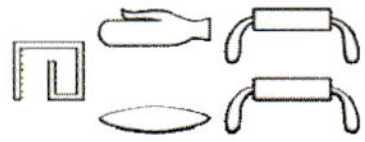

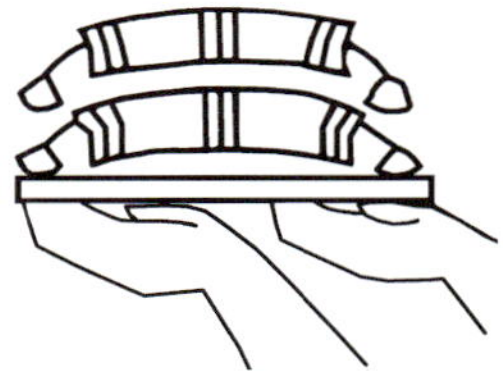

Au Nouvel Empire, ces bracelets (pour les poignets, les chevilles ou les biceps) sont souvent représentés sur le corps divin. À l'époque gréco-romaine, ils sont offerts par deux, posés sur un plateau.

Principale bénéficiaire de cette offrande, Hathor est *la maîtresse des régions montagneuses et des collines, la belle femme en or* (*D.* II, 215).

Prends ces bracelets qui sont ta parure, les anneaux sont pour l'extrémité de tes membres, reçois-les et mets-les à leurs places (*D.* IV, 268).

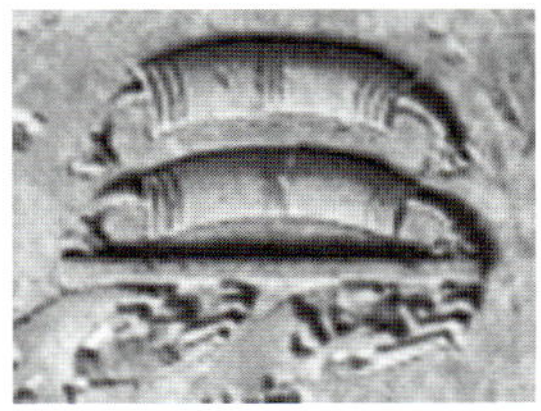

Dendara

Contre-don au roi

Pierres fines

Je fais que les collines produisent pour toi ce qui est en elles avec toutes les merveilles à voir (*D.* II, 216).

6. Pectoral d'amulettes « cœur d'or » *ib en nbw*

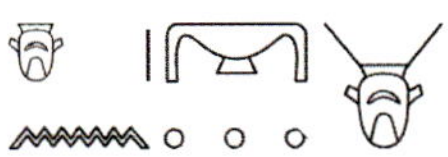

Il n'existe que deux exemples (trésor et ouâbet d'Edfou) de ce pectoral composé d'une chaînette portant de petites amulettes, essentiellement des cœurs en or. Cette parure, d'origine héliopolitaine, confère une fermeté sereine à celui qui la reçoit.

Edfou

Présenter le cœur d'or qui est une image du roi. Le cœur de Ta Majesté est celui de la majesté de Rê, ton cœur est celui de la majesté de l'Horus des Horus. Ton cœur est ferme dans ta poitrine comme Iousâas dans Menset, le cœur de Ta Majesté est mis à sa place comme Atoum dans le temple-du-pyramidion (*E.* II, 292).

Contre-don au roi

Intégrité et protection par la magie

Ton cœur t'appartient, il est installé à sa place comme Rê lorsqu'il se dresse sur le rivage (*E.* II, 293).
Je te donne les amulettes de la majesté de Rê, les bijoux protecteurs d'Horus dont la magie est grande (*E.* I, 419).

7. Image de l'enfant

khi en khesbedj en maât

La figurine de l'enfant en lapis-lazuli, volontiers offerte à Chou, dieu de la vie, garantit le souffle vital à l'héritier.

Présenter l'enfant de lapis-lazuli véritable à Chou *qui donne le souffle de vie à l'enfant, qui magnifie le fils sur le trône de son père* (*D.* IV, 243).

Présenté à Horus dans le mammisi, l'enfant est appelé *l'héritier du disque ailé*, il est *l'émanation mystérieuse d'Horus lui-même* (*ME*, 18).

Dans le sanctuaire d'Hathor dont il avait été en son temps le protecteur, le vieux roi Pépi Ier, divinisé deux millénaires après son règne, offre à la déesse l'image de son fils à elle.

8. Image de Rê

senen en Rê

Dans le temple d'Hathor à Dendara, en deux endroits, le roi présente à la déesse un personnage debout sur un plateau ; c'est l'image de Rê chargé de veiller sur sa fille.

Prends l'enfant en bois afin de repousser ton ennemi, il représente les quatre âmes qui te protègent lors des fêtes du début de l'année (*D.* VIII, 65).

Présenter la figurine de Rê, je la présente devant toi, ses oreilles et ses yeux sont intacts, saine est sa langue. C'est l'image de ton père à laquelle tu t'unis lors de ta belle fête du début de l'année (*D.* IV, 66).

Contre-don au roi

Protection

Je te protège et je renouvelle ta protection (*D.* VIII, 65).

9. Scarabée en lapis-lazuli

kheperer en khesbedj

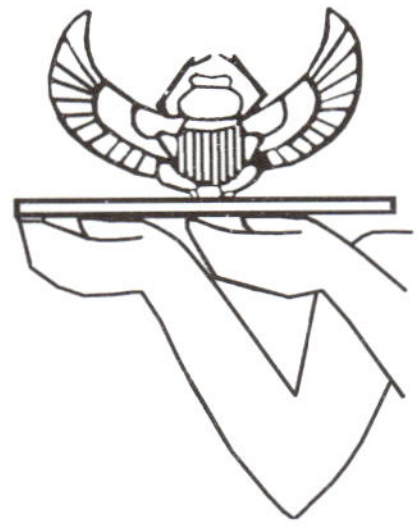

Ce scarabée posé sur un plateau est offert, en protection, au maître du temple.

Je présente le scarabée divin, il protège ton corps du mal, c'est la représentation de ton ka sous ton apparence de Khepri qui surgit du noun *et monte vers le ciel* (*D.* VI, 34).

Prends le scarabée dont l'apparence est cachée, ton image véritable, ses ailes sont déployées afin de protéger ton corps et préserver Ta Majesté dans ta chapelle (*E.* V, 199).

Présenter le scarabée de lapis-lazuli véritable. Salut à toi, Rê, salut à toi, Tenen en ce beau jour, tu t'éveilles en paix, éveille-toi, Atoum père des dieux (*E.* II, 291).

Edfou

Contre-don au roi

Protection et royauté heureuse

Je protège ta majesté, je maintiens l'intégrité de ton corps, je repousse le mal de tes chairs et de ton corps, je préserve tes os, tes membres sont fermes en totalité (*E.* II, 292).
Je te donne ma durée de vie en joie sur mon trône en souverain des vivants (*Philæ* II, 352).

10. FAUCON D'OR

bik en nebou

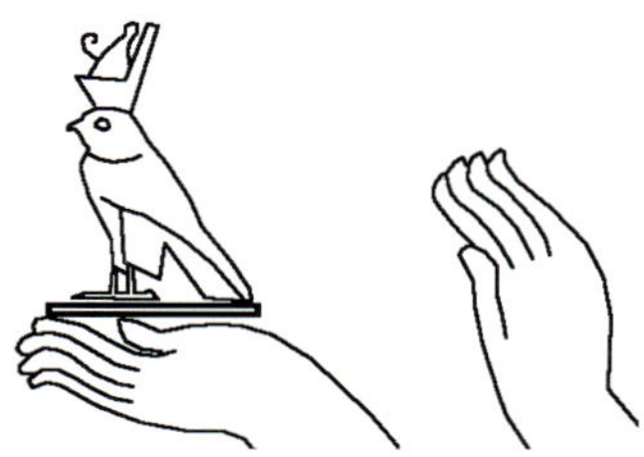

Cette amulette précieuse protège celui à qui elle est offerte.

Ton ka est devant toi, ton image mystérieuse est auprès de Ta Majesté, c'est un faucon plus remarquable que n'importe quel dieu (*E.* VII, 172).
Le faucon garantit les années éternelles d'Horus. L'âme de Rê se déplace dans sa barque, elle foule les territoires de l'ouest en toute intégrité (*E.* II, 280).

Le faucon en or, présenté à Hathor, permet aussi à celle-ci de veiller sur son fils.

Je fais ta protection, je te préserve comme je l'ai fait pour mon fils Horus (*D.* IX, 62).

Contre-don au roi

Protection et royauté heureuse

Je reçois mon image qui est sur tes mains, je fais que tous les gens se réjouissent de te voir sur ton trône dans Edfou (*E.* VII, 172).

11. FAUCON D'OR ET VAUTOUR

bik, neret

À Philæ, le roi offre un faucon et un vautour à Horus d'Edfou. Il n'en est point d'autre exemple, ni à Philæ, ni dans aucun autre temple.

> *Offrir le faucon d'or et le vautour : Reçois ton image mystérieuse de faucon d'or, ta mère Isis te protège, je t'apporte ta représentation de faucon d'or, le vautour est placé derrière lui pour te protéger* (*Philæ* II, 194).

Le tableau est situé sur la paroi ouest du vestibule du mammisi ; celle-ci est tournée vers Biggeh, île rocheuse qui conserve le corps d'Osiris et d'où part la crue du Nil. Le faucon et le vautour gardent les rochers de la Cataracte, selon l'image célèbre du sanctuaire d'Osiris.

> *Tu m'apportes mon image de faucon d'or et l'image secrète de ma mère Isis, je les place autour de mon cou, je te donne les dieux et les déesses en protection* (*Philæ* II, 194).

Cette offrande unique a été suscitée par la géographie locale et la spécificité religieuse de l'île.

12. AMULETTES DU FAUCON ET DE LA DÉESSE ISIS

bik, Aset

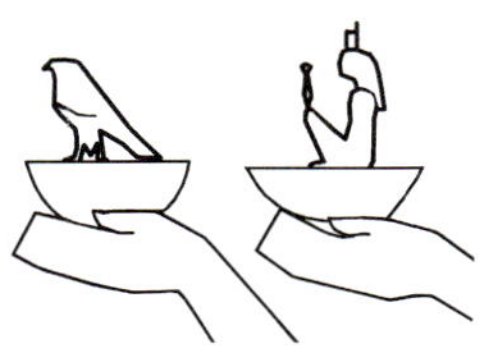

Le vautour de Philæ est remplacé, à Edfou, par la figurine d'Isis.

> *Ces amulettes, je les présente devant toi, les grandes amulettes qui protègent ton corps, je t'offre ton image sous la forme d'un faucon d'or, ta mère Isis fait ta protection. Je reçois mon image, je me fonds en elle, les bras d'Isis sont ma protection, je te donne l'ensemble des dieux qui forme ton rempart sans s'éloigner de toi chaque jour* (*E.* VII, 146).

Edfou

13. OISEAU-ÂME EN TURQUOISE *ba en mefkat*

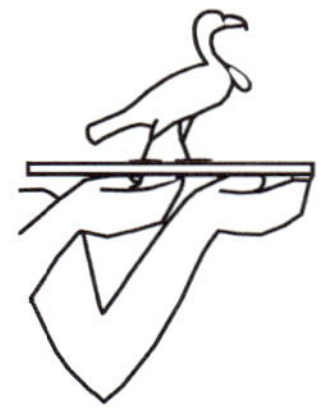

Les amulettes représentant les âmes des dieux sous forme d'oiseaux étaient conservées à Héliopolis et reproduites dans les temples-filiales de la ville de Rê. Elles protègent la divinité ; par ailleurs Hathor s'unit à son père sous cet aspect.

Le dieu dans le Grand-Temple d'Héliopolis, son nom est caché en tant qu'Horus des Horus (*E.* II, 282).

Présenter l'oiseau-âme en turquoise véritable devant cette déesse : Prends ce grand dieu dans le temple, je l'offre devant toi, je suis mandaté par l'ennéade (*D.* IV, 262).

Prends ce dieu dans le Grand-Temple, il ouvre pour toi les beaux chemins, tu y circules d'un pas mesuré, il t'y protège éternellement (*D.* IV, 244).

La déesse *parcourt son temple, s'unit à l'âme de Rê dans le ciel.* C'est *l'union de l'âme mâle à l'âme femelle* (*D.* IV, 263).

Contre-don au roi

Intégrité de la personne royale

Je te donne ton âme-oiseau unie à toi, ton ka, c'est ton corps dans ta statue (*E.* II, 282).

14. BÉLIER DANS LE GRAND-TEMPLE *Neter em Hout-Âat*

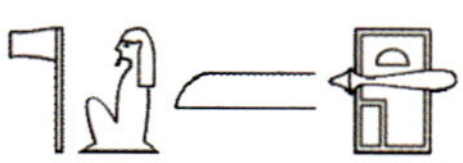

Voici le dieu dans le Grand-Temple, le prince maître de l'horizon, dont le nom est caché sous la forme d'Horus des Horus. Il est l'âme d'Atoum, le maître des portes du ciel et des portes du pays (*E.* II, 282).

L'amulette du bélier, longuement décrite, est remise au faucon, pendant le cérémonial du couronnement, puis au roi.

Contre-don au roi

Intégrité du corps royal

Je place ton âme unie derrière toi, ton ka et ton corps à ta suite (*E.* II, 282).

15. AMULETTES PROTECTRICES *saou*

Les amulettes funéraires, offertes à Osiris, sont représentées une à une avec l'indication de la matière précédant l'objet ; elles sont au nombre de 104.

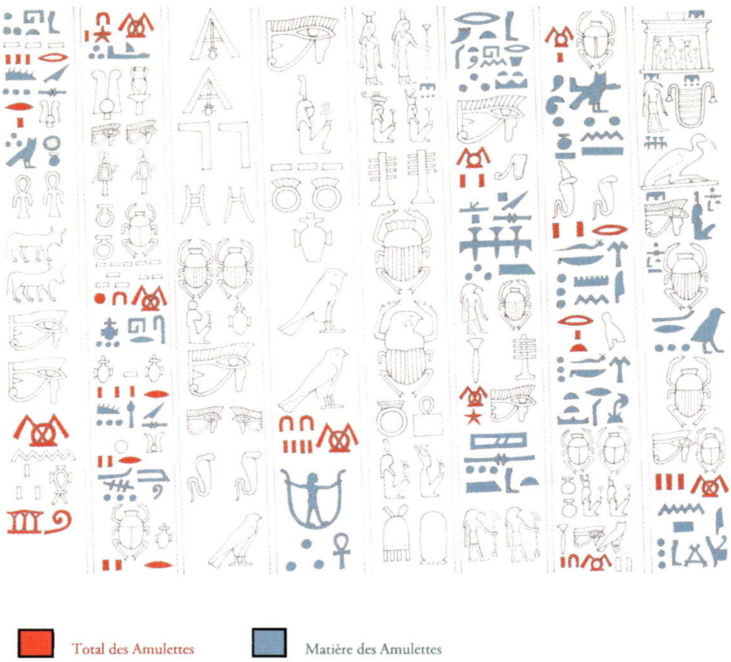

Dendara

Connaître les cent quatre amulettes d'or et de toutes pierres précieuses véritables, elles sont apportées du Temple-de-l'or pour la protection de ce dieu vénérable lors de sa belle fête de l'enterrement de sa momie. Or : pectoral, Collier Large, Thot, œil sacré. Lapis-lazuli véritable : Horus, Thot, Isis, Nephthys, Neith, Serket… (*D.* X, 399-401).

PARURES : SCEPTRES, URÆUS

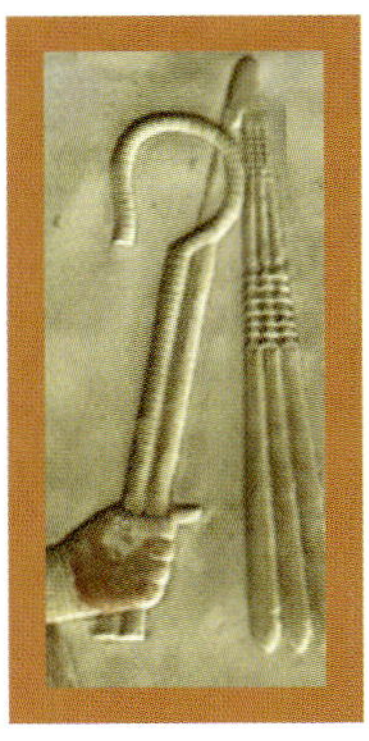

Parures : sceptres, uræus

1. Bâtons sacrés

medou, segemeh

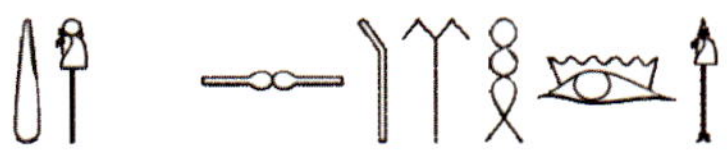

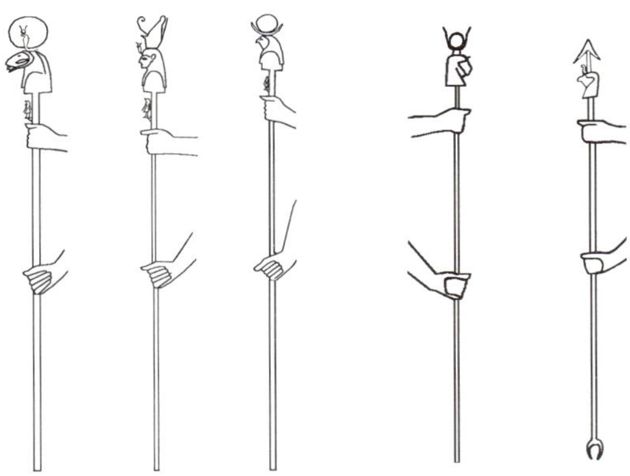

Représentations primitives des kas des dieux, les bâtons sont surmontés chacun d'une tête, de faucon pour Horus ou Khonsou, de bélier pour Amon ou Khnoum, de femme pour Hathor ou Mout. Ces anciens fétiches étaient sortis lors des grandes fêtes. Leur hampe était enveloppée d'une étoffe, *selon un cérémonial secret*, pendant un an ; celle-ci, ainsi imprégnée de l'essence divine, habillait ensuite la statue « moderne » du dieu. Les bâtons assuraient la prospérité agricole, comme le montrent les hymnes millénaires récités à l'occasion de leur ostension.

Dendara

Tu fais venir la crue vers l'aval en son temps, elle est belle, elle est exempte de tout excès, tu fais qu'elle inonde le Sud et le Nord, tu fais que le ciel crée le vent

Medinet Habou

du nord à sa rencontre, afin de la faire refluer, pour empêcher que la vague marine l'avale, tu fais que les canaux et les embouchures fassent des dérivations devant elle, pour empêcher que la mer la recueille trop tôt. Tu fais que les récoltes poussent au bon moment, tu fais qu'on les cultive dans la joie, tu fais qu'on les moissonne dans la joie, tu les préserves de toutes les intempéries du ciel et de tous les maux de la terre (*D.* XIII, 22).

2. Trois sceptres

ânkh, djed, ouas

Ces trois objets symbolisent la vie, la durée et la force.

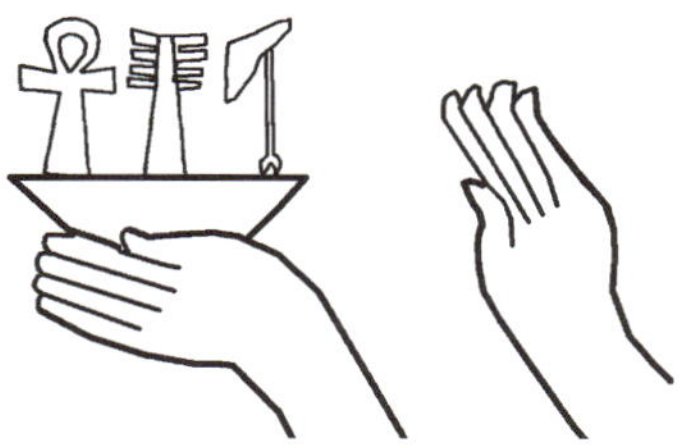

Prends le ânkh *afin de faire vivre tes chairs, le* djed *afin de rendre durable ton corps, et aussi le* ouas *qui rend fort ta momie : Ce sont les trois dieux, les maîtres de ce pays, ils te protègent et renouvellent leur protection* (*E.* IV, 142).

À l'origine, ces trois symboles étaient remis au pharaon, à Hatchepsout (relief de la chapelle rouge de Karnak), ou au roi-Horus (Edfou) qui reçoit *le symbole d'éternité associé à la croix de vie de Rê, au pilier de durée de Ptah et au sceptre de puissance d'Amon* (*E.* VI, 272).

Esna

Le *djed*-durée finit par représenter Osiris, le sceptre-*ânkh* son père Chou et le sceptre-*ouas* sa mère Tefnout ; tous trois sont alors offerts à Osiris.

Prends le sceptre de vie, je redresse pour toi le sceptre de durée, je porte pour toi le sceptre de force qui est dans ma main, ce sont Chou, dans sa forme tangible, et Tefnout, dans sa représentation secrète, protégeant ton image au milieu d'eux (*T.Isis*, 349).

Contre-don au roi

Stabilité du trône, force

Je te donne les années de Chou sur le trône de Rê, tu t'unis à l'éternité avec les sceptres de vie, durée et force (*Esna* VI, 64).

Je te donne la vie, tandis que tu dures sur terre, étant fort, sans que tu aies d'ennemis (*E.* II, 68).

3. Croix de vie *ânkh*

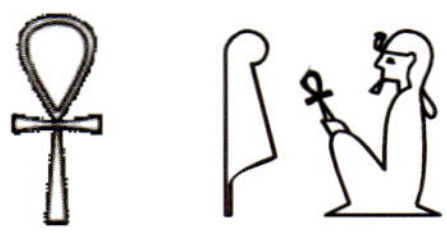

Si la croix de vie est souvent présentée au roi, elle n'est offerte à un dieu, Horus d'Edfou, qu'en un seul tableau (cour d'Edfou). Le nom d'Horus se colore de la personnalité de Chou, qui tient d'ailleurs ce symbole : le dieu de l'air est le créateur de la vie.

Prends la croix de vie, Vivant maître de vie, âme vénérable qui fait vivre l'infini, tu es celui qui donne la vie à tous les gens, qui fait vivre les vivants par ton œuvre. Tu es le dieu qui donne la vie sur terre, l'air aux morts, le souffle de vie aux dieux et aux hommes (*E.* V, 268).

Contre-don au roi

Vie éternelle

Je te donne la croix de vie, tu vis grâce à elle, la santé est pour ton corps, je rends longue ta durée de vie jusqu'aux confins de l'éternité (*E.* V, 268).

4. Croix de vie et sceptre de force *ânkh, ouas*

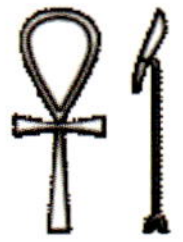

Les deux sceptres sont offerts à Osiris *maître de vie*, ainsi qu'à son fils Horus.

Ces sceptres ânkh *et* ouas *rajeunissent ton corps* (*ME*, 92).

Ces sceptres de vie et de force rendent forte Ta Majesté, Orion dans le ciel, tu les reçois, je viens auprès de toi sur l'ordre de Geb afin d'augmenter ta force contre les forces hostiles, je viens d'Héliopolis avec l'image des deux dieux pour le service de ton père Geb (*E.* IV, 243).

Remettre la croix de vie et le sceptre de force à Horus dans son poing et grande sera la crainte qu'il suscite dans les ventres (*E.* I, 425).

Le roi, lors de l'offrande, est *celui qui voit les mystères dans le palais* : il est un initié responsable des images sacrées.

Contre-don au roi

Vie et force

Je te donne le sceptre de vie afin d'augmenter tes années de vie, le sceptre de force pour rendre forte ta majesté (*E.* IV, 243).

5. Sceptres du commandement *heka, nekhekh*

Heka signifie « commander » et *nekhekh* « renouveler de jeunesse » ; les deux sceptres sont les emblèmes d'Osiris et, présentés au dieu, lui redonnent l'intégrité du corps. Ils sont rarement offerts à d'autres dieux à l'époque gréco-romaine.

Belle image resplendissant avec la couronne blanche, la crosse dans la main droite et le flagellum dans la gauche, l'uræus placé sur le front (*D.* II, 143).

Le roi a fait la quête des reliques de son père (*D.* II, 137).

La crosse de régence est pour ta main droite, Horus régent de ce pays, tu régis le ciel et l'univers, le flagellum de renaissance est pour ta main gauche, tu rajeunis sans cesse même si ton corps vieillit sans cesse (*E.* IV, 119).

Abydos

Karnak

Par ailleurs, la renaissance cyclique étant constitutive de la Lune, le sceptre-*nekhekh* est volontiers offert à Khonsou, l'astre nocturne fils d'Amon et de Mout.

Je t'apporte la crosse intacte comme il convient, le flagellum sain comme il faut ; tu les saisis, tu les places sur ta poitrine, tu les prends dans tes bras et tu les portes sur ton corps (*KO.* I, 382).

Contre-don au roi

Renaissance, royauté

Je te donne la régence du Soleil sur terre, ton corps rajeunit comme la Lune (*E.* I, 434).

Je te donne la crosse de régence en tant que régent du pays et le flagellum de renaissance afin de rajeunir ton corps (*E.* IV, 119).

6. Titres de propriété et héritage

mekes, imyt-per

Edfou

Dès leur venue au monde, Osiris et Isis reçoivent de Rê leurs biens terrestres sous forme d'un papyrus roulé.

Isis se voit conférer en même temps son uræus, insigne de la régence qu'elle exerce pour l'enfant posthume d'Osiris. Celui-ci transmet par ailleurs l'inventaire de ses biens à son fils Horus, lequel le remet à son tour à son héritier, le pharaon régnant.

Ciel, terre, eau, montagnes de Haute et Basse Égypte, basses terres et plateaux désertiques, tout être qui y vit, tout ce qui pousse sur la surface de la terre (*D.* X, 57).
Prends le mekes, empoigne les titres de propriété, tu reçois ainsi l'héritage de ton père par l'intermédiaire de Thot, sur l'ordre du Maître de l'Univers Rê (*E.* VII, 197).
L'Égypte est préservée du mal, selon ce qu'a écrit Thot lui-même (*Esna* III, 316).

Dendara

Le *mekes* remis à Khnoum à Esna affecte la forme d'un étui fermé par une tête de faucon.

Esna

Contre-don au roi

Royauté

Je reçois le décret, j'empoigne les annales, je gouverne le pays jusqu'aux limites de l'univers, je te donne ma fonction royale et mon trône sur terre (*E.* V, 189).
Je te donne la couronne d'Horus sur son trône, tout le pays t'est fidèle (*D.* XII, 101).

7. Charte d'immunité en faveur d'Abydos *hen en hout*

Abydos

Dans la première salle hypostyle d'Abydos, Ramsès II présente à Osiris un plateau sur lequel se trouve une figurine de son père Séthi Ier tenant un écrin. Le papyrus conservé dans cet étui était un décret conférant au domaine divin une immunité totale. L'obturateur est formé par la tête du dieu Rê, une manière d'affirmer que le dieu solaire était à l'origine des décisions politiques et religieuses. L'offrande est unique et historiquement parlante : Ramsès II, en continuant l'édification du temple et en honorant son père Séthi-Osiris, prouve qu'il est l'Horus légitime.

8. Offrande d'un uræus *iâret, heret-tep*

Un seul uræus (au lieu de deux) n'est offert qu'à Isis, Osiris et Harendotès : ceux-ci ont régné, avant les hommes, quand le pays était encore « un ».

Prenez votre uræus, il apparaît sur vos fronts, vous resplendissez grâce à lui, il prend place au milieu de vos sourcils, cet uræus, il vient

Philæ

à vous dans la paix mais il projette son souffle brûlant contre vos ennemis (*D.* II, 18).

Cet uræus provient d'Elkab, il s'installe sur ta tête sous la forme d'un serpent enroulé. Ta Majesté irradie grâce à lui en tant que roi de Haute et Basse Égypte. L'effroi que tu inspires ainsi se répand parmi les dieux (*Philæ* - Arensnouphis).

L'uræus d'Isis, régente et gardienne du trône, s'enroule autour du lange de sa naissance.

Prends l'uræus, régente et sœur du régent, fille des souverains qui ont engendré le dieu bon (*D.* VIII, 29).

Le mot « uræus » vient de *iâret*, terme égyptien qui désigne le cobra femelle placé sur la tête du pharaon ; ce serpent gonfle sa gorge et *projette son souffle brûlant contre les ennemis.* Hathor, qui est cet uræus, *prend place au milieu du front de son père Rê* (*D.* XII, 228), elle est *la maîtresse des métamorphoses sur la tête de Celui qui l'a créée* (*D.* XII, 115).

Contre-don au roi

Royauté et protection contre les ennemis

Je te donne le palais royal excellent sous ta direction, ce pays est placé sous tes décisions (*T. Isis*, 115).

Je te donne l'uræus placé sur ton front, il crache la flamme contre tes ennemis (*D.* II, 109).

Je te donne le Sud et le Nord sur mon trône en tant que régent des vivants (*Philæ* - Arensnouphis).

9. Offrandes de deux uræus *ouadjty, nebty*

Après sa victoire sur Seth, l'héritier d'Osiris, Horus, réunit les deux moitiés du pays et reçoit donc deux uræus, l'un, à tête de cobra, pour la Basse Égypte, l'autre, à tête de vautour, pour la Haute Égypte. Il les transmet ensuite à son héritier, le pharaon.

Edfou

Je les reçois de ta main, je les place sur mon front, je les enlève de ma tête pour les placer sur ta tête (*E.* V, 145).

Prends les uræus pour ton ka, tu es distingué grâce à eux plus que les autres dieux, les deux moitiés du pays sont réunies dans la paix, le sud avec le nord, tu es le fils de la couronne blanche, enfanté par la couronne rouge, nourri par les deux uræus (*E.* VII, 170).

Exceptionnellement, les deux uræus sont remis à Oupouaout, conducteur de la royauté, *le seigneur des uræus, qui brille avec l'uræus droit, qui resplendit avec l'uræus gauche sans qu'ils s'éloignent du pavois en tête de procession* (*D.* XI, 158).

Dendara

Contre-don au roi

Royauté

Je te donne les nomes du Sud, tu gouvernes les villes du Nord (*E.* V, 261).
Je te donne les fourrés de papyrus réunis aux plaines céréalières, j'installe la double couronne au milieu de ton front (*E.* IV, 255).

OFFRANDES SPÉCIFIQUES DES DÉESSES

Offrandes spécifiques des déesses

La fille de Rê, Hathor, possédait dix attributs sacrés :

sistres , collier 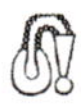, bandeau , breuvages , bâtiments , deux objets symboliques à l'identification malaisée .

L'ensemble forme le sujet de belles compositions dont les plus célèbres figurent sur la paroi extérieure du fond des temples d'Edfou et de Dendara.

1. Sistres

sechechet, sekhem

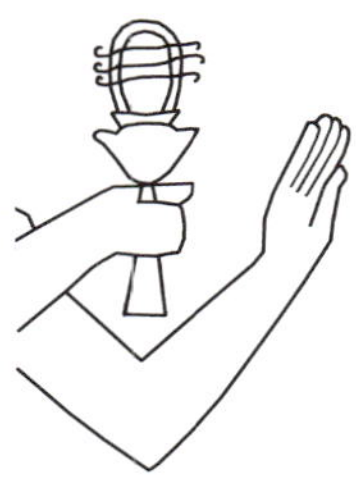

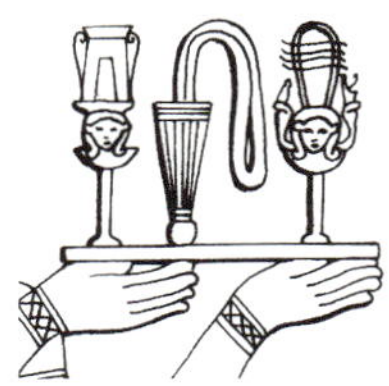

Le son des sistres évoque le froissement des papyrus censé faire sortir Hathor, sous sa forme primitive de vache, hors de la dense végétation où elle s'abritait. La façade de son temple, à Dendara, est célèbre par ses colonnes aux chapiteaux décorés de quatre faces souriantes (déesse aux oreilles de vache) ; les vingt-quatre colonnes semblent ainsi une forêt de sistres, égrenant leur musique jour et nuit. Une cinquantaine de tableaux, dans ce temple, sont consacrés à cet instrument, pour les reines du lieu, Hathor et Isis.

Karnak

Karnak

Abydos

Dendara

Au Nouvel Empire, l'objet est tenu par la reine « humaine » et par ses dames d'honneur. L'instrument de musique est en or, en turquoise et en faïence.

À l'époque gréco-romaine, le joueur de sistre est Ihy, fils d'Hathor (les sistres sont en or, en turquoise ou en faïence, leurs perles en chrysoprase).

Ihy, l'enfant vénérable, qu'il est doux d'aimer, dont les jambes sont agiles dans la danse, les lèvres douces dans le chant
et qui fait disparaître la colère de sa mère (*E.* II, 41).

Le sistre est dans ma main droite, il écarte ta fureur,
*le collier-*menit *est dans ma main gauche afin*
de repousser ta violence (*D.* III, 27).

La musique du sistre, au milieu des parfums d'encens et des fleurs, créait une atmosphère agréable à la divinité. Elle était aussi au centre d'un rituel destiné à éloigner les forces mauvaises dans l'exaltation de la royauté.

Je célèbre le rituel de fête dans le palais, je dresse le sistre
lors de l'apparition de la déesse (*D.* V, 146).

Je joue du sistre devant ton beau visage, Hathor
la grande, l'Unique dans le Temple-du-Phénix,
la Régente dans Thèbes, la maîtresse d'Héliopolis-féminine, dont l'apparition est belle dans Karnak, la grande déesse dans la Haute Égypte, la souveraine dans l'Héliopolis-du-Nord, la maîtresse de l'ivresse, la souveraine de toutes les pierres fines véritables, qui ouvre les places secrètes dans les ténèbres, tu es en paix avec moi, tu es paisible avec moi, ne lance pas ton maléfice contre moi (*D.* IV, 75-76).

Contre-don au roi

Protection

Je reçois le sistre divin, je suis puissante contre tes ennemis, je te donne toutes choses douces à la porte de mon sanctuaire, je préserve tes secrets avec mon sceau (*E.* IV, 147).

Je protège ton corps avec le sceptre papyriforme de Sekhmet, j'éloigne les émissaires mauvais du lieu où tu te trouves (*E.* V, 258).

Je te donne ton cœur transfiguré à sa place, je développe ton amour dans tous les cœurs (*D.* IX, 20).

2. COLLIER-*menit*

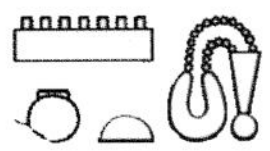

Ce collier a une origine mythique : Seth a tué son frère Osiris, a arraché les yeux d'Horus. En représailles, ses testicules ont été arrachés (avec le collier-*menit* jouant le rôle d'un garrot sectionneur ?) et placés sur le lit d'Osiris.

Je coupe les testicules de ce Vil, réjouissez-vous, vous qui êtes à Dendara, Osiris est sauf (*D.* IX, 3).

Nombreux sont les noms des testicules : *sematyou* [les compagnes], *senty* [les sœurs], *isouy* [les bourses], *kherouy* [les pendantes], *gesty* [les latérales], *bekaty* [les embryons].

Mais le collier est avant tout un instrument de musique dont le bruit écarte le mal et apaise la divinité.

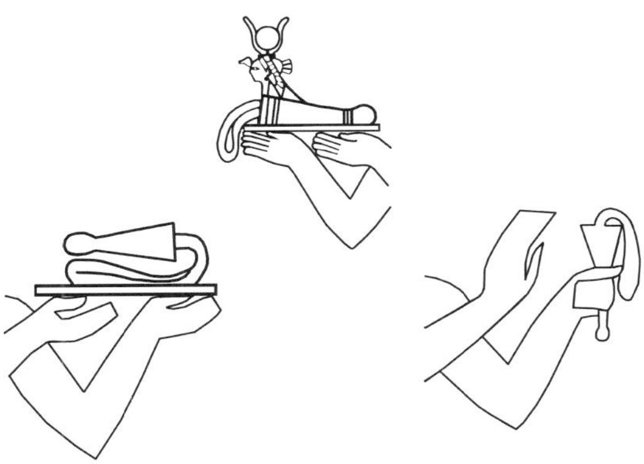

Dendara

Abydos

Esna

*Le sistre est dans ma main droite, il écarte ta fureur, le collier-*menit *est dans ma main gauche afin de repousser ta violence* (*D.* III, 27).

Le collier-*menit* se tenait par la chaînette de faïence ou était posé sur un plateau avec les sistres.

*Offrir le collier-*menit *: Prends le collier-*menit *de faïence pour ton cou, ses perles forment une protection pour les ancêtres, reçois-le, mets-le à ton cou, ton cœur se réjouit de le voir* (*D.* II, 50).

*Prends le sistre d'or et de faïence, le sistre aux perles en chrysoprase, le collier-*menit *est au milieu d'eux, façonné en or et incrusté de nombreuses pierres fines* (*T. Isis*, 310).

Dans le temple d'Hathor à Dendara, l'iconographie du collier était enrichie au point de devenir un bijou théologique.

Contre-don au roi

Protection et destruction des ennemis, puissance, réjouissance

Je supprime le mal qui est dans ton corps (*E.* IV, 256).
Je te donne la vie jointe à la santé, tes ennemis sont tombés sous le mal (*D.* III, 144).
Je te donne une force comparable à celle de Rê et un prestige comme celui du fils d'Isis (*D.* I, 114).
Je te donne les êtres humains en adoration devant ton visage, ton amour se répand dans les cœurs (*D.* IV, 52).

3. Miroirs

ounet-her, ânkh

Ce n'est qu'à l'époque gréco-romaine que le miroir est offert à la déesse qui y contemple sa beauté. Soixante tableaux ornent ainsi les parois des temples d'Hathor et d'Isis à Dendara. Quand les déesses sortent des cryptes lors des processions fériales, elles *contemplent* ainsi leur image, car l'âme divine s'y manifeste une fois qu'elle est revêtue des étoffes de couleur, or pour la fille du Soleil, rose pour la fille du Ciel qui naît à l'aube.

Contemple ton beau visage, ma souveraine, réjouis-toi de voir ta beauté (*E.* IV, 81).

La douceur est pour tes lèvres, tes narines sont un lotus d'été, ton visage est réjoui, tu sors en procession et les dieux se réjouissent de te voir (*D.* IV, 64).

Au-delà de l'objet d'art *façonné par Ptah maître de Memphis*, le cercle brillant symbolise l'astre céleste ; offerts par paire, les miroirs sont Soleil d'or et Lune d'argent.

Rê rejoint Osiris-lune, leurs rayons s'unissent (*E.* IV, 388).

Prends les miroirs façonnés par Ptah, leurs disques sont le Soleil et la Lune (*D.* III, 17).

Contre-don au roi

Éternité du cosmos, joie universelle

Je te donne ce que voit l'œil droit le jour, ce que voit l'œil gauche la nuit (*E.* I, 73).

Je te donne la joie pour tous les hommes, ton amour est grand dans les cœurs (*D.* XIII, 262).

Philæ

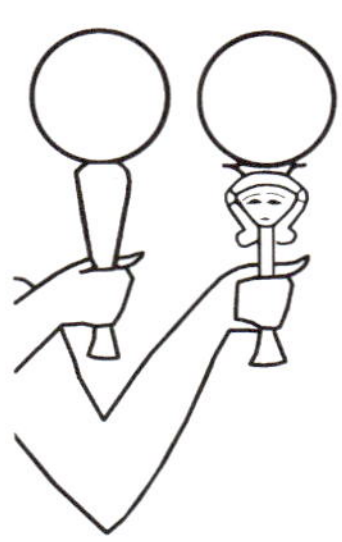

Dendara

4. Bandeau d'électrum *mâhe en djâm*

Ce bandeau, ornement du front d'Hathor, ne constitue une offrande qu'à l'époque gréco-romaine ; il symbolise la radiation solaire de la fille de Rê qui chasse les ténèbres et dispense la lumière aux hommes. *Or est Ta Majesté, or est le nom du bandeau* est la phrase récurrente des textes qui décrivent le bijou.

Dendara

Le bandeau orne ta tête avec une fleur de lapis-lazuli (*D.* VI, 140).

Le bandeau d'or est pour ton front, ma souveraine, façonnant ta tête avec sa lumière, tu révèles ton visage, tu sors en procession, les hommes se réjouissent de ton amour (*D.* IV, 89).

Le bandeau enserre ton front, il entremêle tes tresses avec de l'or, ta lumière se diffuse par tes rayons (*D.* II, 119 et III, 147).

Le bandeau se place dans la chevelure dont les tresses sont imbibées d'essence de myrrhe ; Hathor est ainsi *la souveraine qui noue le bandeau d'or, la maîtresse de la myrrhe.*

Contre-don au roi

Pierres fines, royauté et protection

Je te donne les collines te livrant leurs productions, à savoir les pierres fines vénérables des carrières (*D.* V, 83).

Je place la couronne du pouvoir sur ta tête, les amulettes et les formules magiques pour ton ventre (*E.* IV, 124).

5. Objet « clepsydre »

outet, ouncheb, chebet

Karnak

Thot, sous forme de babouin, protège un coffre vertical qui contenait peut-être des rouleaux magiques. Les premières scènes datent du Nouvel Empire (une soixantaine d'exemples dans les temples thébains), l'objet s'offrant alors au roi durant le rituel de couronnement. En l'offrant aux déesses, le roi garantit son propre pouvoir.

> *Dresser le symbole au babouin : l'œil-*oudjat *est sain, Seth n'est plus. Thot est derrière la déesse en la protégeant, l'œil droit vient en paix pour se réunir à l'œil gauche, les deux sont pour Hathor* (*E.* IV, 82).

À l'époque gréco-romaine, on dénombre plus de soixante-dix tableaux, plus de trente à Dendara, une vingtaine à Philæ et une quinzaine à Edfou.

Dendara

Contre-don au roi

Cosmos et protection

> *Je te donne ce que voient tes yeux, ta majesté est dressée contre qui t'attaque* (*E.* IV, 351).
>
> *Je te donne tes yeux installés à leur place* (*D.* XIII, 186).

6. Symbole de pouvoir *pa demit her-tep ta menât*

Le noyau de ce symbole complexe est formé du signe , *la totalité*, dans lequel se trouve un œuf représentant le fils-héritier, ainsi durablement protégé dans l'intégralité de son pouvoir. Des fleurs de lotus et de papyrus fichées sur les côtés du signe représentent le Sud et le Nord réunis autour de leur maître.

Ce symbole, qui est posé sur la nourrice d'Horus, est entouré de tiges de lotus et de papyrus, son embryon est Horus placé dans l'orbe du monde (*D.* XIV, 129).

Le roi a pour mission *de magnifier les nomes dans lesquels Horus est né* (*D.* XII, 219).

Contre-don au roi

Royauté

Je te donne le Sud et le Nord réunis ensemble comme pour Horus placé au-dessus du pavois royal (*D.* XII, 100).

Je te donne l'Égypte fidèle à ta majesté, ils sont tous courbés devant toi (*D.* XIII, 321).

7. Mammisi *per-mesout*

Le mot « mammisi » a été forgé par Champollion (à partir de deux termes coptes *ma = lieu + mes = naissance*) pour désigner les édifices d'Edfou et de Dendara dans lesquels Hathor met au monde le fils d'Horus. C'est précisément cet enfant que l'on voit au centre du temple.

Dendara

Le roi *porte l'enfant dans l'enclos-de-vie et l'offre à sa mère ; il est comme Horus, il administre les Deux Terres, son corps étant rajeuni chaque jour. Comme il est beau le mammisi ! Mère du dieu, viens, entres-y, l'enclos-de-vie est pour la fille de Nout* (*D.* XIV, 168).

Isis a accouché dans les fourrés du Delta interdits à Seth ; elle y a allaité l'héritier légitime d'Osiris. Elle-même a été mise au monde à Dendara, dans le petit édifice situé derrière le majestueux temple d'Hathor. Par ce présent, le roi évoque aussi bien *la brique de naissance du ka d'Isis depuis l'origine* que l'enclos magique du Delta.

Contre-don au roi

Éternelle jeunesse

Je te donne le palais comparable au ciel, ton corps y rajeunit comme le fils d'Isis (*Porte d'Hathor à Dendara*).

8. Amulette en faïence *ouadj*

L'Amulette de vie protège les petits enfants comme l'avait été Horus caché dans la région marécageuse du Delta (voir plus haut, p. 100-101). Le papyrus-*ouadj* est offert spécifiquement à Ouadjyt qui symbolise la végétation du Delta ; en retour, elle protège le roi, le nouvel Horus sur terre.

J'apporte l'amulette papyriforme à ton ka, Ouadjyt. Je te présente les herbes magiques, tu protèges le fils d'Isis dans son nid (*E.* V, 100).

L'amulette papyriforme est pour toi, Uræus qui protège son fils, tu le gardes en vie auprès de toi (*E.* III, 232).

Ton amulette papyriforme est pour toi, les Deux Terres sont prospères grâce à ton sceptre de vie, je suis ton Horus (*E.* IV, 247).

Contre-don au roi

Protection et vie

> *Je te donne la durée de vie d'Horus dans Bouto* (*E.* IV, 248).
> *Je garde sain ton corps avec l'amulette papyriforme de vie, j'envoie des souffles miasmatiques contre les ennemis* (*D.* IX, 187).

9. Apaiser Hathor

sehetep Hathor

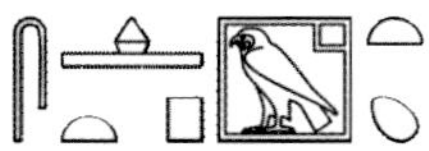

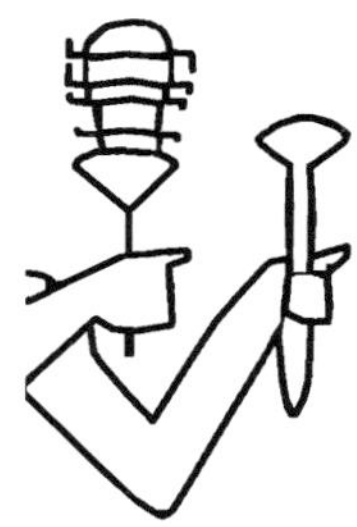

Les filles de Rê (Hathor, Sekhmet, Tefnout) sont source de vie et de lumière, de sécheresse aussi et de mort. Il faut donc *apaiser* la nature violente des déesses, devenues lionnes à l'occasion.

Apaiser Hathor se faisait en jouant du sistre et en tenant une amulette papyriforme. Le son écartait les démons et calmait la déesse ; le papyrus jouait le rôle des fourrés protecteurs dans lesquels l'héritier fut caché. La couleur verte suscitait la joie et donnait la vigueur à Hathor. Ce tableau, apparu seulement à l'époque gréco-romaine, reprend un rituel consigné sur papyrus longtemps auparavant.

Dendara

> Le roi est *le beau joueur de sistre, qui danse le matin sans être fatigué le soir* (*D.* XII, 221) ; il *a la voix douce, récite les formules sacrées* (*E.* IV, 72).
> *Je viens auprès de toi, celle dont les pouvoirs magiques sont efficaces, la maîtresse du grand-sanctuaire, souveraine du sanctuaire-de-la-flamme, je t'apporte le sistre pour satisfaire ton cœur ; quant à l'amulette papyriforme, elle rend sain ton corps, tu es la Puissante qui a protégé son fils Horus* (*D.* II, 82).

Contre-don au roi

Protection magique et joie

> *Je te donne les amulettes et les formules magiques pour ton ventre, j'inonde les Deux Terres de nourritures* (*E.* IV, 72).
> *Je protège ton corps avec l'amulette papyriforme de vie, je lance ma flèche contre tes ennemis* (*E.* IV, 228).
> *Je fais que les grands et les petits soient en joie* (*D.* XII, 222).

10. Apaiser Sekhmet

sehetep Sekhmet

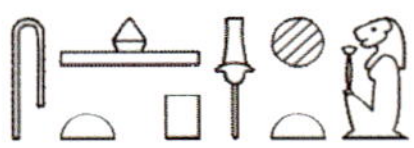

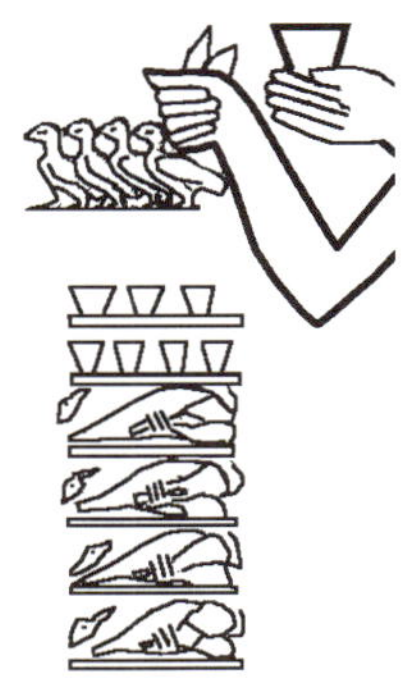

L'apaisement de Sekhmet, effectué dans le même esprit que celui d'Hathor, et selon des indications tout aussi anciennes, utilise des ingrédients différents : le roi tient quatre volatiles par les ailes, quatre oryx décapités sont à ses pieds ; il apporte sept cruches remplies d'un breuvage à base de jus de raisin miellé.

> *Prends la poignée d'oryx que j'ai dans mon poing, les oies et les grues qui sont sur ma main, je magnifie ta puissance, je fais vivre pour toi tes gens, je ne livre pas ton entourage aux démons, je fais des adorations pour toi sept fois, huit fois, neuf fois, dix fois, chaque jour* (*E.* IV, 311).
> *Le vase est présenté, l'oie engraissée, l'oryx transpercé dans son corps, la bière d'exception, l'encens sur le feu ; leurs graisses, elles atteignent le ciel* (*D.* V, 78).

Le roi *présente les quatre oryx provenant du désert avec les sept cruches contenant le mélange de miel*

Dendara

et de marc (*D.* VI, 134). Quand il pénètre dans le temple, au premier jour de l'année, il se concilie Sekhmet, *qui déchaîne les messagers de la fin de l'année*, en récitant un grand hymne :

> *Viens à* (*Pharaon*) *dans la paix, vois, il filtre pour toi le contenu des sept cruches de miel et de jus de raisin, bois-le ; Sekhmet-Bastet-Hathor, elle est satisfaite de son Horus. Viens à* (*Pharaon*), *n'entre ni ne sors étant furieuse, tu n'es pas remplie de toute cette fureur mauvaise …* (*D.* XIII, 44).
> *Salut à toi, Sekhmet la grande, l'uræus de Rê, la protectrice de tous les dieux ! On abat pour toi les bovidés et les oies, on fumige pour toi de l'encens, on massacre pour toi les oies et les oryx, la maîtresse du mélange de miel et de jus de raisin* (*D.* III, 164-165).

Contre-don au roi

Royauté et protection

> *Je protège ta majesté le jour de ton couronnement* (*D.* IX, 312).
> *Je choisis ta majesté parmi les vivants, je protège tes courtisans de toute souffrance* (*E.* IV, 155 ; *D.* III, 185).
> *Je protège ta majesté du feu de Sekhmet, je garde sain ton corps hors de portée de ses messagers* (*E.* IV, 342).

11. POUDROIEMENT D'OR ET DE FAÏENCE VERTE *nebou tchehen*

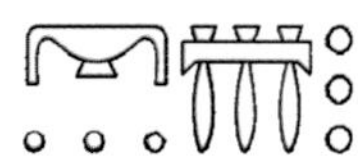

Lors des processions, le roi jetait sous les pas de la déesse de la poussière d'or et de faïence. La matière précieuse annonce la présence divine, la faïence verte est gage de fertilité. Le roi distribuait aussi des grains de céréales, voire des morceaux de gibiers et de poissons dans une odeur d'encens. Ces tableaux n'existent qu'à l'époque gréco-romaine (moins de vingt exemples en tout, cinq à Edfou, un à Philæ, un à Esna, onze à Dendara).

Cette cérémonie se déroulait dans un espace ouvert (cour ou esplanade) afin d'entourer la présence divine d'un scintillement mystique.

Je pulvérise de la poussière de faïence verte lorsque cette déesse atteint son temple où elle s'unit à son frère Khnoum (*Esna* III, 99).

Je prends le récipient, je l'empoigne de ma main gauche, il est rempli d'or et de faïence, je jette l'or, je disperse la faïence (*E.* V, 373).

Je place l'encens sur la flamme, je pulvérise de la poudre de faïence sur ta route quand tu rejoins en paix ton père lors de la fête de la Nouvelle Lune du premier mois des moissons (*E.* V, 175).

Dendara

À l'entrée du domaine d'Hathor, la cérémonie est ainsi décrite : *Sa chapelle est fumigée de myrrhe et d'encens, canards et oies sont découpés sur ses autels, or et poudre de faïence étincelante répandus sur le sol avec des céréales autour d'elle, du vin est jeté autour de son domaine, musique et joie ! La Dorée y repose, son cœur est parcouru de joie, les sept Hathors jouent du tambourin devant elle, dieux et déesses sont en joie de la voir, Rê est joyeux de la contempler.*

Edfou

Contre-don au roi

Prémices des récoltes et royauté

Je te donne les collines produisant les pierres fines, la campagne apportant ses céréales (*T.Isis*, 87).

Je te donne la durée de vie d'Horus sur le trône de Rê parmi les vivants (*D.* XIII, 408).

Esna

RITES DIVERS POUR LES DIEUX

Rites divers pour les dieux

1. Bandeau de la victoire *mâhe en maâ-kherou*

La forme la plus simple de cette parure est un bandeau noué derrière la tête, parfois enrichi de deux uræus ; les deux moitiés du bandeau peuvent aussi être rejointes par des fleurs de lotus et de papyrus et des yeux-*oudjat*, une manière de représenter la réunion du pays (deux plantes) dans son intégrité (œil-*oudjat*).

Maâ-kherou, qui signifie littéralement « dont la voix est juste », proclame la victoire d'Osiris sur la mort ou celle d'Horus sur Seth, le pharaon s'identifiant évidemment à Horus. Toutankhamon portait ainsi une couronne de fleurs sur le front autour de ses uræus, le simple mort reçoit sur sa momie une guirlande végétale. Dans le domaine divin, il en est de même : à Abydos, un prêtre place le bandeau végétal sur la tête d'Osiris lors des grandes fêtes de la résurrection.

Esna

Atoum te rend victorieux, Geb te donne son héritage (*D.* XIV, 128).

L'offrande n'apparaît dans les temples qu'à l'époque gréco-romaine. Sur la porte de Montou à Karnak (à côté du domaine d'Amon), le bandeau est exceptionnellement riche, il compte sept nœuds (chiffre magique par excellence), trois d'un côté, quatre de l'autre ; un côté est borné par le papyrus, l'autre par le lotus ; le fermoir lui-même est un œil-*oudjat* : tous les symboles de protection sont réunis.

Tu es reconnu justifié lors du procès, ta voix est juste. Le bandeau de la victoire est à ton côté, tu saisis ta couronne sur le trône de Geb en t'installant auprès de ton père Osiris (*Urk.* VIII, 18 et *E.* IV, 104).

Thot le reçoit aussi, non comme gage de victoire, mais comme légiste omniprésent dans toutes les affaires divines. Charge à lui de le remettre, ensuite, à Osiris.

Je t'apporte ce beau bandeau de victoire, je ceins ton front du beau bandeau, car tu es le maître de l'équité parmi les dieux (*D.* III, 19).

Khnoum d'Esna reçoit ce bandeau associé au sceptre de puissance ; il s'assimile alors au vizir Thot comme *chef de la ville assis sur la natte* (*Esna* III, 299).

Horus *s'empare du pays en victorieux, il reçoit la couronne de son père Osiris, apparaissant ainsi légitimement sur le trône de Geb, sorti victorieusement de son jugement auprès du grand tribunal qui est dans Héliopolis* (*E.* IV, 103).

Le bandeau est pour ton front, tu triomphes de tes ennemis, louange à toi, joie pour ta mère, tu es victorieux, Horus le victorieux, tu prends possession du pays en victorieux, tu reçois la couronne de ton père Osiris, le couronnement sur le trône de Geb (*D.* VI, 125).

Contre-don au roi

Royauté, légitimité et protection

Je te donne le couronnement sur le trône de Geb, Je rends puissante ta majesté par le bandeau de victoire (*ME*, 99).

Je te donne la victoire à Memphis et à Héliopolis auprès du grand tribunal (*D.* VI, 126).

J'enlève le bandeau de ma tête, je le place sur ta tête, je fais ta protection que je renouvelle sans cesse (*E.* IV, 260).

2. Bandeau de palmes

mâhe en benet

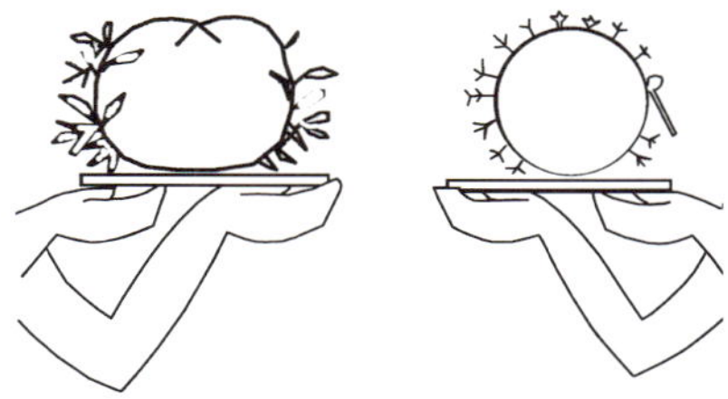

Ce bandeau de palmes n'est offert qu'à Thot et en trois exemplaires ; le premier témoin, situé sur une colonne de la cour d'Edfou, fut copié aussitôt par les scribes de Philæ.

Ce bandeau de plantes enivrantes et de fleurs,
je le présente à ton beau visage (*Philæ*).

La fête majeure de Thot était célébrée le 19 du premier mois de l'année (mois de thot), on mangeait des figues en proclamant que la vérité est douce et, parfois, on sacrifiait un chien rouge, incarnation de la puissance maléfique séthienne.

Je place le bandeau de palmes sur ta belle tête le 19 thot, tu es victorieux lors du Jugement ; l'animal de Seth est abattu, il n'existe plus ! (*Philæ*).

Contre-don au roi

Légitimité et puissance

Je te rends victorieux le jour du Jugement (*Philæ*).
Je reçois le bandeau qui protège Ma Majesté, je te donne un corps vigoureux contre les ennemis (*E.* V, 287).

3. Palette, calames et godet de Thot

gesty, ârou, pas

Thot, le greffier divin, est présent en toute circonstance, de la naissance jusqu'au jugement des morts, du baptême jusqu'au couronnement. Il sait tout, il dirige tout, il est le magicien, l'intellectuel, la mémoire des dieux, il fixe la

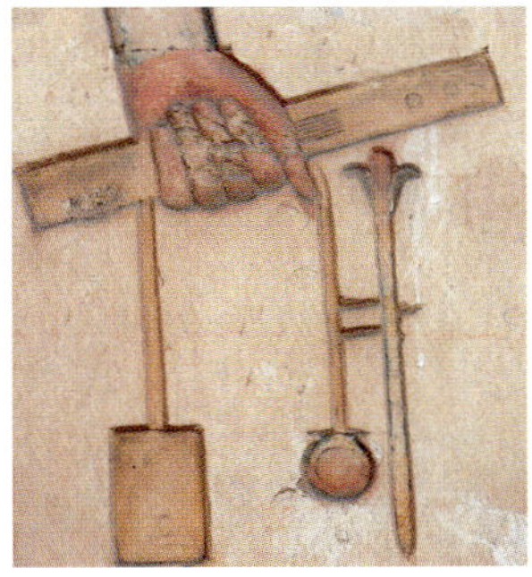

Abydos

marche des astres. Ses instruments de travail sont la palette et le godet ; les calames, grandes tiges de roseau, servent à écrire sur les papyrus.

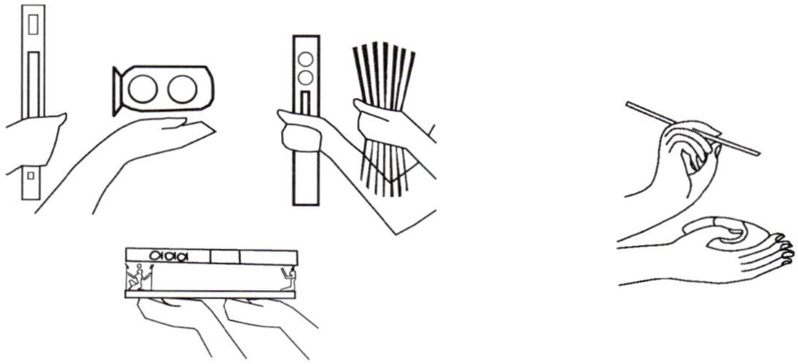

Thot fait émaner de lui *Perception* (*Ir*) et *Entendement* (*Sedjem*), la palette porte ainsi la désignation de *Ir-sedjem* ou *bras de Ir.*

Edfou

Edfou

Prends la palette, Thot maître de la palette ! Elle est placée sous la responsabilité de Perception et d'Entendement (*D.* XII, 262).

Sagesse et *Parole* forment avec *Ir* et *Sedjem* les hypostases de Thot : *Le premier d'entre eux a conçu les mots, le deuxième voit les choses, le troisième se souvient du passé, le quatrième dispense le bonheur* (*E.* IV, 309).

Thot *est le premier qui s'est souvenu, celui qui a fixé à l'origine l'écrit* (*E.* IV, 389), il est *le conservateur des archives, celui qui fixe la durée de vie* (*E.* V, 91) et il *transmet la fonction royale du père au fils* (*D.* XII, 263).

Contre-don au roi

Royauté intemporelle

Je te donne ton cœur installé à sa place, je te fais souvenir de ce qui s'est passé devant toi. J'inscris ta royauté jusqu'à la fin de l'éternité temporelle, je grave tes fêtes jubilaires en nombre infini dans le palais royal (*D.* IX, 90).

4. Mât de Min

ka-sehenet

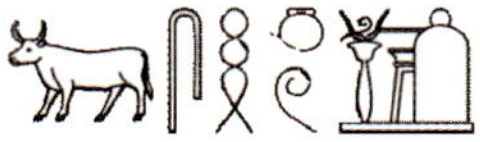

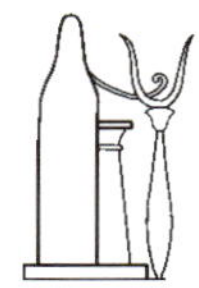

Cette sorte de hutte ronde est un silo à grains qui figure souvent devant le dieu, maître des contrées étrangères. On voit parfois un mât à quatre hampes, haubanées par des Nubiens dont le haut rang est indiqué par les plumes figurant sur leur tête. Ces jolies compositions, qui remontent au règne de Pépi II (vers 2200 av. J.-C.), sont souvent représentées dans les temples du Nouvel Empire, comme Louxor ou Karnak (une douzaine d'exemples) ; ce mât était en effet érigé lors des fêtes royales auxquelles était associé l'antique dieu Min (beaux exemples au Ramesseum et à Medinet Habou).

Le dieu affirme ainsi sa puissance sur les contrées minières, lui qui est le protecteur de toutes les voies caravanières.

> *Je t'amène les princes de Nubie et les habitants de Pount, je conduis vers toi les Libyens et les Asiatiques portant leurs tributs en s'inclinant devant ta puissance majestueuse, ils accomplissent leur rituel pour complaire à ton cœur, Ta Majesté se réjouit de les voir, ils contemplent ton ka, alors que tu apparais avec tes deux plumes sur la tête et que tu es impressionnant par ton phallus devant eux* (*D.* IX, 82).
>
> Min est *le chef des contrées étrangères, qui s'avance en conquérant et devant lequel personne ne prend les armes, la crainte qu'il inspire est grande sur le terrain de combat. On érige un mur pour le voir, on dresse un mât pour apercevoir son image* (*D.* IX, 82).

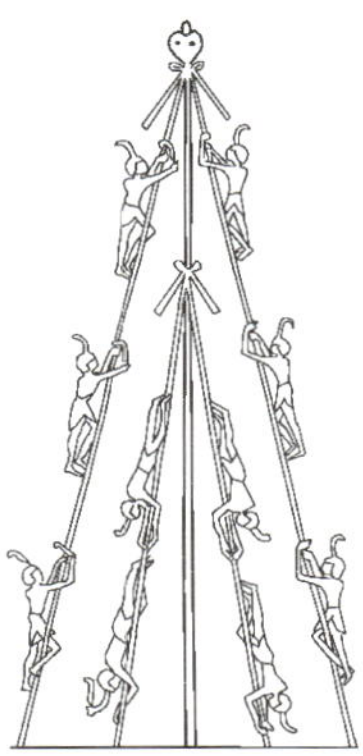

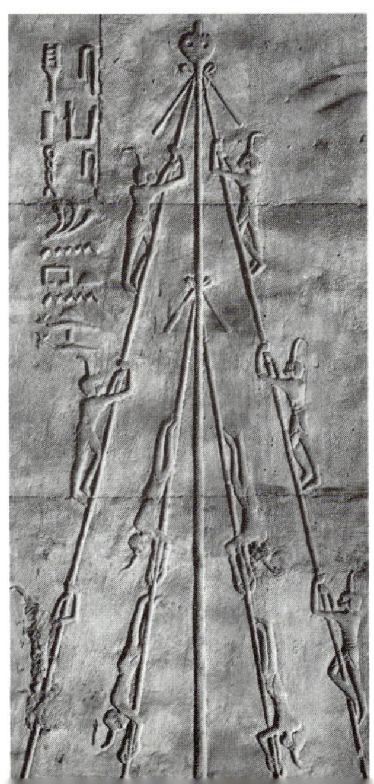

Edfou

Louxor

Nous empoignons la corde pour affermir le mât, nous tenons ferme le mur pour stabiliser la hutte de Min (*D.* XII, 158).

Contre-don au roi

Domination sur les contrées étrangères

Je te donne les Libyens en soumission, les contrées de l'ouest portant leurs tributs (*E.* II, 88).
Je te donne les contrées étrangères tremblantes devant la terreur que tu inspires, leurs princes sont à tes ordres (*D.* XII, 159).

5. Danse de Chou

oureh en Chou

Le roi effectue un pas de danse devant une déesse. Ce rituel, attesté uniquement à Esna, rappelle la mission de Chou chargé de retrouver Tefnout, la fille de Rê enfuie en Nubie ; le dieu la calma par des chants et des danses. Le roi, se substituant à Chou, rejoint la déesse, et les deux personnes se tendent la main, comme les jumeaux qu'ils sont dans les signes astrologiques.

Dendara

Esna

Elle revient de Nubie, rejoint Esna, Chou danse pour elle (*Esna* VI, 134). *Son frère met sa main dans la sienne et exécute une danse joyeuse lorsqu'elle rejoint sa ville* (*Esna* III, 360).
Saisissons une couronne de fleurs, faisons une procession de fête, dansons pour elle (*Esna* III, 355).

Contre-don au roi

Réjouissance

Je fais que les gens dansent pour ta majesté (*Esna* VI, 130).

6. Tour de potier *nehep*

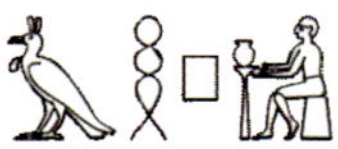

La création peut s'opérer de différentes façons : par le sperme, le crachat, le verbe ou le tour de potier. Ce dernier mode, le plus concret, est réservé à Ptah et à Khnoum, les modeleurs de l'humanité ; par ailleurs, l'un est à l'origine de la crue à Assouan et l'autre à Memphis, à la pointe du Delta.

Esna

Esna

En offrant le tour au dieu, le roi incite celui-ci à perpétuer son œuvre créatrice. Le tour, objet sacré du temple d'Esna, est porté par un prêtre lors de la sortie processionnelle de la barque de Khnoum :

Six tableaux représentent dans ce temple le tour du potier ; placé sur trois symboles vie-santé-force (voir photo), il imprègne de la force originelle les moteurs de la vie.

Khnoum-Ptah *façonne les artisans et tourne les hommes ; il enfante les dieux, le grand et le petit bétail, fait advenir les oiseaux, donne la vie aux poissons et fabrique les serpents* (*Esna* II, 35).

Artisan-potier, Khnoum, est *celui qui fixe la durée de vie, le Destin et la Bonne Marraine fixent ce qui doit arriver* ; comme dieu, il *conjure le mauvais sort* (*Esna* II, 35 et III, 228).

Il *fixe la semence dans les os pour engendrer un héritier et créer l'embryon pour la femme stérile* (*E.* V, 185). le roi est, quant à lui, *celui qui est façonné dès le ventre pour monter en tant que régent sur le trône* (*Philæ* II, 396).

Contre-don au roi

Population nombreuse

Je te donne le travail de mes doigts (= les hommes) fidèle à ta majesté (*Esna* II, 37).
Je fais que se multiplient les jeunes gens sur terre (*Chelouit* III, 165).
Je reçois le tour que tu apportes à Ma Majesté, je fais pour toi des enfants grâce à lui, avec des fils et des filles pour multiplier tes sujets dans ce pays (*Philæ* II, 396).

7. MODELAGE DE L'ŒUF

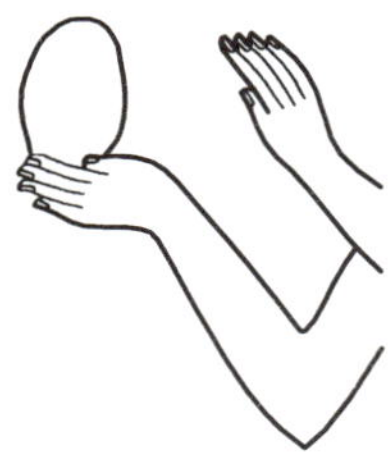

Parmi toutes les conceptions relatives à la création, celle d'Hermopolis (ville située à mi-distance entre Memphis-Héliopolis et Thèbes) connut un grand succès : huit dieux primordiaux, grenouilles et serpents surgis du noun, créèrent un œuf dont sortit le soleil. Cet œuf-embryon est offert à Osiris dans le mammisi de Philæ. D'après des textes fort anciens et d'interprétation délicate, c'est Sokar-Osiris qui ouvrit l'œuf le premier.

RITES COSMIQUES ET SYMBOLIQUES

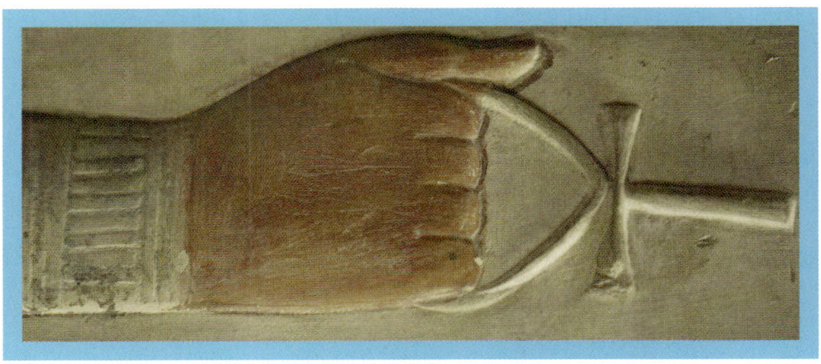

Rites cosmiques et symboliques

1. Maât

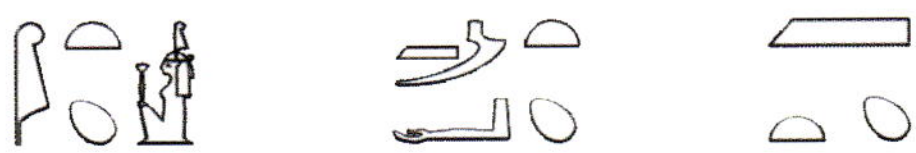

Maât incarne l'équilibre et l'ordre nécessaire de l'univers cosmique et terrestre : *chacun doit agir conformément à Maât.* Vie morale, intégrité du pays, action de chaque jour, maât est la condition de toute chose. Cette notion égyptienne fondamentale est présente en tout temple et à toute époque (il s'en trouve, par exemple, cent trente tableaux à Dendara), l'iconographie n'a pas varié au fil des siècles.

Thot, vizir, greffier et juge de toutes les activités, est toujours accompagné de Maât ; chez les dieux ou chez les hommes, rien ne se fait sans eux. Le vizir porte ainsi sur la poitrine la plume de Maât.

Karnak

Philæ

Karnak

Ta Maât est pour toi, juge et greffier qui tranche la vérité, c'est la raison d'être de Ta Majesté qui est devant toi, elle sort de tes lèvres, elle coupe ta langue, tu juges le pays en toute exactitude (*E.* V, 322).

Maât est offerte également aux maîtres du temple, Horus, Hathor-Isis, Khnoum, Amon, etc. Alors Horus *tranche la vérité, écoute les prières de celui qui s'adresse à lui* (*E.* VII, 114) ; Hathor, *maîtresse de Maât, vit de Maât et ce qui sort de sa bouche advient aussitôt* (*D.* II, 38). Isis devient *le vizir féminin, la fille de Thot qui dispense les commandements dans le palais* (*D.* II, 221).

Maât est aussi la trachée par où passent les aliments, l'offrande de la nourriture étant un préalable au rituel de justice.

Prends ta fille aimée, elle t'aime, elle ne s'éloigne pas de Ta Majesté, c'est ta gorge, elle emplit ton corps, c'est ton œsophage qui conduit les aliments à ton ventre, ta belle Maât, tu en vis (*E.* VII, 90).

Le roi, quant à lui, est *celui qui aime la vérité et déteste le mensonge, le juge excellent et impartial, celui dont les lois sont remarquables comme celles de Thot ; il protège les êtres de vérité et châtie les menteurs* (*D.* II, 12). Il est *le chef de la ville, le juge et greffier qui ne reçoit pas de pots-de-vin et qui déteste l'iniquité* (*E.* VII, 91).

Contre-don au roi

Ordre, équité et vérité

Je fais pour toi que le palais demeure stable grâce à ton comportement parfait et que ta majesté soit puissante parmi les vivants (*D.* III, 155).

Je place maât dans ton cœur afin d'agir bien pour les dieux et les déesses (*E.* IV, 76).

Je supprime le mensonge en ton temps, la justice triomphe en ton espace (*E.* IV, 102).

2. ŒIL-*OUDJAT*

La croix de vie et l'œil-*oudjat* sont les symboles les plus célèbres de l'Égypte. L'œil est le symbole d'intégrité par excellence ; les deux yeux symbolisent le soleil et la lune.

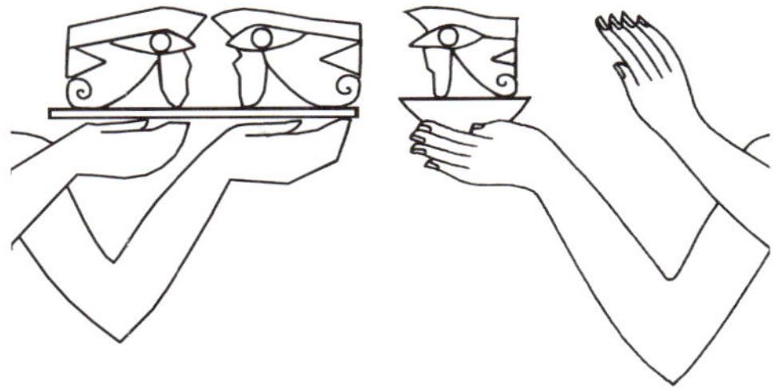

Hathor, fille de Rê-Soleil, est *l'œil du jour* ; Isis, épouse d'Osiris-Lune, est *l'œil gauche qui irradie la pénombre.* Hathor *se réunit à l'œil gauche et elle illumine le pays qui était dans les ténèbres* (*D.* IV, 15), elle *donne la vue aux yeux aveugles* (*D.* IV, 77).

Mais l'œil lunaire symbolise surtout Osiris, l'astre de la nuit qui se reconstitue jour après jour jusqu'à la Pleine Lune.

Kom Ombo

Khonsou est aussi un dieu-Lune qui *illumine la terre après Rê, c'est un taureau brûlant qui féconde les utérus* (*E.* I, 56).

> *Tu resplendis dans le ciel sous la forme de Lune, tu es le maître de la Nouvelle Lune qui apparaît à la pleine lune, tu éclaires le pays qui est dans la nuit* (*D.* XII, 162).
>
> Horus le faucon reçoit *l'œil droit de Rê le jour* (*E.* I, 50) et *l'œil gauche de la Lune la nuit* (*E.* I, 38). Il est *le disque d'or qui chasse la pénombre et qui navigue jusqu'à sa place de la veille* (*E.* V, 147).
>
> *Ton œil gauche est pour la nuit, il allume l'obscurité, tu es la Lune qui illumine la pénombre, qui éclaire la nuit comme le jour. Les taureaux crachent leur semence et fécondent les vaches* (*E.* V, 48).

Philæ

Le roi offre, selon le dessein des prêtres, un ou deux yeux. Si les textes mélangent parfois tous les mythes, le point commun en est le caractère *sain* (*oudja*) de l'œil-*oudjat*. Thot intervient dans tous les mythes, il compte les morceaux de l'œil lunaire, va chercher la déesse-œil quand elle s'enfuit en Nubie et fait respecter l'équité lors du procès entre Horus et Seth.

Contre-don au roi

Cosmos, éternité

Je te donne ce que voit l'enfant-Soleil le jour, ce que contemple l'enfant-Lune la nuit (*E.* III, 140).

Je te donne tes yeux installés à leur place en train de voir tout ce qui est vu par le disque solaire (*D.* III, 149).

Je te donne tes yeux sains, tes ennemis sont aveuglés, ils ne voient plus (*E.* V, 311).

3. Bouquet d'éternité *heh*

L'éternité est représentée par un dieu coiffé du disque solaire qui tient dans ses mains le double hiéroglyphe représentant l'année () ; l'ensemble, appelé aussi *le bouquet de vie de Rê*, n'est pas offert avant l'époque gréco-romaine, bien que le symbole soit connu depuis plusieurs siècles.

Dendara

Prends le bouquet d'éternité pourvu de ses années, des années innombrables dans l'orbe du soleil ; ce sont les bouquets de ton père Rê, tu les reçois, tu les portes à ton nez (*D.* IV, 21).

Chou, dont le nom signifie *air-lumière*, est vie et éternité.

Ton âme vogue dans le vent que tu es, on entend son bruit mais on ne le voit pas, tu remplis la gorge du souffle, tu ouvres le nez avec le vent du nord (*E.* IV, 143 ; *E.* VII, 276).

Cette offrande exalte les aspects d'autres dieux, ainsi Amon, *celui que l'on entend mais que l'on ne voit pas* (*D.* II, 126), Khnoum, Horus ou Ihy.

L'éternité, c'est l'image de ton corps qui se réunit à ton ka, ta forme mystérieuse qui exhausse le ciel (*Esna* VI, 48).

Horus est le dieu unique qui se façonne lui-même parmi la multitude, qui engendre les hommes et enfante les dieux, qui crée le souffle et fait vivre les hommes, le vent souffle de sa bouche et les plantes fleurissent quand il brille (*E.* III, 145).

Ta durée de vie est éternelle, ta royauté est pérenne, c'est ton avenir qui ignore la destruction (*D.* IV, 90).

Contre-don au roi

Éternité, souffle vital, royauté et protection

Je te donne une éternité d'années et de mois, une infinité de jours et de minutes (*E.* III, 20).

Je te donne le vent du nord pour ouvrir les gorges (*D.* XI, 150).

Je te donne tes ennemis livrés au billot de l'orient (*E.* IV, 144 ; *E.* VII, 277).

Edfou

Karnak

4. Soulever le ciel *toua pet*

Par ce rite, déjà représenté au Nouvel Empire, le roi rend le temple stable et durable ; les tableaux sont donc disposés de préférence dans les angles des bâtiments. Quatre déesses, symbolisant les points cardinaux, peuvent soulever le ciel à la place du roi.

Je suis la Verticale, qui exhausse le ciel pour son maître Horus d'Edfou. Je suis la Porteuse, qui porte le ciel pour Harsomtous, Rê sous sa forme d'Atoum (*T.Isis*, 95,122).

Le faucon (Horus ou Harsomtous), l'air (Chou) se meuvent dans le ciel ; le rite, exécuté devant eux, rend indestructible l'univers.

Je soulève le ciel dans Edfou, l'horizon est haut qui contient Celui de l'horizon, le ciel est ferme sur ses quatre piliers, entres-y, prends place, Horus des Horus (*E.* IV, 251). *Monte de ton temple vers le ciel, éclaire Edfou de ta lumière, tu t'élèves d'Edfou vers le ciel chaque jour, tu entres dans l'un en entrant dans l'autre, tu es puissant sur terre tandis que ton disque solaire demeure auprès de la voûte céleste* (*E.* IV, 95). *Viens, Chou, le ciel est en équilibre sur mes mains, c'est l'image de ta fille Nout, les deux astres vivent en elle, les étoiles s'y trouvent du matin au soir, chacune en son temps* (*E.* I, 59).

Onouris-Chou *exhausse le ciel par le souffle de sa bouche, il se manifeste sous la forme du vent et ouvre les gorges* (*E.* I, 314).

Karnak

Contre-don au roi

Éternité et intégrité cosmiques

> *Je te donne la durée de vie de Rê dans le ciel, tes années sont celles du vent qui est en lui* (*Esna* II, 52).
> *Je te donne toute chose que couvre Nout et que supporte Geb sur son dos* (*E.* I, 59).
> *Je fais advenir pour toi un ciel pur de mal, sans nuage* (*E.* II, 95).

5. Horizon — *akhet*
Orient et Occident — *djou en bakh, djou en manou*

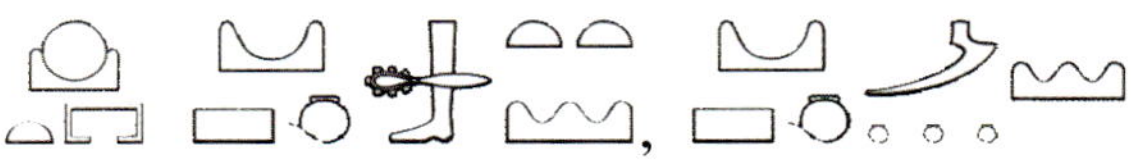

La course des astres et, partant, le déroulement cyclique de la vie ont obsédé la pensée égyptienne. Le lever et le coucher du soleil, moments les plus marquants du jour, ont été illustrés par l'image de l'horizon, avec – à l'intérieur et dans un disque – un enfant pour l'astre du matin et un vieillard pour celui du soir.

Dendara

Dans la cour d'Edfou ainsi, sur les colonnes d'angle (tableau tourné vers l'intérieur) et sur les côtés des môles du pylône, le roi offre les horizons de l'orient et de l'occident qui évoquent la course du soleil, de l'est vers l'ouest.

> *Prends l'horizon de l'orient où tu brilles comme un enfant* (*E.* V, 271 ; *E.* VIII, 132).
> *Prends l'horizon de l'occident où tu reposes pendant la nuit, tu retournes dans le monde infernal, puis tu te montres à nouveau dans l'horizon de l'orient*

Dendara

et tu éclaires le pays. Je t'apporte l'horizon qui contient ton apparence de vieillard, tu éclaires le monde infernal pour les morts (*E.* VIII, 91).
Tu ouvres les yeux et le jour se fait, tu les fermes et la nuit advient (*E.* VIII, 132).

Contre-don au roi

Royauté universelle

Je te donne le palais protégeant ton corps, le trône pur pour ton ka (*E.* VIII, 91).
Je te donne le trône pour que tu y sois couronné (*E.* VIII, 132).

 [*akhet*]

L'horizon avec le disque vide n'est présenté qu'à Hathor de Dendara ; Il symbolise la demeure terrestre de la fille de Rê, son horizon sur terre.

Rê lui donne son horizon, son trône, sa fonction royale, sa souveraineté et sa royauté au ciel et sur terre (*D.* I, 100).
Je soulève l'horizon devant ton beau visage, je soulève le ciel de mes mains (*D.* XIV, 197).
Prends l'horizon qui est haut dans le ciel, c'est la royauté de Rê, la fonction royale du Maître de l'Univers (*D.* IX, 10).

Contre-don au roi

Royauté

Je te donne une éternité de fêtes jubilaires dans le palais royal, je te donne la royauté de Rê et les titres de propriétés d'Horus (*D.* IX, 10).

6. Barques matinale et vespérale *meseketet, mândjet*

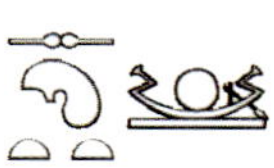 

Dans le pays du Nil, le soleil voyage en barque. L'offrande est apparue à l'époque gréco-romaine. Hathor est l'œil droit et le pilote du jour ; Isis, qui rejoint Osiris dans le monde infernal, est l'œil gauche et le pilote de la nuit.

Ce voyage solaire, essentiel pour la vie du pays, est protégé de toute part ; les ennemis aquatiques et terrestres qui menacent l'astre sont annihilés par les rites propitiatoires : crevaison de l'œil d'Apophis et sacrifice de l'oryx, massacre du crocodile et de la tortue.

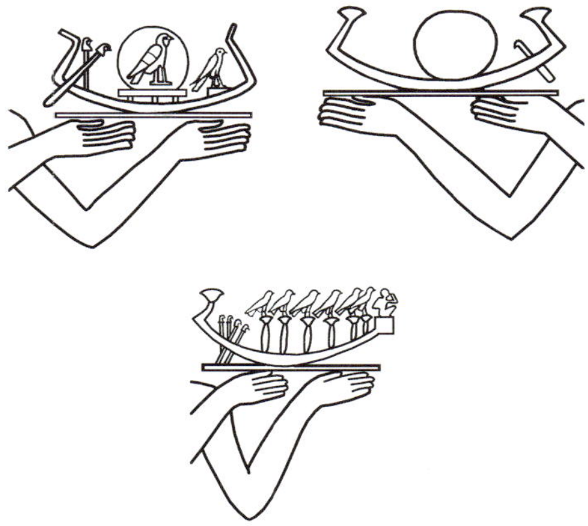

La force magique du texte de tradition millénaire est renforcée par le recours aux assonances et aux allitérations :

– *âdjet âdjtou, âk.ek sâa.ek, ânedj âapep = la barque matinale est sauve, tu y montes et tu te magnifies, amoindri est Apophis* (*E.* IV, 104).

– *khy.ek er khyt, khened.ek sou m khakh, khebed.ek Khebed em khebet =tu montes au ciel, tu y pénètres en hâte, tu anéantis le Vil dans le lieu d'anéantissement* (*E.* IV, 104).

Des barques miniatures étaient conservées dans les trésors des temples. Harsomtous-Rê reçoit *la barque vespérale d'or qui contient son image* (*D.* II, 20), Khnoum *la belle barque d'or et la barque de lapis-lazuli* (*Esna* VII, 18).

– La barque matinale [*meseketet*]

La barque matinale est bien installée au milieu du ciel, l'enfant s'unit à toi au milieu d'elle, les Âmes de l'Orient font adoration à Ta Majesté, les babouins adorent ton ka. le dieu *y apparaît à la première heure du jour* (*D.* II, 183).

Hathor *conduit Rê vers son horizon, elle est le pilote de la barque solaire* (*D.* II, 183). *La barque, c'est l'œil droit de ton père, il y navigue le jour, c'est ton horizon, tu y resplendis* (*D.* XIV, 32).

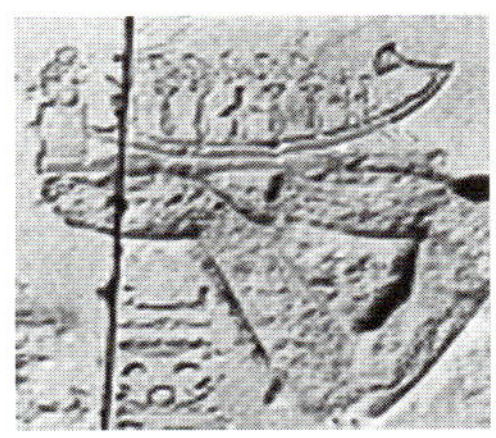

Dendara

– La barque vespérale [*mândjet*]

Horus traverse le ciel chaque jour sans jamais se fatiguer et se couche à l'occident dans la barque vespéral ; le vieillard dans le pays-de-vie, l'éternité spatiale se façonne pour lui, il repousse les limites de l'éternité temporelle en chassant les ténèbres (*E.* IV, 105).

Dendara

Contre-don au roi

Flotte fluviale nombreuse

Je te donne des bateaux nombreux sur le fleuve (*E.* IV, 261 ; *D.* XIII, 290).
Je te donne le bateau qui accoste à bon port (*Esna* VII, 18).
Je te donne une flotte nombreuse (*E.* V, 168 ; *D.* XIII, 289). *Le fleuve est rempli de ses bateaux, l'eau couverte de navires* (*D.* XII, 147).

7. Course royale

La course royale existe depuis l'aube de l'histoire (Djeser s'y livre à Saqqarah) ; elle n'est toutefois représentée dans un temple qu'à partir du règne de Thoutmosis III. Puis, un peu partout dans les salles hypostyles de Karnak et d'Abydos et jusqu'aux temples des dernières époques. Le roi parcourt le territoire et l'apporte au dieu ; ce faisant, il porte différents objets (rame, gouvernail, vases, titres de propriété).

Parcourir le territoire. Celui dont la marche est rapide et qui empoigne le rouleau, qui parcourt les étendues aqueuses et les quatre coins du ciel, qui marche jusqu'aux limites où brille le soleil (*E.* III, 117).
J'arpente ce pays, mes bras portent le vase à libation, je parcours mes possessions du pays, le vase est rempli d'eau (*E.* III, 169).

Quand le roi court en tenant le flagellum, avec à son côté le taureau-Apis de Memphis, il s'assimile à Horus qui recherche les reliques de son père Osiris.

J'accélère ma marche, j'apporte le corps divin, je rassemble les reliques dans les nomes, le fils d'Isis est devant moi, je suis son délégué pour rassembler les dieux, je parcours les buttes, je sillonne les nomes, je foule les chemins dans le pays, je rassemble les dieux, je cache leurs aspects secrets et je dépose les reliques à leurs places (*E.* VI, 288).

Karnak

Contre-don au roi

Domination de l'univers, fertilité

Je te donne ce que voit le disque solaire, ce que voit la lune la nuit (*E.* IV, 139) [course avec un oiseau].
J'ouvre pour toi les chemins dans tout lieu où tu te trouves, j'éloigne le mal de ta route (*E.* III, 117) [course avec les titres de propriété et la rame].
Je fais que tu gouvernes le Sud et que tu gouvernes le Nord, l'orbe du ciel est sous tes sandales (*E.* II, 50) [course avec les titres de propriété et le veau].
Je reçois l'eau que tu as conduite à mon ka, je me réjouis que tu presses le pas, je fais que tu renouvelles les fêtes annuellement (*E.* IV, 354) [course avec vases et rame].
Je fais couler pour toi une crue abondante, au bon moment, chaque année, sans cesse (*E.* III, 170) [course avec vases].

Ramesseum

Dendara

Karnak

8. Obélisque et Pilier

tekhen
ka-iounou

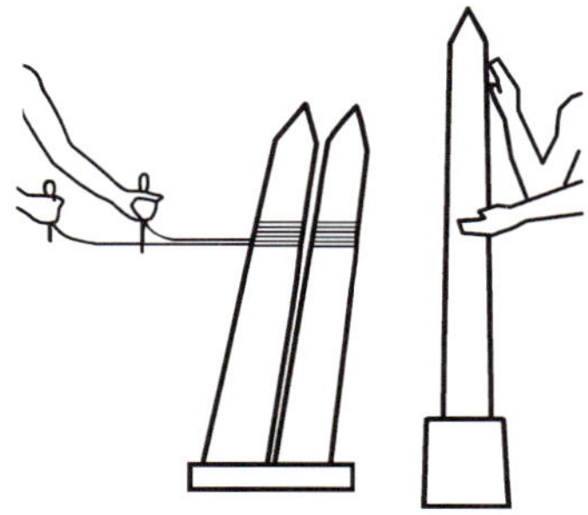

À l'aube de l'histoire, le totem d'Héliopolis était une pierre noire que le soleil éclairait à son lever. Les obélisques furent les supports de cette pierre devenue un pyramidion, en même temps que, par leur forme, ils représentaient les rayons de l'astre diurne. Au Nouvel Empire, ils se multiplient à l'entrée des temples. À Karnak, un obélisque *unique*, le plus grand de tous, était disposé dans l'axe du temple (il représente l'héritier de Rê et d'Osiris).

Les premières représentations d'érection de l'obélisque datent du règne d'Hatchepsout (chapelle rouge), on voit un bel exemple de l'opération sur la paroi extérieure sud de Karnak qui date de Ramsès II. À l'époque gréco-romaine, une dizaine de tableaux commémorent le rite ancien.

Dresser l'obélisque conformément à ce qui est prescrit dans Héliopolis (*E.* II, 94).

Le dieu solaire *vient du ciel, se pose sur son obélisque, il s'installe sur ses serres au sommet de son obélisque* (*D.* XIV, 30).

Karnak

Ces obélisques étaient érigés lors des fêtes jubilaires. Le monolithe dressé, naturellement assimilé au phallus, est le symbole de la continuité royale.

Je te donne un phallus-obélisque érigé comme il convient, large comme il faut, ton fils est sur ton trône (*E.* II, 94).

Dendara

Le pilier, autre totem de Rê, comporte un bucrane dans sa partie supérieure. Dans les trois capitales dynastiques en effet, des taureaux sacrés étaient vénérés : Apis à Memphis, Boucchis à Thèbes et Mnévis à Héliopolis ; les animaux étaient intronisés, recevaient un culte et, une fois morts, étaient enterrés selon un rituel funéraire strict.

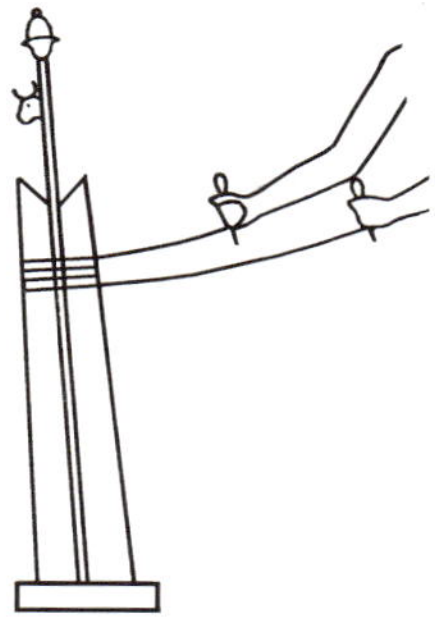

Dendara

Mnévis, taureau noir constellé de taches en forme d'épis, était symbolisé par une grande perche au bout de laquelle était accrochée une tête de taureau ; cet objet se transforme par la suite en pilier-*ioun* (*ioun* signifie « Héliopolis »).

Dresser le pilier héliopolitain pour Atoum conformément à ce qui est prescrit dans le temple-du-phénix (*E.* II, 91).

Le roi *vient d'Héliopolis sur mission de Rê afin de dresser le pilier héliopolitain* (*D.* XIV, 72).

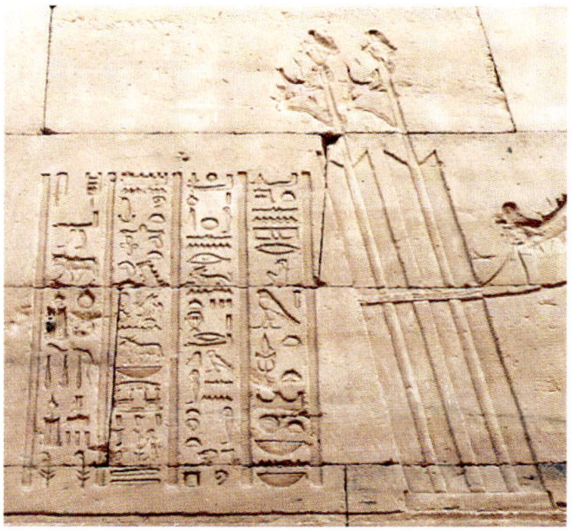

Edfou

Les deux symboles sont placés de manière complémentaire, l'un à l'est (obélisque, Rê), l'autre à l'ouest (pilier, Atoum), comme à Edfou où ils figurent dans la salle hypostyle, sur les parois extérieures du temple ou dans la cour.

Contre-don au roi

Triomphe de la royauté et fécondité

Je réjouis les Héliopolitains, car ils voient ton œuvre (*E.* II, 91).

J'exalte ton nom aussi haut que le ciel, car tu es l'Horus qui dirige ce pays (*E.* V, 269).

RITES FUNÉRAIRES

Rites funéraires

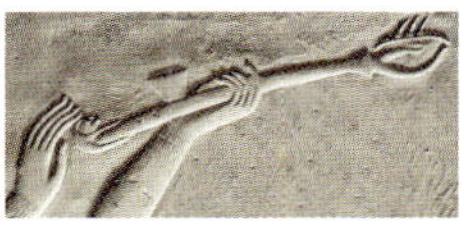

Osiris, qui meurt pour renaître, est embaumé selon un rituel antique fixé à Memphis et exécuté dans le *temple-de-l'or* de cette ville. Les rituels funéraires s'adressent à lui par l'intermédiaire de son héritier ; celui-ci (Horus ou Harsiesis) ou l'embaumeur (Anubis, Thot) reçoit une offrande qu'il redonne à Osiris. Le roi qui, en quelque sorte, met en scène le drame divin, s'assimile au prêtre-*sem* dont le vêtement est caractéristique (dépouille de léopard) ; il dirige le cérémonial et *accomplit le travail d'embaumement*. Il ouvre la bouche d'Osiris pour que celui-ci puisse vivre dans l'autre monde, il dissimule sa tombe et conduit la procession autour des murs de Memphis.

1. Ouverture de la bouche — *oup ra*
Herminette d'Anubis — *nou, ouret-hekaou*
Lame de silex — *pesechkaf*

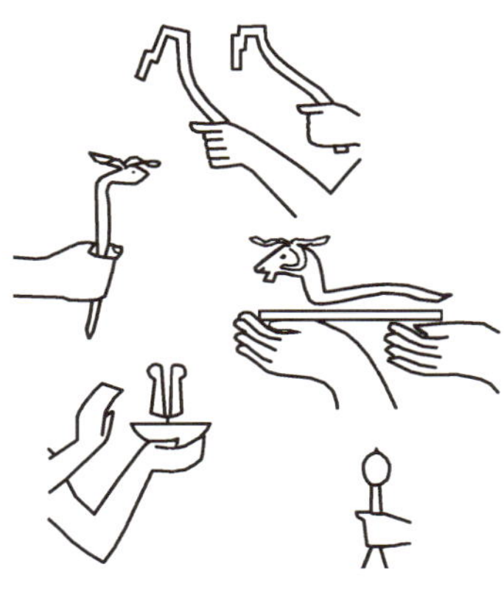

C'est avec une herminette et un ciseau que l'on ouvre la bouche du mort qui retrouve ainsi l'usage de ses organes et peut s'alimenter.

Dans les scènes d'offrande, le roi tient une herminette parfois terminée par une tête de bélier ; il peut aussi tendre simplement le bras et réciter les formules vénérables ou, dans un exemple unique, brandir une lame de silex.

Le prêtre ritualiste porte la mèche de l'enfance, il est vêtu d'une peau de léopard ; il tend le bras en faisant le rituel de l'offrande funéraire pour ouvrir la bouche de son père lors de la cérémonie de l'ouverture de la bouche (*D.* XIV, 18).

Je lève le couteau de silex de ma main. Je présente tes mâchoires à ton visage, l'une est à ta droite pour te protéger, l'autre est à ta gauche à te défendre. Tes dents sont aiguisées, elles effectuent leur travail pour que tu manges selon ton désir (*E.* VII, 152).

Dans les temples, l'ouverture de la bouche ne se fait que pour Osiris ; toutefois, le pharaon s'adresse parfois à Anubis pour que celui-ci accomplisse le rituel pour son père Osiris, *après que le dieu a été embaumé* (*D.* XII, 146).

Ton herminette est pour toi, fils d'Osiris, qui régis la chambre d'embaumement ; tu la reçois de ma main afin d'ouvrir la bouche de ton père (*E.* IV, 275 ; *D.* XI, 177 ; *T. Isis*, 319).

Anubis, *maître de l'enterrement dans la Nécropole, donne les ordres dans le temple-de-l'or, fait la quête des reliques éparpillées, veille sur son maître et repousse les ennemis loin de lui* (*D.* XII, 147).

Dans la chapelle d'Osiris à Edfou, le roi tend d'abord la massue avec laquelle il détruit les forces hostiles afin que rien n'interfère dans le rituel si secret ; puis le roi présente l'herminette avec laquelle il va procéder au rituel d'ouverture de la bouche.

Dendara

Edfou

Philæ

Contre-don au roi

Intégrité corporelle, protection

> *J'ouvre ta bouche pour que tu puisses manger, afin que ta force soit affermie contre tes ennemis* (*E.* IV, 243).
> *Je livre tes ennemis au billot chaque jour, ceux qui agissent mal contre toi sont réduits à néant* (*E.* III, 286).

2. Procession de Sokar

setcha Sokar

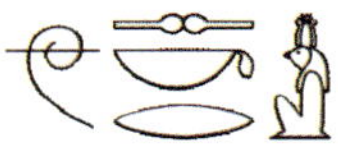

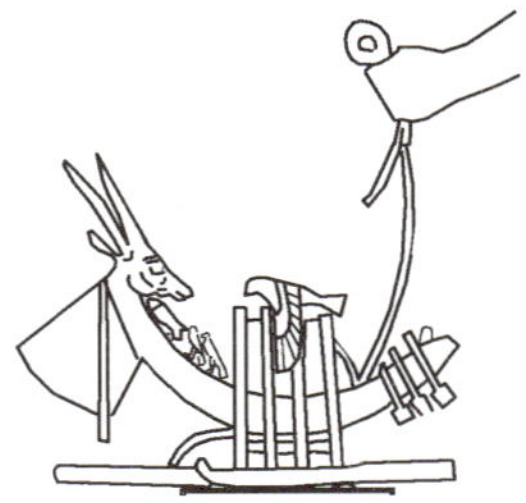

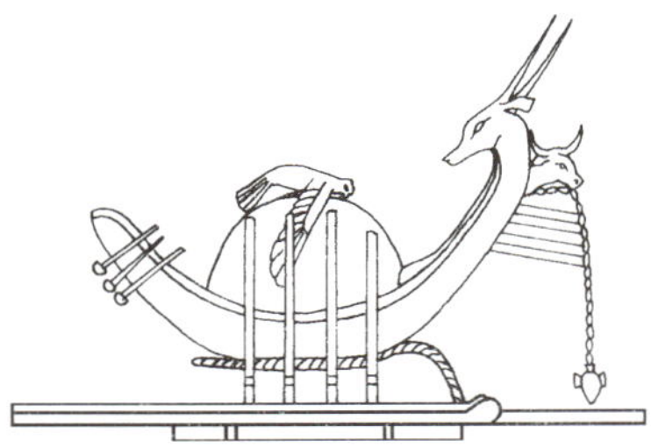

La première procession eut lieu autour du Mur blanc de Memphis ; les vieux mots ont traversé les siècles : *matin divin, circuler autour, Mur de Memphis.*

> Le roi *accomplit son rituel dans Edfou, tout comme il circulait dans Memphis. La corde est tirée à l'intérieur de Memphis, la barque est saine et sauve, on préserve son passage dans Edfou* (*E.* IV, 271).

Après les cérémonies secrètes, le vieux faucon Sokar se régénère et s'envole dans le ciel. Par ce rituel de passage, le vieux roi laisse la place à son héritier.

Deir el-Medina

Edfou

Dans la cour d'Edfou, toutes les étapes rituelles sont représentées : ouverture de la bouche, présentation du *pain de l'esplanade du temple de Rê*, récitation empruntée aux vieilles archives.

Le ciel s'ouvre pour toi, la terre s'ouvre pour toi, les portes de la nécropole s'ouvrent pour toi. Manifeste-toi en âme-oiseau, viens en esprit glorieux (*E.* V, 65).

Un bateau, placé sur un traîneau, renferme l'image divine ; il est fait en peau d'antilope, *c'est la dépouille des ennemis.* À l'intérieur de l'esquif, un réceptacle qualifié de *secret* protège *l'âme du dieu.* Anubis joue du tambourin devant la barque.

Je frappe le tambourin devant ta momie à l'aube, au matin divin. Tu parcours ta ville en joie, Seth est exterminé (*D.* X, 315).

Contre-don au roi

Royauté éternelle

Je te donne une durée de vie longue et sans limite, sans que s'arrêtent tes années (*E.* IV, 272).
Je fais que tu régentes le pays sur le trône de ton père comme Horus sur mon trône (*E.* I, 87).

3. Consacrer les quatre coffres d'étoffes *meret*

L'iconographie de ce vieux rituel, représenté depuis la XIe dynastie jusqu'à l'époque romaine (pendant deux millénaires), est demeurée immuable : le roi, un bras levé en arrière, tient un sceptre dont le nom a les deux sens *puissance* et *consacrer* ; son autre main est placée au-dessus de quatre coffres qui rappellent le destin tragique d'Osiris. Celui-ci fut tué par son frère Seth et les morceaux de son corps éparpillés à travers le pays. Isis procéda à la quête sacrée, aux quatre coins du pays, pour reconstituer le corps de celui qui symbolise l'Égypte terrestre et cosmique. Réunir les reliques divines revient à accomplir le grand œuvre.

Le roi remplit son devoir *en assurant l'enterrement de son géniteur*. Il apporte *les reliques qui étaient éparpillées*, il s'assimile à *Horus qui prend possession des Deux Terres, qui dispense les commandements vers les quatre coins du ciel* (*D.* I, 140).

Prends les quatre coins du ciel pour ta part, la limite des rayons du soleil forme ton domaine ! Sud, Nord, Ouest et Est se prosternent à l'extérieur de ta chapelle, tes sujets sont rassemblés, hommes, femmes, les émules de Thot sont à tes ordres (*E.* IV, 310 et *E.* III, 116).

Dans les coffres, qui symbolisent les points cardinaux, sont conservés quatre tissus de couleurs blanche, verte, rouge clair et rouge sombre :

Je sillonne les villes, je parcours les nomes, je fais le tour des nécropoles du Pays-bien-aimé, je fais la quête des reliques dans l'Égypte, je te présente l'étoffe blanche, l'étoffe verte, l'étoffe violette, l'étoffe rouge (*D.* IV, 74).

Tôd

Karnak

Contre-don au roi

Suprématie universelle

Je te donne les hommes qui font leur travail, les humains ploient devant ta puissance (*E.* IV, 311).

Je te donne le Pays-bien-aimé avec tes titres de propriété, les terres et les déserts sont pour toi en sujets (*Esna* II, 60).

Je te donne les quatre coins du ciel en adoration devant ton visage et collectant leurs présents pour ton sanctuaire (*D.* IV, 74).

4. Mener les quatre veaux *hou behesou*

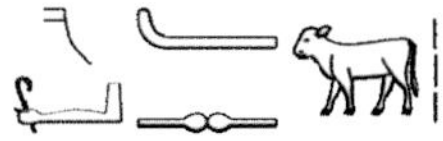

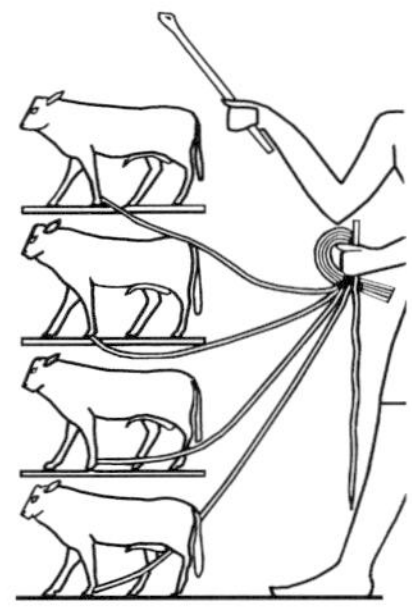

Une fois embaumé, le corps divin est enterré et sa tombe dissimulée aux profanateurs. Pour cette dernière tâche, le roi mène quatre veaux de pelages différents (noir, blanc, tacheté, roux) sur la tombe d'Osiris dont ils piétinent l'emplacement, le rendant indiscernable. Ce rituel, à l'iconographie pareillement inchangée en plus de deux millénaires, est régulièrement associé au précédent dans les temples – notamment au Nouvel Empire dans la région thébaine (une soixantaine d'exemples).

À l'origine, le rite, non funéraire, était essentiellement agraire. Lors de la grande fête des moissons du dieu Min, il fallait s'assurer de la qualité de la récolte. Les veaux, en piétinant l'aire de battage, séparaient le bon grain de l'ivraie et seules les céréales saines étaient rentrées dans les silos, en l'occurrence la hutte de Min (voir plus haut).

> *Je prends les cordes terminées par une croix de vie, je les tiens dans ma main gauche, je supprime les vers de la récolte, je les coupe en deux moitiés, je prends la tête dans ma main droite et l'extrémité dans la gauche avec les cordes, je fais venir les veaux de toutes les couleurs de pelage, je les mène pour ton roi quand tu te rends sur l'aire de battage, je rends saines les récoltes au bon moment de l'année pour remplir ton silo de céréales* (*Urk.* VIII, 87).

Les céréales furent ensuite assimilées à Osiris, l'aire de battage devenant la tombe de celui-ci, les vers – représentés par le bâton tenu par le roi –, les ennemis du dieu. Anubis forme le trait d'union entre les deux rituels : de chef du troupeau, il devient chef de l'atelier d'embaumement (voir plus haut). Les deux rites étaient accomplis originellement à Héliopolis, devant Min, puis sur la tombe d'Osiris. Horus, quant à lui, doit *détruire Seth, dissimuler la tombe d'Osiris* (*E.* VI, 287).

> *Conduire les veaux dans Héliopolis, afin d'égarer la marche de l'ennemi de la nécropole* (*E.* II, 86). *La tombe de ton corps est cachée à tes ennemis, ils n'en connaissent pas le chemin* (*E.* I, 78).

Contre-don au roi

Richesse pastorale et royauté

Je te donne les étables regorgeant de bouvillons et de génisses dont les veaux n'ont pas été sevrés (*D.* I, 147).
Je te donne l'héritage de mon fils Horus sur le trône de son père Osiris (*E.* II, 86).

Karnak

Louxor

Karnak

RITES DÉFENSIFS

Rites défensifs

Les astres brillent, la crue est abondante, les champs regorgent de céréales et les jardins de fruits, les dieux sont honorés et servis quotidiennement : l'Égypte est un paradis. Cependant cet équilibre doit être conservé, jour après jour, avec l'aide de Maât ; surtout, les forces du mal, toujours renaissantes, doivent être constamment annihilées, ou au moins repoussées – et l'assonance verbale et écrite est l'arme première des prêtres magiciens.

Le temple d'Horus à Edfou est masculin et guerrier ; c'est là, au plus haut degré, que le mal est tenu en respect et le visiteur a ainsi l'impression de se frayer un chemin entre les crocodiles, hippopotames et serpents, tous enchaînés, percés de lances et de flèches (plus de cent tableaux). Le roi, jouant le rôle d'Horus, est *boucher*, *chasseur*, *harponneur*, *pilote de la barque de combat*, *combattant*. On entrevoit que cette lutte mythique entre Horus et Seth trouve son origine dans une effroyable guerre civile de l'ancien temps.

Les principaux ennemis de Rê sont le serpent, la tortue et l'oryx. Le reptile cherche à arrêter le cours du temps en hypnotisant de sa pupille le pilote de la barque de Rê ; l'oryx croque l'œil du soleil. Les ennemis aquatiques, par ailleurs, sont fort dangereux car ils menacent d'assécher la source vitale, l'eau du Nil, ainsi la tortue avale l'eau de la crue.

Dans ce combat perpétuel, la riposte est toujours proportionnée à l'attaque : le serpent Apophis, vaincu par Rê-Atoum, revient à la charge en créant soixante-dix-sept émanations du mal ; Rê tire alors de sa propre substance soixante-dix-sept génies protecteurs. L'œil d'Apophis menace d'hypnotiser le pilote de la barque solaire, on crée des rites pour crever cet œil.

Le manichéisme cependant n'est pas égyptien et les dieux sont parfois ambivalents : Sekhmet, la compagne de Ptah de Memphis, peut être, on l'a vu, une lionne violente qui, régnant sur les messagers de la mort, retient ceux-ci ou les déchaîne à son gré ; Apophis le maléfique serait pourtant né du crachat de Neith, la mère du soleil. Atoum, le premier créateur, se manifeste sous la forme d'un serpent et, d'autre part, des serpents gardent

l'entrée des pièces secrètes ; les uræus protecteurs de Rê sont eux-mêmes des cobras meurtriers. Quant à l'inquiétant crocodile, c'est lui qui fait traverser le corps d'Osiris (sanctuaire d'Osiris à Philæ).

Pour que leur puissance destructrice soit renforcée, les scènes de massacre sont placées soit au niveau du sol (en bas des parois) soit en haut, à proximité du ciel. Leurs sujets sont tirés des manuscrits antiques (formules contre l'âne, le crocodile, l'hippopotame, le serpent) placés sous le patronage du plus ancien et du plus renommé des magiciens, Imhotep le grand, fils de Ptah qui *adore Rê et fait tomber Apophis*.

Le roi, cuirassé de la magie divine, dispose aussi d'armes tranchantes (couteau, harpon, lance, massue) et de nombreux bourreaux ; quant à lui, il est *vaillant, vigoureux, habile*. La mise à mort est féroce et le vocabulaire qui le décrit tout aussi foisonnant que celui qu'on utilise pour la fertilité agricole ; les deux pôles de la vie et de la mort paraissent ainsi s'équilibrer.

Dans les tableaux défensifs, le décorateur a laissé libre cours à son talent d'artiste : ennemis embrochés, mis au feu, animaux en positions diverses. Déjà, sur les pylônes du Nouvel Empire (Karnak, Medinet Habou), sur des stèles ou dans les scènes de bataille, le massacre donne toujours lieu à un dessin différent de la norme (dont les visages de face), l'étranger échappant aux normes de maât.

1. ARC ET FLÈCHES

iounet, cheser

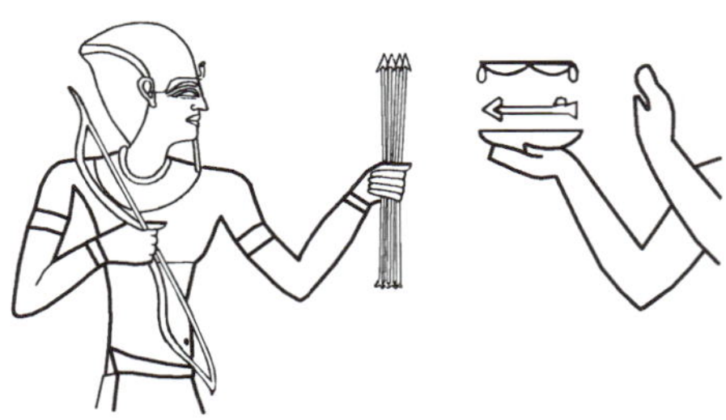

L'arc est présenté aussi bien aux dieux qu'aux déesses.

Horus d'Edfou est *le maître de l'arc et des flèches qui envoie ses flèches dans les pupilles de ses ennemis, de telle sorte que personne d'hostile ne se tient dans son entourage* (*E.* I, 150).

L'offrande s'adresse aussi à un Amon-Rê, archer du Delta.

Je tends les bras en portant tes armes, empoigne-les dans ton poing, tue tes ennemis (*E.* VII, 143-144).

Neith, qui fut assimilée à Athéna la déesse guerrière de l'Hellade, est l'archère divine, *la maîtresse de l'arc et la souveraine des flèches* (*Esna* III, 32). Son arc est porté par un prêtre lors de la sortie processionnelle de la déesse.

Edfou

Pharaon est alors *le héros de ses compagnies d'archers, le chef de son armée ; il empoigne l'arc afin de repousser les rebelles* (*E.* III, 135).

Contre-don au roi

Victoire sur les ennemis

Je te donne l'arc au jour du combat (*Esna* II, 252).
Je te donne les Neuf Arcs en prisonniers (*Esna* VII, 151).
Je fais que tes ennemis soient étendus par terre, tu les piétines de tes sandales (*E.* III, 136).

Philæ

2. Massue blanche

hedj

Depuis l'aube des temps, le roi lève le bras pour fracasser avec sa massue la tête de ses ennemis, ce que ne fait jamais le dieu. L'arme n'est donc jamais présentée à celui-ci, sauf, à Philæ, à un « demi-dieu », le Pharaon de Biggeh, qui est une hypostase d'Harsiesis, protecteur de son père Osiris.

Prends la massue qui développe ton prestige, ton cœur se réjouit de la voir, tu fais ce que dit ta mère, le cœur de ton père Osiris se réjouit (*Philæ*, col. ouest).

Philæ

Contre-don au roi

Victoire sur les ennemis

Je te donne tes ennemis abattus au lieu d'exécution, ils n'existeront plus (*Philæ*, col. ouest).

3. ÉPÉE D'HORUS DE LÉTOPOLIS *iyt*

Kom Ombo

Les formes guerrières sont multiples et souvent composites, particulièrement celles que prend Horus à travers l'Égypte. Ainsi Haroéris de Kom Ombo emprunte à son homologue du Delta, Horus de Létopolis (au nord de Gizah), une grande épée dont le nom est *iyt*.

L'œil  placé au milieu de la représentation rappelle celui du faucon qui illumine le firmament.

Il n'existe qu'un seul tableau à Kom Ombo de la figure complexe, mais, au fond du temple, l'épée symbolique de belle taille fait face au sceptre de puissance pourvu d'une tête léonine.

*Offrir l'épée-*iyt *à son père vénérable, la pourvoir pour lui des deux yeux* (*Kom Ombo* I, 207).

Contre-don au roi

Victoire sur les ennemis

Je te donne la force pour abattre tes ennemis, je coupe la tête des ennemis de ta majesté (*Kom Ombo* I, 207).

Kom Ombo

4. Sceptre de vaillance

khepech

Au Nouvel Empire, ce sceptre était remis par le dieu au pharaon. Il sera ensuite offert à des divinités guerrières tels Montou et Horus.

Prends le sceptre de vaillance, il frappe tes ennemis (*Opet*, 252).

Je suis ton fils, tu me donnes le sceptre de vaillance qui était dans ta main, tu es le maître du palais, maître de la fonction royale, dit-on à ton nom (*E.* VII, 84).

Kom Ombo

Contre-don au roi

Victoire sur les ennemis

Je te donne tes ennemis en un grand massacre (*Opet*, 252).

Je te donne la vaillance de Ma Majesté pour tes bras et ma force pour tes chairs (*E.* VII, 85).

5. Lance, pieu et harpon

âbeb, mâba, khemet

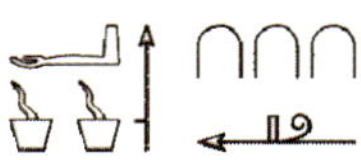

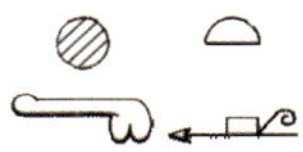

La lance, posée sur une corbeille tenue d'une main et protégée par l'autre, fait fonction d'amulette magique.

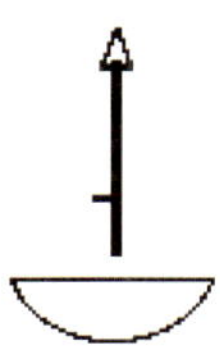

Edfou

Prends la lance acérée à la perfection, c'est ton arme pour tuer Seth et ton fer pour massacrer tes ennemis (*D.* XIV, 173).

Dans les tableaux, Horus, principal bénéficiaire de l'offrande, est *en position de marche dans son bateau, son harpon ferme dans sa main* (*E.* I, 424) ; il détruit les animaux qui incarnent le mal, à savoir Seth.

Prends la lance dont la pointe est en fer et la hampe en jujubier, c'est ton harpon pour abattre les hippopotames, ta lance pour massacrer les crocodiles (*E.* VI, 90).

Edfou

Contre-don au roi

Victoire sur les ennemis

Je te donne la force pour abattre tes ennemis le jour où tu entres dans la mêlée (*E.* VII, 293).
Je me manifeste derrière toi lors du combat, tandis que tu es équipé des armes du combat (*E.* IV, 74).

6. Massacrer les ennemis

khefty, seby

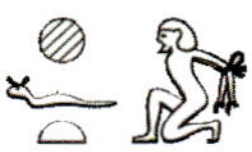

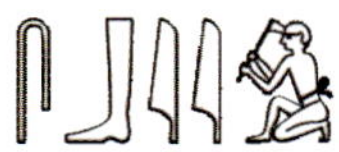

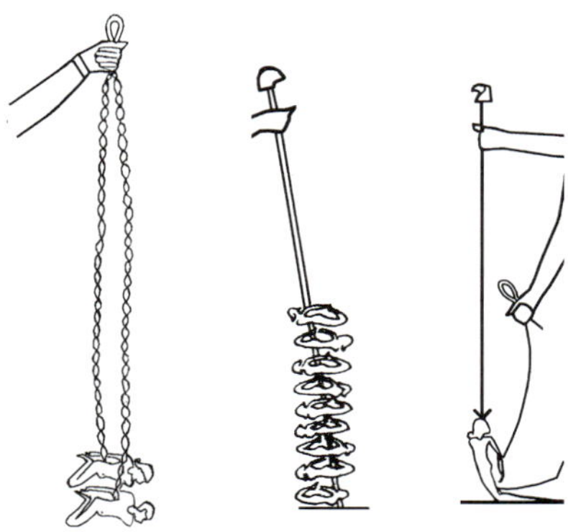

À Edfou, une vingtaine de tableaux témoignent de l'imagination des graveurs : les ennemis ont les mains liées derrière le dos, des tailles variées, ils peuvent être décapités. Cette exubérance se retrouve dans les hiéroglyphes.

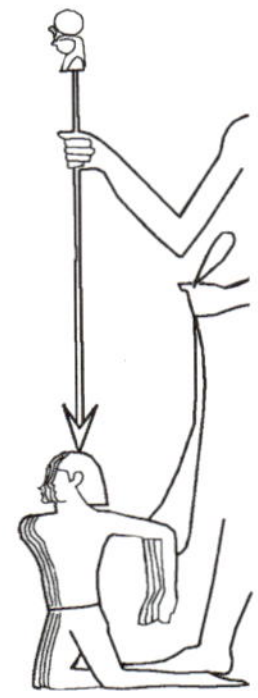

Les ennemis des quatre points cardinaux sont représentés de profil, face à Horus, liés par les bras à une chaîne que tient le roi.

Je mets dans les liens les Coureurs des sables, je perce de mon harpon qui est dans ma main droite les Libyens (*E.* V, 283).

L'ennemi est tombé, je l'abats, je le saisis par les cheveux, je le tiens enchaîné dans mes mains, je le tue devant toi, mais on n'entend pas la plainte qu'il pousse, ses extrémités sont sous mes pieds (*Esna* VII, 135).

J'empoigne la corde, je saisis la chaîne, je lie le vil Nubien, je frappe sa tête avec la massue qui est dans ma main (*E.* VII, 149).

Je vous frappe, vous réunis à terre, avec la lance d'Horus, je vous cloue au sol et vous ne pouvez plus vous lever (*E.* IV, 235).

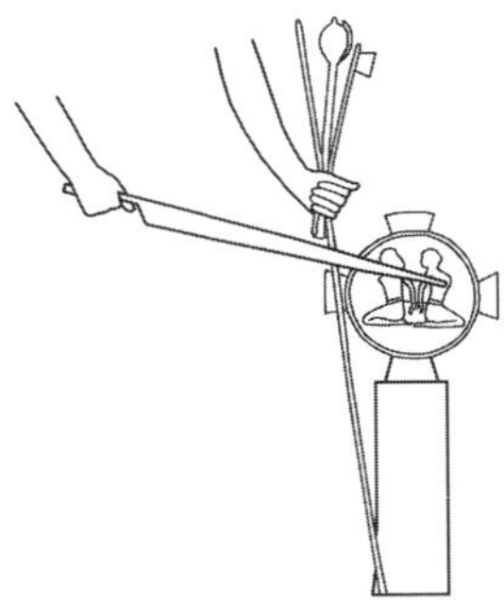

Karnak

À Philæ, parmi les colonnes du pronaos qui offrent un grand choix de massacres, on remarquera un ennemi allongé sur lequel le roi pose le pied : *Seth est tombé sous tes sandales.*

Philæ

Brûler les ennemis est le châtiment suprême qui permet de ramener ceux-ci à l'état initial de poussière et d'en supprimer l'existence même. Plusieurs chaudrons où se déroule l'opération fatale figurent dans les scènes des temples.

Edfou

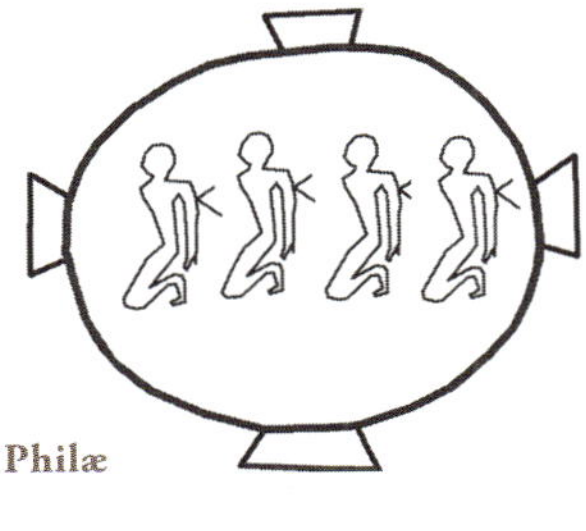

Philæ

J'empoigne le couteau, je saisis la massue, le bâton et la massue, je fais un massacre des ennemis de ton père, je découpe leurs chairs avec ton couteau, je les fais brûler dans ton chaudron (Karnak, *Urk.* VIII, 21).

Hathor *protège son père au jour du combat* (*E.* V, 43) ; elle *consume le Méchant par la flamme de sa bouche* (*E.* V, 144).

Contre-don au roi

Victoire sur les ennemis

Je coupe la gorge de celui qui se rebelle contre toi, celui qui commet le mal est livré au billot (*E.* IV, 235).

Je fais que ta massue soit sur la tête des Neuf Arcs, les pays sont rassemblés dans ton poing (*E.* VIII, 118).

7. BÂTON DE L'OISELEUR

hou-â

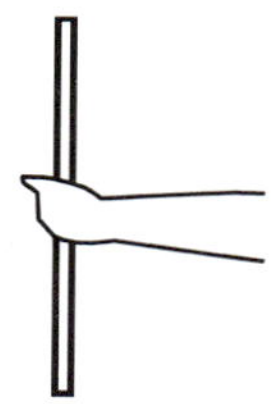

Prends le bâton qui frappe tes ennemis, je te les amène, je m'incline devant toi en dansant, les jeunes gens sont derrière moi ; le bâton du taureau et héros, c'est l'âme de ton père, qui est ainsi immanente, qui tue l'ennemi pris au filet (*E.* IV, 292).

Dans un tableau unique, le bâton, jadis arme de chasse utilisée dans les marais juste avant l'aube, est tenu par le roi devenu conséquemment *le pêcheur qui sort la nuit.* Les oiseaux symbolisent par ailleurs les ennemis qu'il faut capturer dans un filet, car ils sont des *représentations de Seth.*

Les scènes de chasse au filet sont prétexte à de magnifiques tableaux dans les tombes des nobles ; il en existe aussi dans les temples,

Esna

notamment à Abydos, Karnak, ou Kom Ombo. Ainsi, à Esna, Horus, le roi et Khnoum courent en tirant un filet qui contient des oiseaux, *pour mettre en fête les autels, pour faire tomber les oiseaux qui figurent les ennemis de Rê* (*Esna* VI, 164).

Les ennemis des pays étrangers sont représentés par des écailles de poisson et des plumes de volatile (*E.* VI, 134).

Philæ

Une scène de Philæ représente le gibier bien identifié percé d'une flèche.

Je fais tomber pour toi l'oie le jour du combat, tu seras puissant grâce à cela (*Philæ*, pronaos, col. 7).

Contre-don au roi

Victoire sur les ennemis

Je te donne l'ennemi emprisonné dans ton bateau grâce au filet de Khnoum qui tient la corde (*E.* IV, 293).

Je te donne tous les pays étrangers tombés sous tes sandales, je te donne la force lors du combat (*Philæ*, pronaos, col. 7).

Le mode de destruction des animaux maléfiques est propre à chacun : on pique le mufle de l'hippopotame, on arrache la langue du crocodile, on décapite l'oryx, on fait griller le serpent attiré par la chaleur, on force la tortue à cracher ce qu'elle a dans le gosier, on empêche l'âne de respirer et de bouger. Les massacres sont souvent liés à certaines villes, pour des raisons théologiques ou géographiques : ainsi ceux du serpent à Pharbaïthos (lieu historique d'une bataille entre Rê et Apophis), de l'hippopotame à Métélis (marais occidentaux du Delta) ou de l'âne à Tanis (frontière orientale de l'Égypte par où est importé le quadrupède domestique).

8. MASSACRER L'ÂNE

âa, nehes

L'âne, sans méchanceté et bien utile dans la vie quotidienne, eut le malheur d'être une des incarnations de Seth, sans doute à cause de la ressemblance de sa tête avec celle de l'animal séthien.

Les dieux crachent sur son nom (*E.* VII, 168) : tel est le sort de la maudite créature ! À Edfou, l'infortuné est percé d'un harpon, à Philæ, il est tué d'un couteau.

L'âne est sur le billot, l'âne est massacré, ses os livrés au feu, ses morceaux aux chiens. Le roi *l'entrave dans des liens, coupe ses pattes, dépèce les chairs sur la peau* (*E.* III, 188).

Son sort est pire dans les chapelles osiriennes situées sur le toit du temple d'Hathor à Dendara : il grille ou bien est mis au pilori ; Seth ne doit pas nuire à la résurrection du dieu et il faut lui supprimer toute étincelle de vie.

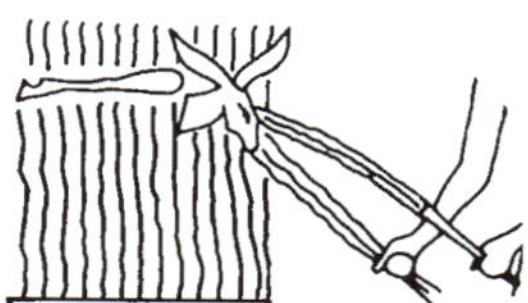

Dendara

Dendara

Philæ

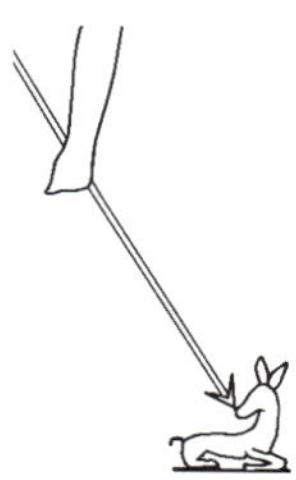

Edfou

Karnak

J'abats l'âne, je coupe l'arrivée d'air dans son corps (*D.* X, 190).
Le deuil à Dendara n'existe plus, celui dont le nom est mauvais n'existe plus (*E.* IV, 78).

Enfin, après qu'il aura fait *rechercher le corps d'Osiris par les astronomes,* Horus rencontrera encore *Seth qui prend la forme d'un âne roux* et anéantira celui-ci en lui coupant la patte avant (*E.* VI, 222).

À Karnak, c'est dans le lieu de naissance d'Osiris qu'Harendotès frappe l'âne pour conjurer toute force mauvaise alors que repose le corps divin.

Par réminiscence des invasions, l'âne est appelé *le Mède* opposé à Horus, *le lion rempart de l'Égypte* (*E.* VII, 168) dans un rituel qui se déroule à Tanis, ville située à la frontière orientale du pays.

Contre-don au roi

Victoire sur les ennemis

Je donne les Neuf Arcs en esclavage pour Ta Majesté (*E.* IV, 234).
Je te donne la forteresse-Égypte close par ton sceau défensif, je protège la ville de Tanis contre les Asiatiques (*E.* III, 188).

Edfou

Philæ

9. Massacrer le taureau *sema*

Le taureau, autre incarnation de Seth, doit être massacré pour que l'intégrité d'Osiris soit préservée. Il en est de même *a fortiori* si l'animal est roux (couleur inquiétante pour l'Égyptien, comme dans d'autres civilisations).

Philæ

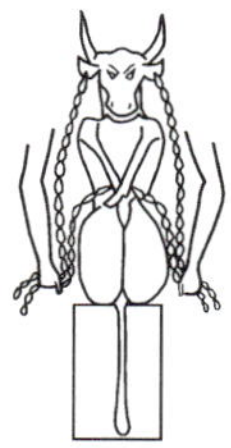

Dendara

Edfou

Le Mauvais est sur le billot, le boucher le met en morceaux, sa tête est tranchée, ses pattes sont découpées, son cœur est jeté à terre pour la joie d'Isis, l'ennemi de son frère est livré au feu (*E.* III, 178).

Je prends le couteau, je le saisis de ma main droite, j'empoigne les ennemis de ma main gauche, je massacre le taureau dans le temple d'Horus le victorieux, je place les morceaux de choix pour mettre en fête ton autel et pour réjouir Ta Majesté par leurs graisses (*E.* VII, 148).

Je frappe le taureau roux, je l'exécute pour en faire des offrandes à Mout, je me penche sur lui, je tranche sa tête, je découpe ses pattes, j'arrache son cœur. Sekhmet est satisfaite de sa graisse et de son sang (*D.* X, 53).

Kom Ombo

KARNAK

KOM OMBO

Le roi-boucher coupait en premier la patte antérieure de l'animal, qui était ensuite offerte au dieu. Ce rituel existait déjà au Nouvel Empire, ainsi à Karnak.

Donner la patte avant du taureau roux à Horus qui prend place dans l'Esplanade, lieu d'Héliopolis où Horus triompha de Seth en présence de tous les dieux.

Plusieurs siècles après, ce morceau de choix est offert à Haroéris de Kom Ombo qui développe par là ses pouvoirs défensifs.

L'odeur de la graisse embaume la chapelle (*KO.* I, 370).

Offrir la patte de taureau, je la saisis de ma main droite, je l'empoigne de ma main gauche, et je la dépose dans ton entourage, tu la prends et grande est ta force, ta mère Isis est en joie, car tu t'empares de la fonction royale de ton père (*E.* VIII, 36).

Contre-don au roi

Victoire sur les ennemis et richesse pastorale

Je te donne tes bras fermes contre tes ennemis (*E.* III, 179).

Je te donne les bovidés installés dans l'étable, tandis que le corral renferme les beaux taureaux (*E.* VII, 148).

10. CONDUIRE LES TROUPEAUX

Les troupeaux d'animaux sauvages tombent aussi sous le coup de l'exécration divine.

Ces bêtes *sont conduites à l'abattoir pur*, le dieu *boit leur sang* (*E.* VII, 164).

Apporter les bêtes du désert : je tiens liés les oryx, les gazelles et les ibex, ils sont liés ensemble, massacrés pour ta table, je mets en fête tes autels avec leurs viandes, le fumet de leur graisse monte jusqu'aux limites du ciel (*E.* VII, 323).

Edfou

Contre-don au roi

Victoire sur les ennemis

Je te donne tes ennemis abattus dans l'abattoir du temple, ils n'en sortiront plus jamais (*E.* VII, 164).

Je te donne tes ennemis liés sur le billot, je resserre les liens de tes ennemis (*E.* VII, 323).

11. MASSACRER L'HIPPOPOTAME *dab*

Qui n'a pas vu un hippopotame long de huit mètres ouvrir la gueule ne peut vraiment ressentir l'angoisse éprouvée par le fellah égyptien sur sa frêle embarcation. Cette autre redoutable incarnation de Seth nécessite, pour être annihilée, la vigueur surhumaine du pharaon.

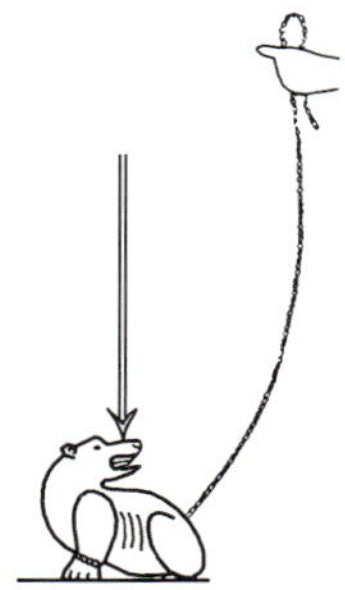

Massacrer l'hippopotame : Le lâche est tué, lourd de ses méfaits, l'hippopotame dépecé, l'hippopotame châtié, l'hippopotame dans ses liens, l'hippopotame frappé, il n'existe plus, réjouissez-vous, habitants de Dendara, bons villageois de Mesen (*D.* VI, 145).

Le roi *massacre les femelles et met fin à la vie de ses petits tétant encore le lait* (*E.* VIII, 27).

Edfou

D'après un conte ancien, Horus et Seth s'affrontent au cours d'un procès interminable (Seth disputant à son neveu la légitimité du pouvoir). Les dieux les soumettent à une ordalie : sous forme d'un hippopotame, ils doivent rester trois mois sous l'eau (mais Isis réussit à atteindre de son harpon Seth). À Edfou, tout particulièrement, les textes relatent le combat titanesque.

Le roi, qui s'assimile à Horus, *empoigne une pointe en fer de quatre coudées* (2,10 m) *fichée sur une lance de dix-sept coudées* (8,93 m). *Le guerrier que je suis a la taille de sept coudées* (3,68 m) *et se tient sur la rive, je lance la lance de ma main droite, je pique de la gauche ; ce vil couard qui est emprisonné par la corde, son mufle est atteint, ses narines sont privées d'air* (*E.* IV, 213).

Je découpe ses chairs, je tranche l'hippopotame avec ma lame, je répartis les morceaux entre les sanctuaires des dieux, pour chaque dieu (*E.* VII, 168).

Horus *mange les chairs et boit le sang* (*Urk.* VIII, 20).

Esna

Contre-don au roi

Victoire sur les ennemis

J'affermis tes bras pour frapper tes ennemis (*E.* II, 45).
Je rends victorieuse ta voix auprès du tribunal divin dans la salle d'audience, je rends minoritaire la voix de tes ennemis (*ME*,160).

12. MASSACRER LE CROCODILE *meseh*

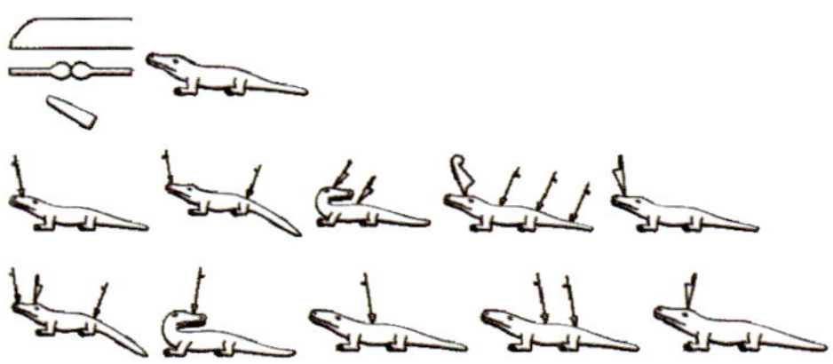

Edfou

Capable de ne faire qu'une bouchée d'un quartier de viande, le crocodile, autre animal séthien, menace Osiris ; il est affublé de nombreux noms, comme si cette circonstance permettait d'anéantir toutes les formes possibles qu'il est susceptible de revêtir.

Le roi est alors *le vigoureux harponneur qui empoigne le harpon pour repousser le crocodile* (*D.* IV, 13) ; il *est équipé de ses armes et du filet* (*D.* VI, 25), *du fer de quatre coudées et de la lance de seize coudées* (*D.* XV, 330).

Le roi *trucide les crocodiles, abreuve le fleuve de leur sang, en répartit les morceaux dans les lieux de culte des dieux* (*D.* VI, 20), *découpe le corps des vieux et des jeunes crocodiles, abat les femelles et brise leurs œufs* (*E.* IV, 211).

La sœur-épouse et le fils d'Osiris sont les grands pourfendeurs du reptile.

Horus, *fils d'Osiris, est le maître des étendues d'eau, l'homme de confiance de l'ennéade* (*D.* IV, 194), *dans l'attitude du combat dans son bateau pour abattre ses ennemis* (*E.* III, 137).

Isis *tranche sa langue pour le déjeuner des enfants des harponneurs* (*D.* VI, 20), *dissimule son corps par son aspect de bateau* (*E.* IV, 212), *repousse les ennemis par sa magie et materne son fils dans son bateau* (*E.* VII, 152).

Contre-don au roi

Victoire sur les ennemis

J'affermis tes bras afin de frapper tes ennemis (*E.* IV, 58).
Je livre pour toi tes conjurés à ton billot, tes ennemis étant calcinés par la flamme (*D.* IV, 13).

13. Massacrer l'oryx

ma-hedj

L'oryx, gracieuse variété de gazelle d'Afrique et d'Arabie, subit le même sort immérité que l'âne ; il doit probablement cette infortune à son habitat naturel, le désert, qui est le domaine de Seth.

Je découpe son ventre pour en faire du cuir, je le place sur la barque de Sokar (*E.* VII, 323).
Je saisis les cornes, je tranche son cou, je répands son sang à terre (*E.* II, 75).
*Celui qui a dérobé l'œil-*oudjat, *sa gorge est tranchée* (*E.* III, 146).

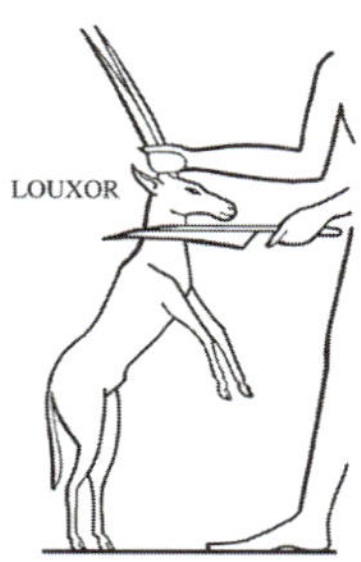

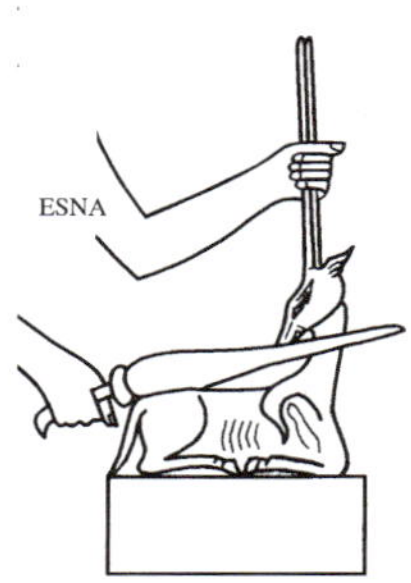

Louxor **Esna**

*L'oryx est enchaîné, l'ennemi-de-l'œil-*oudjat *tombe sous le couteau* (*Esna* VII, 76).

Edfou

Mais l'animal, pour des raisons que nous ignorons, a dérobé l'œil solaire, il faut alors faire rendre gorge à celui qui est communément désigné par l'expression « *l'ennemi de l'œil-*oudjat ».

Le roi *arrache ses pupilles* (*D.* XII, 116), renforçant magiquement le pouvoir positif des yeux de Rê. L'oryx menace aussi le disque lunaire ; en lui *coupant sa tête pour en faire une balle*, le roi dénoue le maléfice, et Khonsou, le dieu lunaire, *est victorieux, il éclaire le sol pendant les ténèbres* (*E.* VII, 111).

Karnak

Contre-don au roi

Victoire sur les ennemis

Je te donne un cœur valeureux pour repousser les ennemis (*E.* III, 146).
J'affermis ton couteau pour abattre tes ennemis (*Esna* VII, 76).

14. Frapper la pupille d'Apophis

seker hema

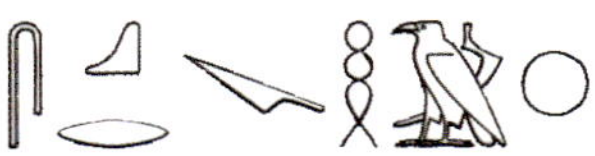

L'arrachage de la pupille d'Apophis constitue un rituel, associé dès le Nouvel Empire au massacre de l'oryx, lors duquel le roi avec une batte en bois frappe une balle (en bois ou en argile) qui représente la pupille du serpent.

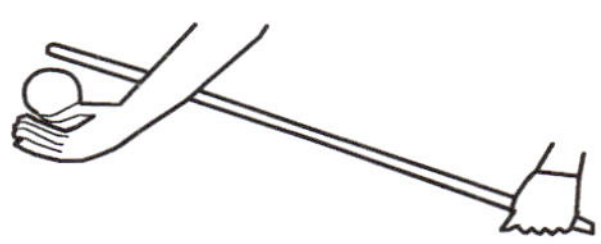

Philæ

Le roi *prend le bâton de moringa et la balle dans sa main, il aveugle Apophis* (*MD*, 175), il *transperce l'œil d'Apophis* (*D.* VI, 66).

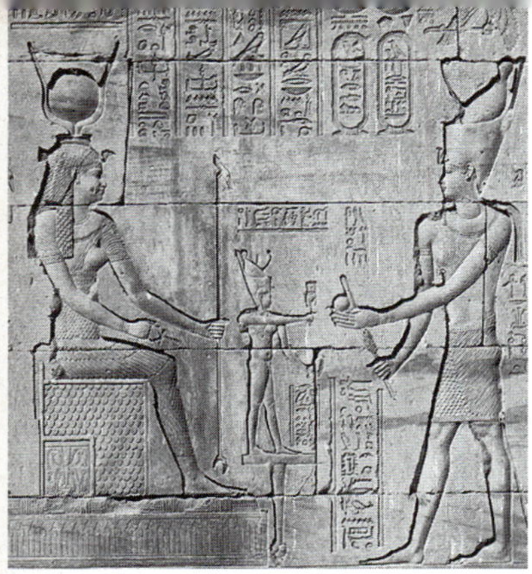

Dendara

Le rite a toujours lieu devant une déesse, fille-œil de Rê, dont la nature « oculaire » contrebalance la force négative de l'œil du serpent.

Hathor *consume par son souffle les ennemis et repousse Apophis par ses formules magiques* (*D.* XV, 305).

Contre-don au roi

Magie et victoire sur les ennemis

Je fais que tu voies les choses cachées dans l'obscurité (*E.* I, 62).

Je te donne tes yeux sains à leur place, aucun mal n'est implanté en eux (*D.* V, 67).

Je subjugue les ennemis par ma magie (*E.* IV, 305).

Je te donne l'ennemi jeté dans ton lieu d'internement, la colère de Rê est contre tes ennemis (*D.* VI, 134).

15. MASSACRER LE SERPENT

âapep

Edfou

Le serpent est essentiellement l'ennemi de Rê qu'il menace *pendant les douze heures du jour* (*E.* III, 349). On le détruit *conformément à ce qui est écrit sur le papyrus* (*E.* V, 79).

Percé d'une lance ou d'une flèche, il figure Apophis qui fut vaincu au nord d'Héliopolis, en un site dénommé *Lieu du Grand Combat*. Le serpent aurait aussi été écrasé par les rochers à *Djou decher*, toponyme hiéroglyphique dont le sens a perduré en arabe (*Gebel el akhmar*), les deux signifiant *Montagne rouge*, lieu situé au sud d'Héliopolis.

Apophis est livré au massacre, Ouber étant transpercé, le Mauvais livré au lieu d'internement ; un rocher de quarante coudées est placé sur lui, la flamme est puissante dans ses os (*D.* V, 69).

Horus protège Rê et fait tomber les ennemis par ses formules magiques (*E.* VII, 157).

Son rôle s'étend au peuple de Rê, il protège le faible et forme un bouclier pour le misérable (*E.* IV, 237), *il rend fort celui qui n'a rien* (*E.* VII, 113).

L'allitération concourt à l'efficacité magique : *Apophis est anéanti, le mauvais est détruit, le serpent est brûlé* se dit *âpep em âdjyt, djouked der, ouber oubed* (*E.* IV, 80) ; si l'on prend par ailleurs la première lettre de chacun des trois groupes de mots, on obtient le mot *âdjou*, « massacre » : rien n'est laissé au hasard.

Contre-don au roi

Victoire sur les ennemis

Je te donne la force qui est dans ma main, la vigueur pour renverser ton ennemi (*D.* V, 69).

Je te donne tes ennemis entassés en un monceau sanglant, tu les piétines de tes sandales (*E.* VI, 333).

16. Massacrer la tortue

chetch

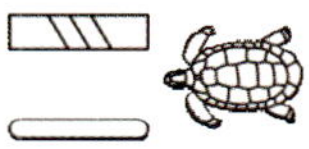

Pas plus que celui du serpent, le massacre de la tortue n'est représenté sur les temples du Nouvel Empire ; les textes magiques dirigés contre ces animaux aquatiques étaient néanmoins déjà rédigés sur papyrus à cette époque. Le reptile à carapace est, par excellence, l'ennemi de la crue dont il peut avaler l'eau, interdisant ainsi la navigation et l'irrigation fertilisante.

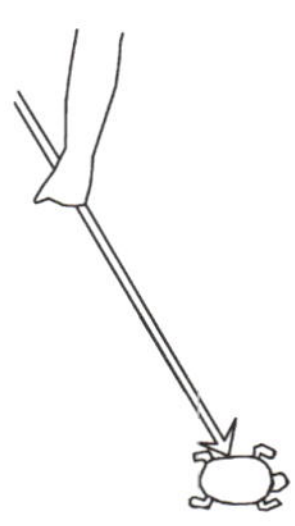

Esna

La tortue est écrasée, tu es victorieux, Horakhty (*D.* IV, 209). *Je tranche le gosier de la tortue, le ciel pur est lumineux de l'orient jusqu'à l'occident* (*D.* VI, 136). *Ce que la tortue a avalé, elle le recrache pour faire verdir la prairie* (*E.* II, 259).

À Philæ, sur une des colonnes du pronaos, une tortue, un serpent à trois anneaux et deux prisonniers sont encerclés par un grand serpent se mordant la queue. Un des prisonniers et le serpent annelé sont les ennemis de Rê ; le deuxième prisonnier et la tortue, ceux d'Osiris. Le reptile qui entoure les êtres maléfiques est, quant à lui, bénéfique : il représente la Cataracte d'où surgit la crue, comme en témoigne l'image célèbre provenant du sanctuaire d'Osiris à Philæ.

Contre-don au roi

Victoire sur les ennemis, destruction de leur nom

Je te donne les Nubiens tremblant de peur devant la crainte que tu inspires, ceux qui complotent contre toi sont livrés au billot (*D.* V, 245).
J'enferme tes ennemis dans le lieu de supplice de l'Orient, je forme un bouclier d'airain autour de ta majesté (*E.* IV, 307).
Tes ennemis périssent sur terre, on ne se souviendra plus de leurs noms (*E.* II, 74).

CONCLUSION

Des dieux et des offrandes l'unité de l'Égypte

L'Égypte, on l'a vu, est divisée en nomes, au nombre de quarante-deux. Le dieu des capitales respectives de ceux-ci est le représentant religieux de chaque unité administrative.

Les grands temples ptolémaïques, qui offrent un panorama religieux complet du pays par l'intermédiaire des tableaux de leurs soubassements constituent une source précieuse pour les nombreux nomes dont les temples n'existent plus aujourd'hui.

À Edfou, ces compositions sont placées sur les colonnes du pronaos, dans la cour et sur les parois extérieures (au 3e registre). À Dendara, cet inventaire théologique et géographique figure sur les parois extérieures.

Les offrandes qui sont adressées à ces dieux sont choisies en fonction de la nature du dieu (par exemple, sistres de la réjouissance pour Hathor, maât à Thot garant de la légitimité), de la fonction de celui-ci (union du pays pour Horus d'Edfou, vin du couronnement pour Rê d'Héliopolis) ou de la spécificité du lieu.

Quelques exemples, empruntés aux temples d'Edfou et de Dendara, font comprendre le mécanisme adopté par les prêtres :

	EDFOU/pronaos	**EDFOU/cour**	**EDFOU/ext.**	**DENDARA/ext.**
ASSOUAN	Khnoum	Khnoum	Khnoum	Khnoum
	[cruche]	[cruche]	[cruche]	[cruche]
EDFOU	Horus	Horus	Horus	Horus
	[plantes HÉ/BÉ]	[plantes HÉ/BÉ]	[plantes HÉ/BÉ]	[plantes HÉ/BÉ]
ELKAB	Nekhbet [encens]	Nekhbet [encens]	Nekhbet	Nekhbet
	[encens]	[encens]	[viandes]	[encens]

	EDFOU/pronaos	EDFOU/cour	EDFOU/ext.	DENDARA/ext.
THÈBES	Amon-Rê	Amon-Rê	Amon-Rê	Amon-Rê
	[maât]	[étoffes, onguents]	[coffres d'étoffes]	[maât]
DENDARA	Hathor	Hathor	Hathor	Hathor
	[sistres]	[sistres]	[sistres]	[sistres]
ABYDOS	Osiris	Osiris	Osiris	Osiris
	[ouverture bouche]	[encens]	[couronne]	[encens]
HERMOPOLIS	Thot	Thot	Thot	Thot
	[palette]	[maât]	[maât]	[maât]
MEMPHIS	Ptah	Ptah	Ptah	Ptah
	[éternité]	[offrandes]	[pendentif]	[maât]
HÉLIOPOLIS	Rê-Horakhty	Rê-Horakhty	Rê-Horakhty	Rê-Horakhty
	[vin]	[vin]	[vin]	[vin]

De manière générale, les offrandes adressées à un dieu le sont en fonction d'un lieu où il est adoré :

– eau pour la région de la Cataracte (pour Khnoum) ;

– vin pour les régions vinicoles du Delta (pour Hathor d'Imaou ou Hathor de Nebecheh) ;

– papyrus pour les régions marécageuses du Delta (pour Amon de Diospolis ou Ouadjyt de Bouto) ;

– massacre de l'hippopotame dans les régions marécageuses du Delta (pour Harsiesis de Métélis) ;

– parfums pour les villes caravanières, comme les fards (pour Isis de Coptos) ou l'encens (pour Nekhbet d'Elkab).

Les composantes « politiques » entrent dans les offrandes propres au rituel du couronnement, que ce soit pour les capitales régionales ou les villes anciennes de la royauté :

– maât pour Amon de Thèbes, vin pour Rê-Horakhty d'Héliopolis, myrrhe pour Ptah de Memphis ;

– couronne-*atef* pour Hérichef d'Hérakléopolis, bandeau du pouvoir pour Horus d'Athribis, réunion du pays pour Horus d'Edfou.

Certaines offrandes reflètent la nature propre du dieu :

– produits du sol pour Geb dieu de la terre, palette du scribe pour Thot le greffier divin, rituels funéraires pour Anubis responsable de la momification.

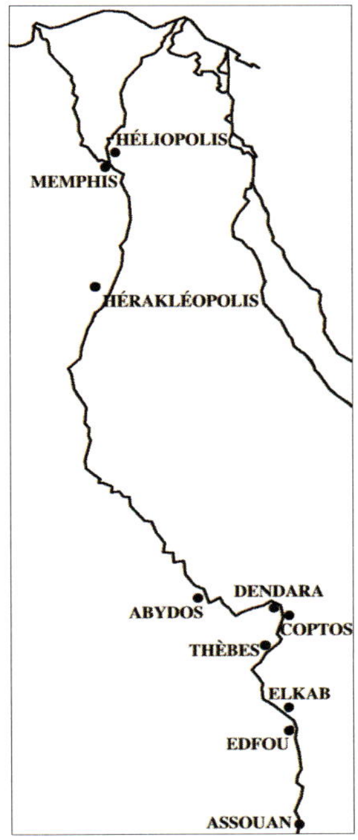

Tradition et innovations

Maintenant l'univers dans son état initial de perfection absolue, le temple, conservatoire de l'énergie cosmique, perpétue l'âge d'or du passé par la multitude des offrandes dont il est le théâtre permanent. L'époque gréco-romaine, enchérissant encore sur cette plénitude, introduit des tableaux jusqu'alors inédits :

– boissons alcoolisées variées (breuvage d'Hathor, vin cuit, élixir de courage) ;

– pains plus nombreux qu'au Nouvel Empire ;

– association d'offrandes (pains et oies, papyrus et oies, encens et étoffe, etc.) ;

– produits du sol enrichis (bâton fleuri, saule, céréales et dattes) ;

– étoffes et parfums en un choix plus large (lange, vêtement en peau, sautoir à parfum) ;

– couronnes et bandeaux (ces objets ne sont jamais représentés dans les temples du Nouvel Empire) ;

– colliers et amulettes multiples ;

– large éventail de parures (comme le bandeau d'électrum) et rituels nouveaux (poudroiement d'or, apaisement des déesses) ;

– offrandes spécifiques (palette de Thot, tour de potier de Khnoum).

Par ailleurs, les offrandes symboliques, en se diversifiant, mettent en scène des mythes réservés jusqu'alors aux écrits sur papyrus (horizon, soulever le ciel, lotus, barques). Les massacres, enfin, étaient réservés aux pylônes ou aux récits guerriers ; ils prennent place, désormais, sur toutes les parois, particulièrement dans le temple d'Horus à Edfou dont le maître est par essence le défenseur du pays.

Quelques offrandes ne sont attestées qu'une seule fois (charte de fondation d'Abydos, couronnement effectué par l'eau de la pluie à Héliopolis, œuf pour Osiris à Philæ, bâton de l'oiseleur à Edfou).

Les offrandes concernent la totalité de l'espace :

● la terre et le ciel :

– campagne, fleurs, céréales, fruits ;

– ciel (soulevé par le roi ou des déesses), barques cosmiques.

● l'est et l'ouest :

– vin de Péluse et de Nebecheh (est) et d'Imaou (ouest) ;

– papyrus de Silé (est) et de Saïs ou de Bouto (ouest) ;

– massacre de l'âne à Silé (est) et de l'hippopotame à Métélis (ouest) ;

● le nord et le sud :

– eau issue de la Cataracte d'Assouan et de la Caverne d'Héliopolis ;

– natron d'Elkab (sud) et du Ouadi Natroun (nord) ;

– rites funéraires pour les Osiris d'Abydos (sud) et de Busiris (nord) ;

– couronnes et uræus de Haute et de Basse Égypte.

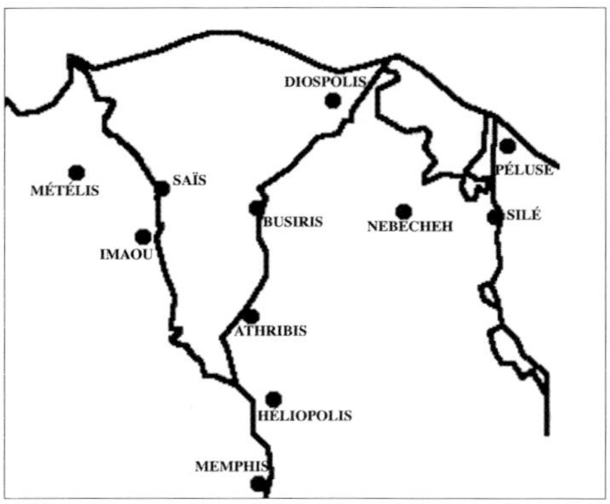

Dans cet incessant et universel échange, où les dieux octroient en retour à l'humanité l'inépuisable profusion des biens du pays noir qui leur est humblement présentée, un seul être officie, garantissant la vie terrestre et cosmique : le pharaon maître de la Haute et de la Basse Égypte.

ANNEXES

RITES ROYAUX

Rites royaux

LORSQUE le roi sort de son palais lors des grandes cérémonies (fondation de temple, couronnement, fêtes solennelles), il est purifié, couronné et présenté au maître du sanctuaire. Il *voit* alors le dieu, s'incline devant lui, puis, les bras le long du corps, récite des formules séculaires.

1. SORTIE DU PALAIS

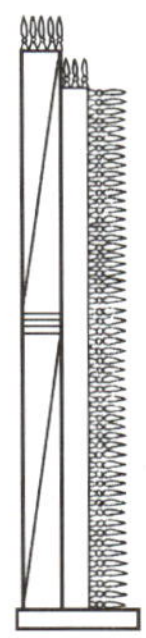

Le palais est toujours représenté de la même façon (frise verticale de motifs décoratifs). Le roi est précédé d'un prêtre (souvent le fils du souverain), reconnaissable à sa boucle de cheveux, qui est habillé d'une peau de panthère et purifie la marche royale par l'encensement.

> *Je sors du palais et me rends dans le palais de la Dorée, je flaire le sol devant la fille du Créateur, j'embrasse le sol, j'ouvre mes bras devant Hathor* (*D.* XII, 83).
>
> *La massue brillante est dans ma main droite pour illuminer le temple, la canne est dans ma main gauche afin de purifier le sanctuaire, les enseignes ouvrent le chemin* (*E.* IV, 49).

Dans ces scènes, *le dieu bon* – le maître du temple – est décrit de manière poétique : *Ses faveurs sont dans les cœurs, sa douceur dans les cœurs, son amour auprès des hommes* (*E.* VII, 43).

> *Son nez a l'odeur de la myrrhe, ses lèvres de l'encens ; la fragrance de son corps est celle du lotus d'été, le parfum de son étoffe ressemble au parfum de celle qui provient du laboratoire* (*E.* VII, 190).

2. Purification royale

Selon un rituel fixé dès l'origine à Memphis, Horus et Thot font couler sur la tête royale une cascade de signes *ânkh-ouas* (vie-force) qui figure l'eau purificatrice. Au fil des siècles, de Medinet Habou à Esna, les gestes et les mots sacrés sont immuables.

Abydos

Je couvre ta tête de cette eau qui vient de la cataracte d'Assouan (*E.* V, 37).

Je purifie ton corps avec cette eau qui provient d'Héliopolis ; Neith, Serket, Isis et Nephthys sont les quatre déesses qui purifient ton corps (*D.* XII, 207).

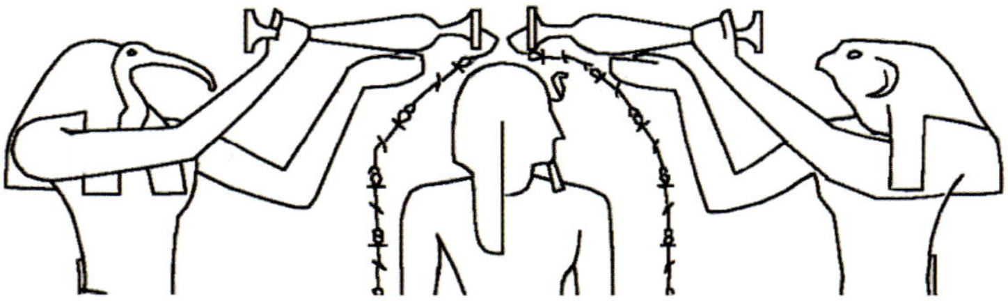

Medinet Habou

Esna

3. Imposition des couronnes

Nekhbet, déesse-vautour du Sud, coiffe le roi de la couronne blanche ; Ouadjyt, déesse-cobra du Nord, lui remet la rouge. Des nombreux tableaux qui représentent la scène, un des plus beaux se situe dans le corridor d'Edfou.

Edfou

La couronne blanche que je suis se réunit à la couronne rouge, nous nous réunissons sur ton front, nous faisons naître l'effroi respectueux que tu inspires dans le ventre des hommes (*E.* V, 139).

Je m'installe sur ton front, j'illumine ta tête, tu règnes sur le Sud, tu gouvernes sur le Nord, les Deux Terres sont réunies en une seule (*D.* XII, 208).

Esna

Abydos

Kom Ombo

Le roi reçoit aussi de longues années de règne. À Abydos, il les tient d'Isis, c'est elle aussi qui lui remet l'uræus royal ; Harsiesis, quant à lui, présente la double couronne, emblème du pouvoir parmi les hommes. Son nom est gravé sur l'arbre de l'Histoire, en fait sur des feuilles d'or conservées dans les coffres de Memphis ; le roi agenouillé parmi le feuillage du perséa mythique fait l'objet de figurations superbes (comme à Karnak ou au Ramesseum).

Abydos

4. Présentation royale

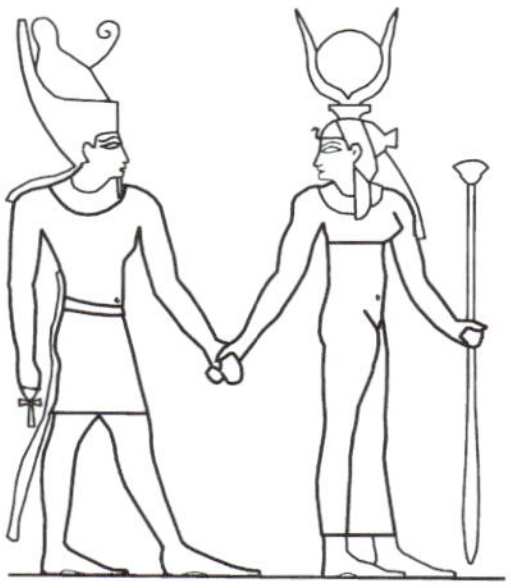

Horus et Thot se chargent de la purification, Nekhbet et Ouadjyt des couronnes. Montou et Atoum sont les huissiers divins qui introduisent le roi auprès du dieu qui règne en un temple ; Hathor le mène aussi auprès de son époux, Horus d'Edfou.

Introduire le roi vers Edfou pour qu'il s'incline devant Horus, faire accéder le fils auprès de celui qui l'a engendré, introduire l'héritier auprès de son père. Atteins le sanctuaire d'Edfou, le trône du roi des rois, ton père te remet les actes écrits de la légitimité (*E.* IV, 53).

Dendara

Philæ

5. Voir le dieu

maa neter

Le dieu ou la déesse, invisible pour le commun des mortels, se manifeste au roi qui est *un initié et voit les dieux dans leurs représentations secrètes* (*D.* I, 42).

Je vois le dieu, le dieu me voit, le dieu se réjouit de voir mon image (*D.* I, 83).

Je satisfais Hathor avec des textes sacrés, je suis le prêtre excellent, discret et qui ne révèle pas ce qu'il a vu (*D.* VI, 52).

Contre-don au roi

Vision des dieux, domination sur les hommes

Je te donne tes yeux pour voir, les dieux viennent à toi afin de voir ce que tu as fait (*D.* III, 171).

Je fais que les hommes tremblent en prononçant ton nom (*E.* IV, 55).

Je fais que ton cœur conserve ce qu'il a vu (*E.* IV, 71).

6. Se prosterner devant le dieu

sen ta

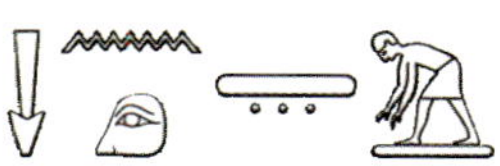

Le roi témoigne son respect par une démonstration d'humilité ; celle-ci, toutefois, n'est que très rarement représentée (ainsi à Philæ où il est allongé) et le roi reste ordinairement debout, les bras le long du corps.

Je flaire le sol, je me mets sur le ventre, tellement grand est le prestige du dieu (*E.* IV, 227).

Contre-don au roi

Domination sur les hommes

Je fais que tout le pays s'incline devant toi, et que les hommes et les créatures soient courbés devant toi (*E.* III, 164).

Louxor

Philæ

LA FONDATION DU TEMPLE

La fondation du temple

Sur un des plus anciens objets royaux conservés (tête de massue du Roi-Scorpion provenant d'Hiérakonpolis et datant d'environ 3200 av. J.-C.), le souverain manie une houe ; devant lui, un homme tient un panier de sable. Ériger un sanctuaire pour le dieu est le premier des devoirs et constitue la plus belle des offrandes. Les cérémonies qui décrivent cet acte sont représentées dans tous les temples.

Ainsi, à Karnak, Thoutmosis III se présente devant Amon-Rê, trace un sillon, moule la brique, plante les piquets et répand le natron autour du temple. Dans la salle hypostyle, Séthi Ier tend le cordeau avec Séchat, répand du natron autour de l'image réduite d'un temple, trace un sillon avec la houe, moule la brique et remet le temple à Amon-Rê. À Edfou et à Dendara, les cérémonies prennent place dans les trois espaces de construction (salle hypostyle, pronaos, mur extérieur).

1. Tendre le cordeau *pedj secher*

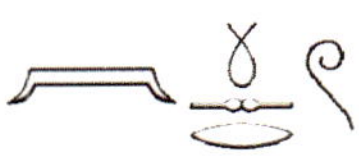

Le roi et Séchat, déesse coiffée d'une étoile, enfoncent chacun un piquet dans le sol autour duquel le cordeau va s'enrouler. Pour déterminer l'axe nord-sud, le roi devait se servir nuitamment d'une antique alidade ; il égorgeait

Abydos

Edfou

Karnak

aussi une oie dont on faisait couler le sang pour imprégner le sol et conjurer les forces mauvaises.

Je prends le jalon, j'empoigne le manche du maillet, je saisis le cordeau avec Séchat, je tourne mon visage vers la course des étoiles après avoir repéré la Grande Ourse (*E.* II, 31).

Je regarde la course du mouvement stellaire après avoir repéré la Grande Ourse, j'arrête le temps, mon astrolabe est juste, j'affermis les quatre angles du temple (*E.* VII, 44).

2. Creuser la tranchée

khebes ta

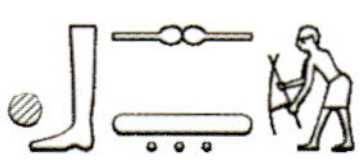

Le roi creuse la tranchée pour atteindre la nappe phréatique, retrouver l'eau primordiale et déterminer l'horizontale.

Je prends la houe, je creuse la fondation du temple, je herse le sol jusqu'à la nappe phréatique (*E.* II, 60).

Établir le tracé de fondation à la limite de l'eau primordiale (*E.* III, 167).

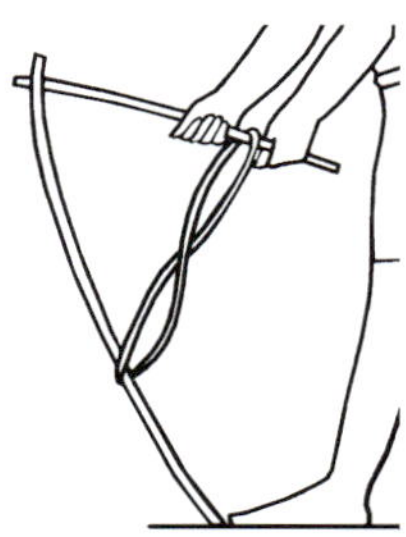

Dendara

3. Verser le sable *ouchâ châ*

Le sable est le meilleur des matériaux de construction ; en se tassant, il devient incompressible et offre une stabilité à toute épreuve.

Edfou

Kom Ombo

Ce vase est rempli de sable pour combler le tracé de construction (*D.* XII, 91).

4. Mouler la brique *sekhet djebet*

Le roi tient le manche d'un moule en bois et enlève l'excédent de la boue.

Je prends le moule en bois dans mes mains, je moule une brique pour construire ton sanctuaire, c'est du limon avec des grains de résines odorantes malaxés avec de l'encens, je façonne cette brique parfaite pour affermir les angles de ton temple (*E.* VII, 48).

Je saisis le moule, je façonne la brique, je mélange la terre et l'eau (*E.* III, 114).

Karnak

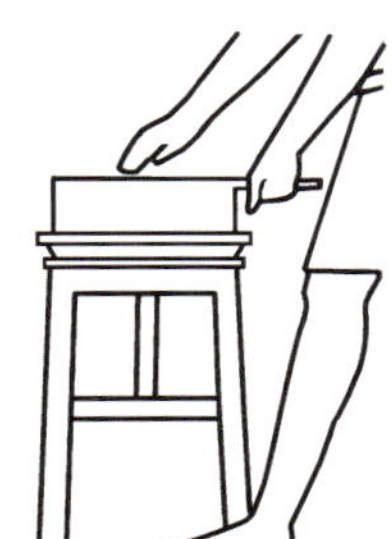

Edfou

5. Placer les 17 briques sacrées dans la fondation

djebet 17

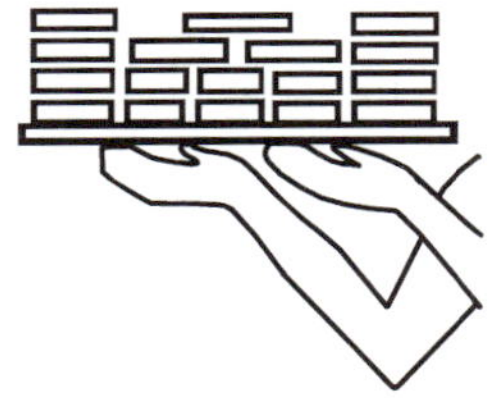

Dans les angles de plusieurs temples, on a retrouvé des dépôts sacrés qui sont les outils miniatures du constructeur (houe, fil à plomb, équerre, etc.).

Donner les 17 briques en or, cuivre, lapis-lazuli, turquoise et toutes autres pierres fines, je les ai confectionnées pour les angles de ton temple, afin de parfaire ton œuvre pour l'éternité (*E.* VII, 47).

Placer les briquettes dans le sol. Je porte devant toi les briques faites en or et en pierres fines et je les place aux angles du sanctuaire pour rendre durable le temple pour l'éternité (*D.* XII, 92).

Edfou

6. Répandre du natron

oupech besen

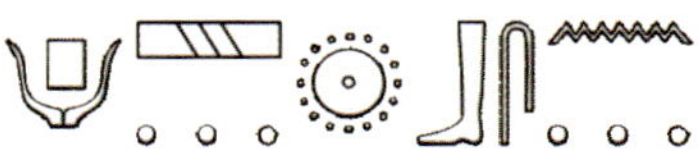

Les boules de natron sont projetées autour du temple pour le purifier.

Celui dont les mains sont pures et les bras propres, avec la massue dans la main gauche et le natron dans la main droite, purifie le temple (*D.* XII, 214).

Je prends le gobelet qui contient le grand œil d'Horus, le parfum monte de la flamme, il débarrasse ton sanctuaire des impuretés, tu respires son parfum et Ta Majesté apparaît dans la joie (*E.* VII, 51).

Esna

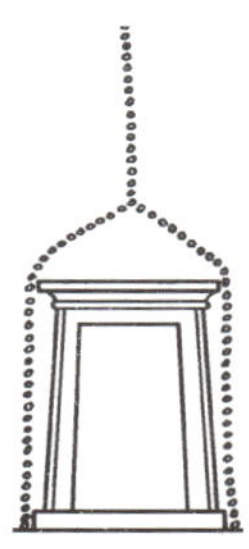

Abydos

7. Construire le temple *khous hout-neter*

Les cérémonies magiques et symboliques effectuées, le roi prend le levier qui fait basculer la première pierre dans la tranchée ; le signe hiéroglyphique signifie « construire ».

Construire le temple en grès (*E.* III, 107).

Je saisis le levier, je rends durable le temple par mon travail (*D.* XII, 93).

Je fais le travail pour construire ton temple, j'accomplis pour toi le rituel, j'achève pour toi les prescriptions selon toutes les règles (*E.* II, 61).

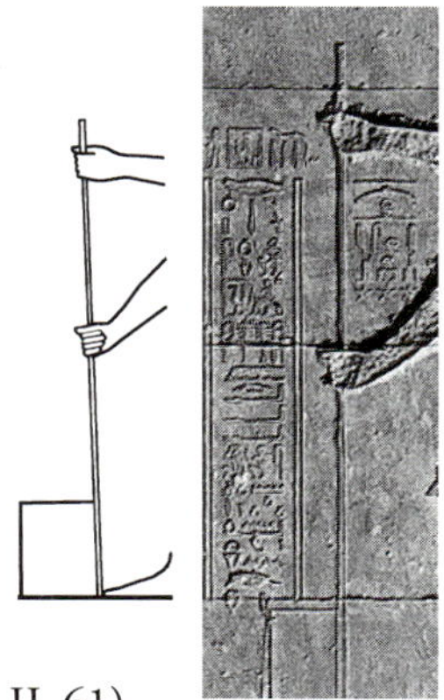

Dendara

Contre-don au roi

Pouvoir pour l'éternité et protection des êtres vivants

Je te donne les années de Chou dans Memphis et les fêtes jubilaires de Ptah Tenen pour l'éternité (*D.* XII, 94).

Horus *crée les maisons pour les humains, fait les étables pour le bétail, les nids pour les oiseaux* (*E.* III, 108).

8. Remettre le temple à son maître *redet per en nebef*

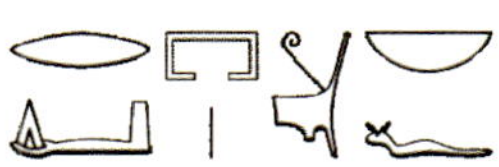

Cette scène, la plus importante, représente à elle seule toutes les étapes précédentes.

Donner le sanctuaire à son maître (*D.* XII, 94). *Je tends le bras après avoir accompli le travail* (*D.* XII, 214).

Prends ton sanctuaire, reçois-le dans la joie, il se dresse jusqu'au ciel en

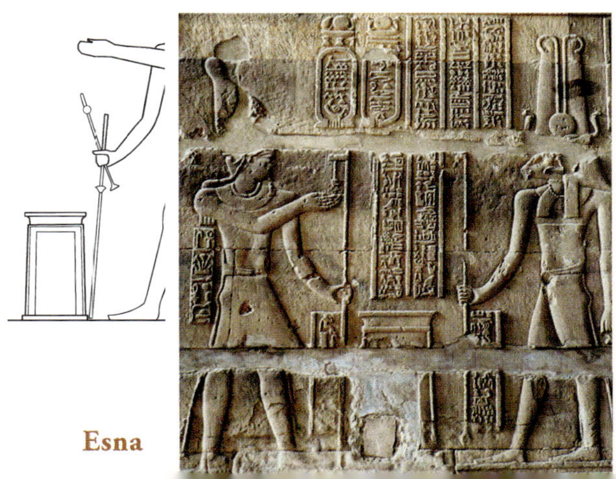

Esna

Edfou

contenant ton image, tu y entres, tu resplendis en lui jusqu'aux limites du coucher et du lever du disque solaire (*D.* IX, 72).

Le temple subissait ensuite le même rituel que les statues des morts ou celles des dieux.

Ouvrir la bouche du temple, prier Rê et invoquer les dieux, Rê s'unit à Maât, Maât rejoint son front, faire le rituel funéraire, placer les offrandes sur le feu, purifier par l'eau le sanctuaire, purifier par l'encens le temple, rétribuer les artisans en pain, viande et bière, remettre le temple à Sa Majesté (*E.* IV, 331).

9. INAUGURER LE TEMPLE, ACCOMPLIR LE RITUEL DE FÊTE *hetes heb*

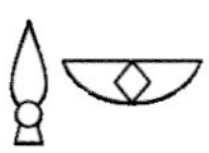

Le temple est maintenant *achevé* (*hetes*), il peut être dédié par une fête (*heb*) d'inauguration. Cette opération se fait toujours un sixième jour lunaire et l'inauguration le jour suivant. Le rituel, ici encore, est originaire de Memphis. Dans les tableaux, le roi tient alors le sceptre-*hetes.*

Accomplir le rituel de fête : J'ai construit pour toi le temple, pourvu de tout comme il convient, tu t'y installes sur ton trône, tes murs sont hauts, bien façonnés ; belles et grandes sont tes fêtes qui s'y déroulent (*E.* VII, 296).

Le roi *met en service les grands et beaux monuments élevés dans la ville d'Edfou ; éternelles seront leurs années, infinis seront leurs mois, ils ne connaîtront pas la destruction dans Edfou à jamais* (*E.* VII, 135).

On délia la corde lors de la fête du sixième jour lunaire (*E.* IV, 7). *Le maître de la fête du septième jour lunaire brandit le sceptre-*hetes *et célèbre les fêtes d'Hathor* (*D.* VI, 19).

La grande charte de fondation de Dendara fut copiée sur un rouleau de cuir et retrouvée parmi les écrits anciens, à Memphis, dans un coffre du palais royal (*D.* VI, 159).

RITUEL DIVIN

Rituel divin

Consigné sur un papyrus, *le rituel divin quotidien doit être exécuté par le grand prêtre en son service.* Les diverses étapes sont représentées sur les parois des temples ; si celui d'Abydos en fournit le plus bel exemple, on trouvera aussi le rituel en images à Edfou ou Dendara.

1. Éclairer le temple

Le culte s'adressait à la statue divine enfermée dans un naos ; celui-ci était ouvert tous les jours par le prêtre. Pour s'éclairer dans les parties secrètes et obscures du temple, le prêtre se servait de torches. Les mèches étaient teintes en rouge lors du rituel quotidien et en blanc pour le Nouvel An.

Recette pour que la graisse soit faite par les préparateurs dans la dépendance sacrée du temple : Taureau en bon état, émasculé, le laisser dans le temple une année, le laver tous les matins dans le lac sacré. L'emmener à l'abattoir, le ligoter, lui trancher la tête, lui enlever le cœur et les deux pattes antérieures. Prélever la graisse, la mettre dans un récipient de pierre, déposer dans la réserve sacrée pendant une année. Puis retirer du récipient, parfumer avec des aromates, mouiller avec du vin. Teindre en rouge avec des racines d'orcanette. En placer dans des moules d'or ou d'argent, puis dans le balsamaire d'or nécessaire au rituel divin quotidien. On prend aussi cet onguent pour tous les cierges ou mèches utilisés dans le temple (E. II, 227).

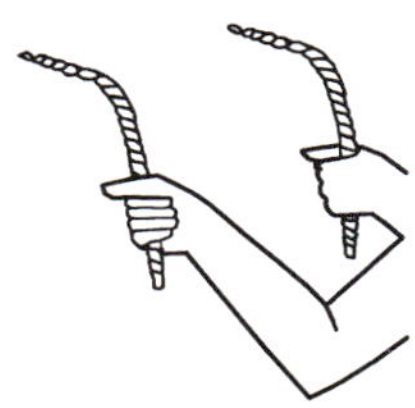

Karnak

2. ACCÉDER AU TEMPLE

L'officiant, purifié et revêtu des vêtements permettant de *voir le dieu*, se rend dans le sanctuaire en tenant un encensoir et un vase à eau ; il fait alors, trois fois par jour, les purifications réglementaires. Il brise ensuite le sceau qui ferme le naos, ouvre celui-ci, voit le dieu et se prosterne ; le verrou qui ferme le naos est assimilé au doigt de Seth.

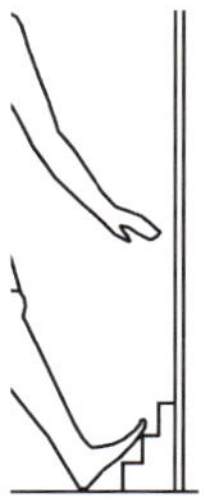

Monter sur l'estrade

Dénouer les liens

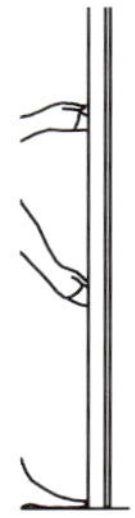

Défaire l'anneau

Briser le sceau : Je casse la terre sigillaire, je défais l'anneau, je suis le Cœur-de-Rê (*D.* III, 65).

Je défais le doigt de Seth, je délivre Horus de son mal.

Abydos

Puis le roi procède à la toilette du dieu, lui remet ses vêtements, les fards, les parfums et les huiles odorantes. Après cela, *il revient sur ses pas pour la réversion des offrandes*, c'est-à-dire pour redonner les nourritures aux ancêtres.

Louxor

3. Adorer Dieu

doua Neter

À toutes les époques et en tout lieu, le roi termine en accomplissant l'acte suprême : il remercie le dieu, en l'adorant, pour le paradis qu'il offre à ses fidèles. Le roi *conduit le rituel* et le dieu *vient à sa voix* (*E.* IV, 56).

Je t'apporte les rouleaux propres au rituel d'adoration avec les formules choisies qui proviennent de la bibliothèque, tu es le dieu qui entend celui qui l'invoque (*E.* V, 298).

Le roi est *le prêtre-récitant, le chef du protocole, le maître des pouvoirs magiques, le préposé aux rituels dont efficiente est la bouche qui récite le rituel de fête, son discours est brillant, il est versé dans les textes sacrés et a les connaissances de Celui qui connaît, qui est avisé des avis de l'Avisé.*

Adorer le dieu : Salut à toi, soleil féminin qui brille dans l'horizon – on vit de voir sa perfection –, la grande Merveille parmi les déesses, qui annonce ce qui se passera et arrivera dans le futur ; les grands se lèvent tôt pour lui rendre hommage, les petits se lèvent matin pour se prosterner devant Sa Majesté, ils te prient, tu les juges, tu départages les hommes comme il convient (*D.* II, 16).

Karnak

4. QUITTER LE TEMPLE

Pour effacer ses pas, le roi verse de l'eau d'un vase en forme de croix de vie ☥, puis utilise un balai fabriqué avec une plante dont le suc produit une odeur répulsive (le buplèvre) propre à faire fuir scorpions et serpents. Enfin il sort, le visage respectueusement tourné vers l'arrière en direction du dieu.

Karnak

Philæ

La réalité économique

LES SOUBASSEMENTS : UNE FÉCONDITÉ VIRTUELLE

Des entités divines secondent l'officiant royal : le vin est élaboré par Chesemou, le dieu du pressoir, le lait trait par Anubis le vacher, les bijoux façonnés par Ptah dans l'atelier des orfèvres. Par ailleurs, l'Égypte est présente avec son abondance et sa diversité sur les soubassements des édifices ; c'est tout particulièrement le cas dans les temples de l'époque gréco-romaine où une frise à décor végétal pare les salles consacrées à une divinité, tandis que les salles « fonctionnelles » portent, sur la partie inférieure de leurs parois, des défilés de génies de la fécondité. Ces génies sont des Nils ( ), personnages androgynes pourvus de mamelles) ou des déesses coiffées du signe de la campagne ( ). Ils apportent le plus souvent l'eau de la crue afin de purifier les lieux ou d'approvisionner en eau le temple. Sur les schémas des temples d'Edfou et de Dendara donnés ci-dessous, ils sont représentés en bleu.

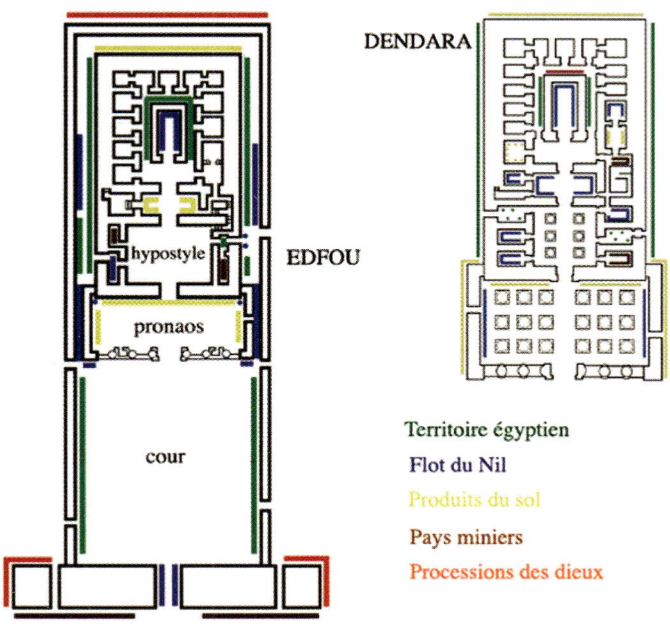

Dans les deux cas, les Nils fournissent en eau le cœur du sanctuaire, assurant pour l'éternité la pureté de celui-ci. À Edfou, l'eau est stockée dans la chambre du Nil (à gauche de la salle hypostyle) ; à Dendara, elle est plus largement répandue dans les salles liturgiques.

Les mêmes Nils, figurés en vert, présentent tout le territoire égyptien divisé en régions (ou nomes) ; ils en définissent les quatre éléments constitutifs : capitale, territoire cultivé, territoire inondé de manière périodique, canal. Cet inventaire domanial entoure le sanctuaire et l'extérieur du temple.

Dans les pièces où étaient entreposées les parures précieuses, les contrées minières sont également introduites par les Nils (à Edfou, ils occupent aussi le bas de la face sud du pylône, en direction des pays pourvoyeurs des pierres fines et de l'or).

Quant aux génies qui apportent les nourritures et les objets nécessaires à la vie du temple, ils figurent dans le pronaos ; ils prennent place de surcroît dans la salle des offrandes à Edfou, dans la cour fériale à Dendara (en jaune sur les plans).

L'ÉCONOMIE DU TEMPLE : DE LA RÉALITÉ À LA DÉCORATION

Si les dieux et les prêtres se chargent de la vie spirituelle des lieux sacrés, ils laissent aux intendants le soin de pourvoir à l'aspect purement matériel du culte. À la fin du règne de Ramsès III (vers 1150 av. J.-C.), un inventaire des biens de ce pharaon fut consigné sur le papyrus *Harris* I. La grande œuvre du roi fut l'édification du temple de Medinet Habou, encore remarquablement conservé ; la comparaison de cette liste avec les offrandes représentées sur les parois est éclairante. Les biens octroyés au clergé de Medinet Habou sont les suivants dans le papyrus *Harris* I :

– vin, vin cuit, bière ;

– céréales, farine, pains, gâteaux ;

– volatiles et graisses, viandes (bovidés, ovidés, capridés), poissons ;

– étoffes diverses, encens, myrrhe ;

– fleurs, papyrus et lotus, joncs, roseaux ;

– métaux précieux, pierres fines ;

– miel, cire, olives, huile, figues, raisins, grenades, légumes divers, épices et herbes aromatiques (absinthe, ail, coriandre, menthe) ;

– bois divers, cuir.

Les tableaux du temple présentent, quant à eux, les produits suivants :
- eau et encens pour les purifications ;
- vin, lait ;
- pains divers et gâteaux ;
- choix de mets figurés sur les plateaux et dans les panneaux d'offrandes ;
- viandes ;
- étoffes et onguents, myrrhe, fards ;
- bouquets montés, plantes vertes, laitue ;
- métaux précieux et vaisselle de prix dans les salles du trésor ;
- cinq sacs d'or et de pierres fines à Sekhmet ;
- quatre sacs d'or et d'argent pour Nekhbet.

Principale différence, les bois ne sont pas offerts, ni les olives et huiles de consommation, ni encore les herbes aromatiques et les poissons livrés au temple. L'or et les pierres fines prennent une grande place à Medinet Habou, notamment dans les cinq salles qui forment le trésor du temple. La présentation de sacs d'or n'apparaît toutefois pas pour la première fois à cette époque de conquête : elle est déjà attestée à Karnak sous le règne de Thoutmosis III (vers 1450 av. J.-C.), puis reprise sous celui de Ramsès II (deux siècles plus tard), dans le Ramesseum.

Des programmes décoratifs

La célèbre salle hypostyle de Karnak

Procéder à la purification est le premier devoir du pharaon, que ce soit Séthi Ier ou son fils Ramsès II : quarante-cinq tableaux assurent, par l'eau ou par l'encens, la protection de la salle hypostyle, le lieu où se déroulaient, à Karnak, les cérémonies royales et les grandes processions divines représentées à profusion. Vin et lait, pains et gâteaux, laitues et oignons constituent l'ordinaire des dieux, une vingtaine de scènes enfin montrent les étoffes, onguents et parures diverses.

La légitimité du pharaon est affirmée par l'offrande de maât (neuf exemples). Quelques rituels apportent des précisions sur la personnalité des dieux, ainsi l'érection du mât de Min, la présentation des quatre veaux et des quatre coffres d'étoffes (huit exemples) ou le massacre de l'oryx.

La paroi nord-ouest décrit les étapes du rituel du Nouvel An, en fait le rituel quotidien adapté à une célébration fériale (avec, notamment, la torche confectionnée spécialement pour le Nouvel An).

Les scènes proprement royales sont au nombre de quarante : naissance divine du roi, présentation de celui-ci à Amon, purification, remise de la titulature, couronnement, courses au cours desquelles le souverain remet au dieu son territoire (avec l'oiseau de la transfiguration, les titres de propriété, les vases d'eau et le gouvernail). Les tableaux évoquant la construction du temple rappellent que celle-ci est une prérogative – en même temps qu'un devoir – du pharaon.

Sur les colonnes, le choix d'offrandes est plus réduit : purification, encens, lait, vin, pain, offrande funéraire, laitues, fleurs, onguent, maât, collier et pectoral ; la plus originale est celle des figues et des raisins (colonne placée dans l'angle nord-ouest).

LA PAROI EXTÉRIEURE DU TEMPLE D'AMON DE KARNAK

Le mur extérieur sud du temple d'Amon (à côté du lac sacré), décoré sous le règne de Ramsès II, offre un programme varié (les premières scènes – sortie du palais et couronnement – sont détruites) :

1. Pain pointu consacré devant Rê-Horakhty (voir p. 72) ;
2. Quatre vases à onguent devant Amon-Rê (voir p. 122) ;
3. Plantes pour Neith de Saïs (voir p. 93) ;
4. Purification par l'eau et l'encens devant Amon de Saïs (voir p. 34) ;
5. Vase-sphinx à onguent pour Atoum d'Héliopolis (voir p. 124) ;
6. Purification avec quatre cruches d'eau devant Amon (voir p. 28) ;
7. Course royale devant Bastet de Bubastis (voir p. 206) ;
8. Lait pour Amon-Rê, *l'océan primordial* (voir p. 52) ;
9. Onction pour Khnoum *dans la salle de banquet* (voir p. 122) ;
10. Offrande funéraire pour Amon-Rê d'Héliopolis (voir p. 63) ;
11. Patte de taureau pour Horus d'Héliopolis (voir p. 234) ;
12. Maât pour Amon-Rê (voir p. 197) ;
13. Procession de la barque funéraire devant Ptah-Sokar-Osiris (voir p. 215) ;
14. Quatre coffres d'étoffes devant Amon (voir p. 216) ;
15. Onction devant Mehyt de la région d'Abydos (voir p. 122) ;
16. Purification par l'eau et l'encens devant Amon-Rê de Karnak (voir p. 34) ;
17. Soulever le ciel devant Onouris-Chou fils de Rê (voir p. 202) ;
18. Tendre le cordeau avec Séchat (voir p. 263) ;
19. Dresser le mât férial pour Min de Coptos (voir p. 191) ;
20. Remise par Isis d'Assiout de deux vases de lait au roi (voir p. 52) ;
21. Ériger le pilier d'Héliopolis devant Atoum (voir p. 208) ;
22. Dresser les obélisques d'Héliopolis devant Rê (voir p. 208) ;
23. Quatre veaux devant Amon-Rê (voir p. 218) ;
24. Collier-*menit* pour Hathor de Memphis (voir p. 173) ;
25. Trois vases d'eau pour Amon de Thèbes (voir p. 28) ;
26. Maât pour Ptah (voir p. 197) ;
27. Offrande fériale pour Amon (voir p. 66) ;
28. Plateau d'offrandes pour Mout (voir p. 64) ;

29. Vases à encens pour Amon-Rê (voir p. 36) ;

30. Quatre vases d'eau pour Horus de Létopolis (voir p. 28) ;

31. Purification par l'eau et l'encens devant Amon (voir p. 34) ;

32. Jeu de sistres devant Hathor de Dendara (voir p. 171) ;

33. Purification de l'autel devant Amon (voir p. 26) ;

34. Encens et plantes pour Rê-Horakhty (voir p. 36 et 93) ;

35. Récitation d'une formule d'offrandes devant Amon (voir p. 63) ;

36. Invocation à Ahmès-Nefertary, épouse du roi Ahmosis (premier roi de la XVIIIe dynastie). Reine d'influence et de pouvoir, tant sur son mari que sur son fils Amenhotep Ier durant la régence, Ahmès-Nefertary a joué un rôle dans l'organisation religieuse. Son culte a subsisté pendant tout le Nouvel Empire dans la région thébaine. Le fait que le roi tende le bras devant elle signifie qu'il prononce tous les titres royaux qui sont gravés entre lui et la reine morte : *La princesse, dont les faveurs sont grandes (auprès du roi), la souveraine de la Haute et de la Basse Égypte, la bienveillante, dont l'amour est doux, dont les actions sont belles à voir, dont les mains sont magnifiques quand elles tiennent le sistre, qui satisfait son père Amon*. De même Thot remet à la reine ses titres quand elle est enceinte des œuvres d'Amon, que l'enfant soit Hatchepsout à Deir el-Bahari ou Amenhotep III à Louxor ;

Ahmès-Nefertary

37. Morceaux de viande pour Amon-Rê de Thèbes (voir p. 80) ;

38. Plantes pour Khonsou de Thèbes (voir p. 93) ;

39. Quatre vases de natron pour Amon-Rê (voir p. 38) ;

40. Étoffe placée dans une coupe à tête de gazelle pour Mout de Thèbes (voir p. 117) ;

41. Purification des offrandes devant Amon-Rê de Thèbes (voir p. 34) ;

42. Purification des onguents et des sistres devant Sekhmet de Memphis (voir p. 22) ;

43. Purification par l'encens devant Ptah de Memphis (voir p. 36) ;

44. Deux pains pour Amon *qui s'est créé lui-même* (voir p. 71) ;

45. Vase à onguent pour Mout de Thèbes (voir p. 124) ;
46. Amon remet les sceptres du pouvoir à Ramsès II (voir p. 162) ;
47. Isis remet les uræus du pouvoir à Ramsès II (voir p. 167) ;
48. Libation devant Amon-Rê de Thèbes (voir p. 22) ;
49. Purifications par l'eau et l'encens devant Mout de Thèbes (voir p. 34) ;
50. Consécration de morceaux de viande devant Amon de Thèbes (voir p. 77) ;
51. Prière devant Amon (voir p. 273) ;
52. Vases d'eau pour Sekhmet de Memphis (voir p. 33) ;
53. Le roi coupe une gerbe de blé devant Amon-Rê-Kamoutef (voir p. 106) ;
54. Purifications par l'eau et l'encens devant Amonet de Karnak (voir p. 34) ;
55. Pectoral pour Amon-Rê de Thèbes (voir p. 143) ;
56. Plantes pour Ptah *le grand Nil* (voir p. 93) ;
57. Purification de l'autel (en forme de bassin) devant Amon-Rê de Karnak (voir p. 26) ;
58. Vase à onguent pour Rê-Horakhty (voir p. 124) ;
59. Maât pour Amon-Rê (voir p. 197) ;
60. Onction pour Khonsou de Thèbes (voir p. 122) ;
61. Laitues pour Amon-Rê Kamoutef (voir p. 111) ;
62. Objet-« clepsydre » pour Mout (voir p. 177) ;
63. Quatre veaux devant Amon-Rê (voir p. 218).

Toutes ces offrandes, avec chacune leur spécificité, décrivent la personnalité divine dans ce qu'elle a de caractéristique ou d'essentiel. Ainsi les dieux héliopolitains reçoivent les obélisques et piliers érigés à l'origine dans la Ville du soleil (n°s 21-22), Sokar est évoqué par l'image de l'antique procession de sa barque autour des murs de Memphis (n° 13), etc. La patte de taureau (n° 11) constitue l'offrande la plus rare et, comme elle est présentée devant un Horus d'Héliopolis, on peut supposer que ce rituel est originaire de cette dernière ville.

Table des matières

INTRODUCTION

CATALOGUE

PURIFICATIONS

BOISSONS

NOURRITURES

NOURRITURES : PAINS

NOURRITURE : VIANDES

PRODUITS DU SOL

ÉTOFFES, ONGUENTS ET PIERRES FINES

PARURES : COURONNES

PARURES : PECTORAUX, COLLIERS ET BRACELETS

PARURES : SCEPTRES ET URÆUS

OFFRANDES SPÉCIFIQUES DES DÉESSES

RITES DIVERS POUR LES DIEUX

RITES COSMIQUES ET SYMBOLIQUES

RITES FUNÉRAIRES

RITES DÉFENSIFS

CONCLUSION

ANNEXES

RITES ROYAUX

LA FONDATION DU TEMPLE

RITUEL DIVIN

LA RÉALITÉ ÉCONOMIQUE

DES PROGRAMMES DÉCORATIFS